中公新書 2662

伊藤俊一著

荘　園

墾田永年私財法から応仁の乱まで

中央公論新社刊

はじめに

荘園《しょうえん》の荘は建物、園は土地を指し、私有の農園のことだ。日本の荘園は奈良時代に律令《りつりょう》制《せい》の公地公民《こうちこうみん》の例外として土地の私有を認めた初期荘園にはじまり、平安時代中頃からは貴族や寺社の私有地に朝廷や国司《こくし》の裁量で税が減免された免田型《めんでんがた》荘園が置かれた。平安時代末には地方政府の役人を務めつつ大規模な農地開発を請け負った在地領主《ざいちりょうしゅ》が成長し、上皇が専制権力を握った院政と結びついて、領域内の支配権が一括して与えられる領域型荘園が設置され、荘園は中世社会の基幹的な制度となった。

領域型荘園には地方政府に納める税の免除（不輸《ふゆ》）と、使節の立ち入りも拒否する（不《ふ》入《にゅう》）特権が与えられた。荘園は外部の干渉を受け付けない独立した小世界となり、在地領主が務めた荘官《しょうかん》のもとで、その土地に最適化された生産活動が行われた。荘園には、天皇家・摂関家《せっかんけ》の本家《ほんけ》を頂点として、貴族や寺社などの都市領主が務める領家《りょうけ》、在地領主が務める荘官という重層的な支配関係が成立し、荘園から領家・本家に納める年貢・公事物《くじもつ》が大量に京都に送られることになった。

独立した小世界という究極の地方分権でありながら、小世界の一つ一つが中央に直結しているという、なんとも不思議な体制が成立したのだ。

現代の私たちは中央集権的な近代国家に生きているから、荘園はともすれば土地制度の鬼子《おにご》扱いで、貴族や寺社が私利私欲で国の土地を囲い込み、国の秩序を乱したように取られることがある。しかし荘園は国の役人から干渉を受けることなく自由に経営でき、その成果を子孫に伝えることができたので、農地開発や農業経営の進化が促された。荘園では年貢・公事物を送る手段も自由に任されたから、そこに中国から輸入された銅銭が浸透して、鎌倉時代後期から日本は本格的な貨幣経済に入った。荘園が拡大しなければ、日本の貨幣経済化はもっと遅れたはずだ。

なにより日本の荘園は、七四三年に発布された墾田永年私財法《こんでんえいねんしざいほう》から数えると約七五〇年間、一二世紀の領域型荘園の成立から数えても約四〇〇年間の歴史がある。鬼子であれ何であれ、日本社会が数千もの自律的な細胞に分かれ、それが主従関係と契約によって、緩やかに結ばれていた長い歴史があることは厳然たる事実だ。それは現代の日本社会のあり方にも、なにかしらの影響を与えているはずだ。

荘園については、全一〇巻に上る『講座日本荘園史』（吉川弘文館）のシリーズが編まれ、概説書も永原慶二氏による名著、『荘園』（同）などがある。しかし筆者が屋上屋を架して本書をなそうするのは、次の理由による。

日本の荘園については一九五〇年代から七〇年代まで盛んに研究された。戦後日本の歴史学はマルクス主義の影響を強く受けて、下部構造（社会の経済的しくみ）が上部構造（法律・政治・意識など）を規定するという唯物史観が主流で、日本の古代〜中世社会の下部構造にあたる荘園のあり方が詳細に研究された。

一九八〇年代以降はそれまで研究が薄かった制度史や政治史、社会史などの研究が盛んになり、荘園の研究は相対的に衰退したことは否めない。荘園研究の全盛期から数十年を経て、そこで積み重ねられた研究成果にアクセスするのは難しくなりつつある。多くの論者によってさまざまな議論が行われたため、全体像がつかみにくいのだ。本書ではこれまで解明された荘園の歴史をコンパクトに再構成し、あらためて荘園の世界へいざなう入り口を作ってゆこうと思う。

ただ、一九七〇年代までの荘園研究に問題がなかったわけではない。階級闘争による社会の進歩を説いたマルクス主義歴史学は、在地領主である武家を革命勢力と位置づけ、貴族や寺社が持つ荘園を侵略して封建制社会を形成する道筋を描いた。またマルクスの歴史の発展段階によると中世は農奴制社会のはずなので、日本の中世に土地に緊縛された西欧的な農奴を探し求めた。さらに鎌倉幕府で成立した土地を仲立ちとした主従関係が西欧の封建制と類似していることから、日本の荘園史を西欧史の枠組みで理解しようとしたところもある。

しかし、この捉《とら》え方は実態とは異なる。在地領主は一二世紀の領域型荘園の成立の当初から荘官として荘園を支えており、一五世紀の室町時代に至っても荘園はなくなっていない。

これでは在地領主による革命は四〇〇年もかかったことになる。また日本の荘園の百姓には移動の自由があり、その自由がない下人の割合は大きくはない。日本では荘園領主の大半が京都に住み、地方から年貢が送られてくる時代が長く続いたが、そのような荘園は西欧ではまれだ。こうした想定と実態との乖離《かいり》は研究が進むにつれて明らかになってきたが、近年の研究によって、さらに強く意識されつつある。本書では近年の研究成果を取り入れ、かつてのドグマから離れて、荘園の歴史を日本の実態に即して描いてゆこうと思う。

また最近の古気候学の進展は荘園研究に新たな意義を与えつつある。地球温暖化に対処する研究の一環として過去の気温変動についての研究が進み、降水量の変動も年単位でわかるようになった。こうして復元された気候変動と、荘園の歴史とがけっこう対応するのだ。もちろん両者の関係は単純ではないが、荘園の歴史を自然環境と人間社会との相互作用として描くことができるかもしれない。この研究ははじまったばかりで、やや先走りの感もあるが、本書では筆者なりの考察をしてゆきたいと思う。

なお、文中に挙げた荘園については（　）内におおよその現所在地を示した。年代は原則として西暦を先に記し、（　）内に年号を記した（その年に改元があった場合は改元後の年号を採用）。暦は基本的には当時の太陰太陽暦で記したが、飢饉《ききん》や洪水の記述については、イメージしやすいよう新暦に換算することがある。

目次

伊豆	静岡
駿河	
遠江	
三河	愛知
尾張	
美濃	岐阜
飛驒	
信濃	長野
甲斐	山梨
越後	新潟
佐渡	
越中	富山
能登	石川
加賀	
越前	福井
若狭	

国名		現都府県名
陸奥	(陸奥)	青森
	(陸中)	岩手
	(陸前)	宮城
	(磐城)	
	(岩代)	福島
出羽	(羽後)	秋田
	(羽前)	山形
安房		千葉
上総		
下総		
常陸		茨城
下野		栃木
上野		群馬
武蔵		埼玉
		東京
相模		神奈川

旧国名地図．国名は『延喜式』による．

筑前	福岡
筑後	
豊前	
豊後	大分
日向	宮崎
大隅	鹿児島
薩摩	
肥後	熊本
肥前	佐賀
壱岐	長崎
対馬	

阿波	徳島
土佐	高知
伊予	愛媛
讃岐	香川
備前	岡山
美作	
備中	
備後	広島
安芸	
周防	山口
長門	
石見	島根
出雲	
隠岐	
伯耆	鳥取
因幡	

近江	滋賀
山城	京都
丹後	
丹波	
但馬	兵庫
播磨	
淡路	
摂津	
和泉	大阪
河内	
大和	奈良
伊賀	三重
伊勢	
志摩	
紀伊	和歌山

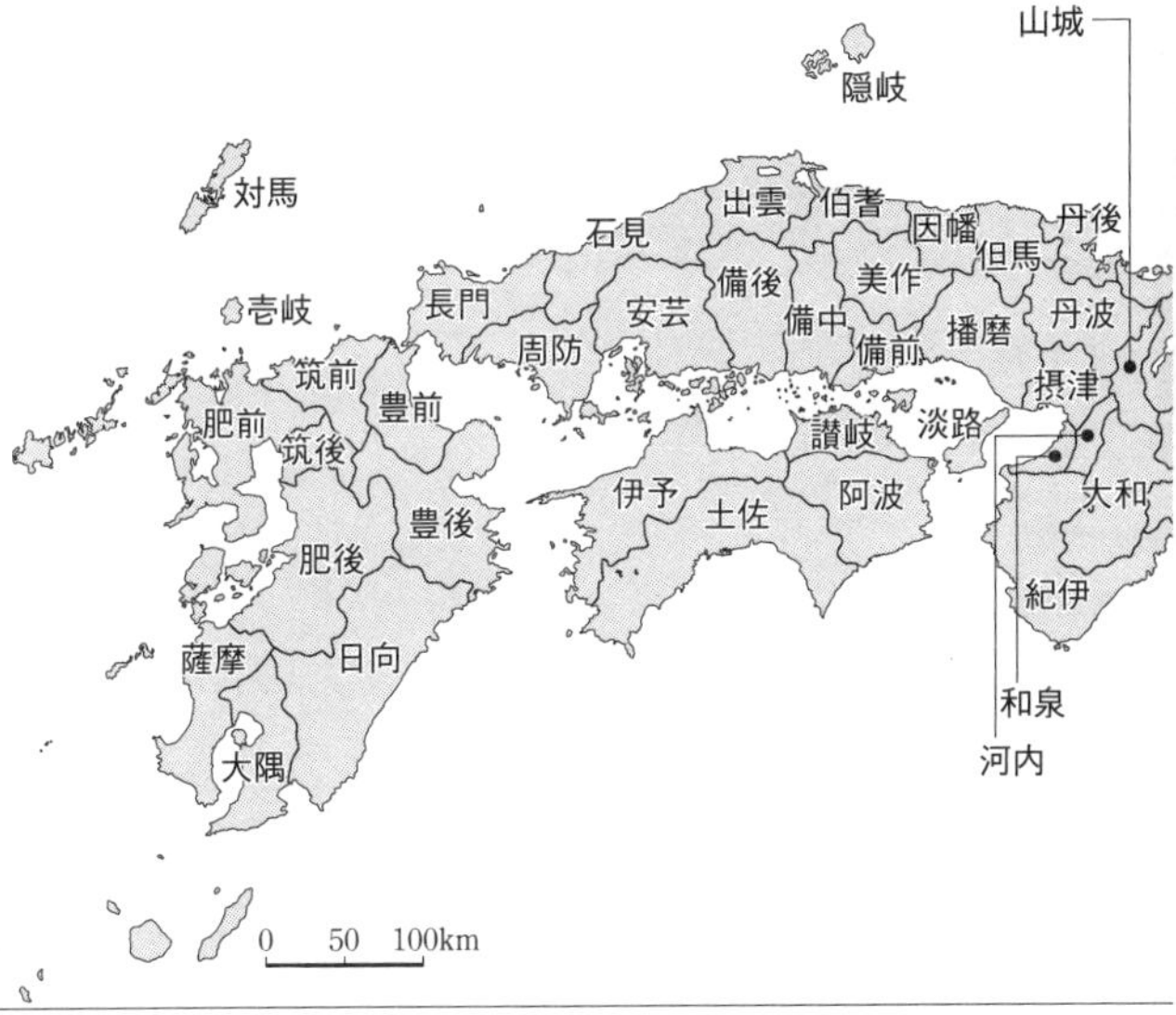

荘園

第一章　律令制と初期荘園

1　律令制の土地制度と税制

公地公民と班田制

隋《ずい》による南北朝統一（五八九年）、唐《とう》の建国（六一八年）という巨大な統一帝国の再生は、東アジアの国際関係に緊張をもたらし、日本も国力の強化をせまられた。そこで日本は中国の中央集権的な統治のしくみを導入することとし、唐の律令（律は刑法、令は行政法）をもとに日本の事情を取り入れた律令を制定した。この律令に従って運営された国家を律令国家、その制度を律令制という。

日本の荘園は律令制の改革、改変のなかで生まれてくるので、まずは前提となる律令制について押さえておこう。律令制では土地と人民の国有、いわゆる「公地公民」を原則としていた。その目的は、国家が田地を農民に平等に分配して生活を保障した上で、性別や年齢に応じた課役を徴収することだった。

　田地を農民に割り当てることを班田《はんでん》といい、六歳（数え年。以下同様）以上の男子に二反《たん》（一反は約一二アール）、女子にその三分の二の一反一二〇歩《ぶ》（一反は三六〇歩）、男の私奴婢《しぬひ》に三分の一の二四〇歩、女の私奴婢に一六〇歩が支給された。これを口分田《くぶんでん》と呼び、生涯所持はできるが売ることはできず、死ぬと国に返さねばならなかった。

　当時の農民は二〇～三〇人の大家族を作って暮らしており、律令国家はこれを戸《こ》として把握した。口分田は個々人の分を戸に合算して支給された。この作業のために作られた台帳が戸籍《こせき》で、各戸の構成員の名前、性別、年齢、続柄、身分が記録され、その戸に支給される口分田の合計面積が算出された。戸籍は六年ごとに作られ、その間に死んだ者の口分田を没収し、六歳以上の子どもに新たに支給した。この作業を班田収授《はんでんしゅうじゅ》と呼ぶ。

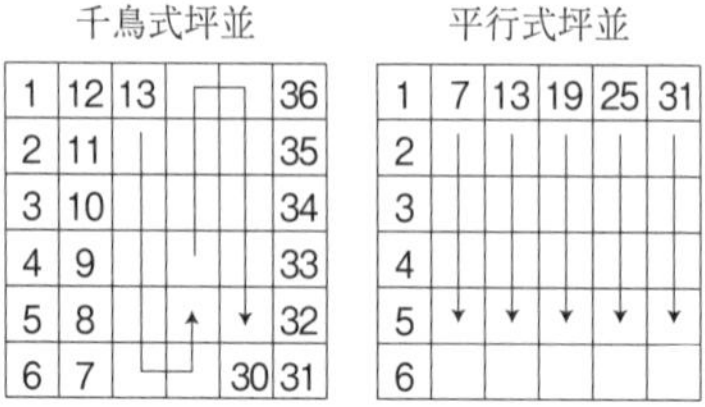

図１　条里制の図解

　口分田を割り当てるためには、田地の場所を指定する必要があるので、田地を碁盤目状に配置してアドレスを付す条里制《じょうりせい》が敷かれた。条里制の基本単位は一町《ちょう》の面積（一町は約一〇九メートル四方で、約一・二ヘクタール）を持つ坪《つぼ》で、そのなかが一〇等分されて一反ごとの耕地片が作られた。坪を縦横六個、計三六個並べたものを里《り》と呼び（図1）、里の南北の並びを条《じょう》、東西の並びも里と呼ぶ。この条里は地方行政単位の郡《ぐん》のなかで番号が振られており、××郡○条○里○坪と指定すれば田地の場所が指定できた。

律令制の税制

律令制では、戸籍で把握した人間の性別・年齢に応じて、調《ちょう》・庸《よう》・雑徭《ぞうよう》などの人頭税（人に課す税）を課した。調は絹糸・絹布・麻布などの繊維製品や各地域で産出する材木・農具・海産物などの特産物を中央政府に納めるもの、庸は都で労役を務める者への仕送りとして布や米を納めるもので、どちらも現物を食料自弁で都まで運ばねばならなかった。また道路や河川の整備、役所の建築のため、国司《こくし》の命に応じて年六〇日以下の労役を務める雑徭が課された。さらに成年男子の三〜四人に一人（およそ一戸に一人）が兵士として召集され、地方の軍団に配属されるほか、一部は都を守る軍隊の衛府《えふ》や、対外戦争に備えた九州の大宰府《だざいふ》、蝦夷《えみし》との前線にある東北の鎮守府《ちんじゅふ》などに送られた。

こうした人頭税を徴収するための台帳として計帳《けいちょう》が毎年作られた。計帳では各戸の家族の名前、身分、性別、年齢や身体的特徴までが記され、その戸が負担する人頭税の合計が算出された。

田地に課された地税として租《そ》があり、田一反ごとに収穫の三〜一〇％にあたる二束二把《そくわ》（一把は一つかみ、一〇把で一束）の稲穂を納めた。この稲は地方政府の倉庫に蓄える備蓄米にされ、出挙《すいこ》の原資にもなった。出挙とは農民が稲の種蒔《たねま》きをする二～三月と、田植えの五月に種籾《たねもみ》や米穀を貸し出し、秋に五割の利息（利稲《りとう》）を付けて返済させたものだ。本来は農民を援助するための制度だったが、必要がなくても強制的に貸し付けられて、地方政府の主な財源となった。

また口分田を割り当てた後に余った田地である乗田《じょうでん》を、希望する農民に貸与して耕作させ、地方行政機関である国衙《こくが》が収穫物の二～三割の地子《じし》（田地の賃借料）を徴収した。これを賃租《ちんそ》と呼び、後述する初期荘園はこの賃租によって収入を得ることになる。

律令国家の機構と報酬

律令国家の機構は、天皇のもとに太政官《だじょうかん》という最高決定機関が置かれ、太政大臣《だじょうだいじん》（常置せず）を頂点に、左右大臣・大納言《だいなごん》・中納言・参議《さんぎ》などの官人《かんじん》によって構成された。その下に執行機関として卿《きょう》を長とする八つの省が置かれ、地方行政機関として六六の国《くに》などが置かれた。これらの官庁に務める官人は、下は少初位下《しょうそいげ》から上は正一位《しょういちい》まで三〇段階の位階を与えられて、位階に応じた官職に就き、位階と官職（合わせて官位という）に応じた報酬を支給された。

報酬には位階に応じた位封《いふう》・位禄《いろく》と、官職に対応した職封《しきふう》・職田《しきでん》があった。封は指定した戸が納める調庸物が支給され、禄は絹織物・麻布などが支給された。養老令《ようろうりょう》の規定では位封は正一位の三〇〇〇戸から従三位《じゅさんみ》の一〇〇〇戸まで、職封は太政大臣三〇〇〇戸、左右大臣二〇〇〇戸など、位田《いでん》は正一位の八〇町から従五位の八町まで、職田は太政大臣が四〇町、左右大臣は三〇町、大納言は二〇町だった。位禄は四〜五位に支給された。

位階への報酬と官職への報酬は併給され、官人の身分による報酬の差はきわめて大きかった。なかでも五位以上の上級の官人である貴族と、六位以下の地下《じげ》の官人とでは待遇の上で大きな差があり、貴族のなかでも、公卿《くぎょう》と呼ばれた三位以上の上級貴族と、四〜五位の貴族とでは格段の差があった。

中国では隋代から科挙《かきょ》という競争試験によって官人を採用するようになったが、日本は科挙を採用せず、上級の官人は前代の大和《やまと》政権の中枢を構成した近畿《きんき》地方の豪族と皇族によって独占された。五位以上の官人には子孫の官位が優遇される蔭位《おんい》の制も適用され、上級官人の子孫が貴族の家として続いてゆけるしくみがあった。

近畿地方の豪族と皇族は、かつて部曲《かきべ》という貢納民や田荘《たどころ》という田地を日本各地に所有し、そこから貢ぎ物を受けていた。律令制の導入によって彼らの財産は国有化され、位封や位田は一代限りの恩給になった。とはいっても貴族に与えられた位封・位田・職封・職田などのなかには、国有化される前に豪族が所有していた貢納民や田地が組み入れられたものがあったと考えられている。たとえば奈良時代のはじめの皇族出身で左大臣に昇った長屋王《ながやのおう》は、天武《てんむ》天皇の側近だった父の高市皇子《たけちのみこ》から引き継いだ広大な田地を保有しており、長屋王家が派遣する役人によって経営されていた。こうした律令制に組み入れられた皇族・貴族による大土地所有を「古代荘園」と呼ぶことがある。後述する美濃国大井荘《みののくにおおいのしょう》は、聖武《しょうむ》天皇が持つ王領が東大寺《とうだいじ》に寄進されて荘園になった例だ。

また日本の律令制では祭祀《さいし》が重視されており、行政を担当する太政官とは別立てで、祭祀をつかさどる神祇官《じんぎかん》が置かれた。神社や寺院は経済的にも優遇され、神社には社田《しゃでん》、寺院にも寺田《じでん》が支給されて、そこの租は免除された。

郡司による農村支配

律令国家の地方行政機関である国《くに》には、長官の守《かみ》、次官の介《すけ》、その下の掾《じょう》、主典《さかん》という四等級の官人（四等官《しとうかん》）が任命され（親王が守に任じられる常陸《ひたち》・上総《かずさ》・上野国《こうずけのくに》では介が長官）、総称して国司という。国司は中央政府の官人が四年交代で派遣された。また国の役所のことを国衙、その所在地を国府《こくふ》という。

国のなかは三〜一五の郡《ぐん》に分けられ、行政官として郡司《ぐんじ》が任じられた。郡司は国司と違って地方の豪族のなかから任命され、任期は終身で地位は世襲された。

郡司を輩出した一族は、律令制の導入以前には国 造《くにのみやつこ》や県主《あがたぬし》と呼ばれ、古墳に埋葬されたような地方豪族の末裔《まつえい》だった。彼らは律令制の導入によって郡司という役人になったが、支配する農民との関係は大きくは変わらなかった。律令国家は郡司の地方豪族としての権威と富を利用して、国司の監督のもとで地方行政の執行役を担わせたのだ。郡司と中央政府の官人とでは厳しい身分の差別があった。郡司には官人の位階とは別立ての外位《げい》という位階が適用され、その最高位は五位で、中央の官人として栄達する道は閉ざされていた。

ただし郡司の一族で優秀な者には、都の大学《だいがく》（官吏養成機関）を卒業して中央の官人に任じられる途《みち》が開かれていた。たとえば真言宗《しんごんしゅう》を開いた空海《くうかい》は、出家する前の名前を佐伯真魚《さえきのまお》といい、讃岐国《さぬきのくに》の郡司を世襲した佐伯氏の出だった。彼は一五歳で平城京《へいじょうきょう》に上って母方の叔父の阿刀大足《あとのおおたり》のもとで学び、一八歳で大学に入学して官人の途を目指している。空海は二年弱で大学を中退し、出家して山岳修行に入るが、もし出家しなかったら、若いうちは都で官人として働き、親が老いたら郷里に帰って郡司の職を継いだことだろう。

日本の律令制が抱えた問題

日本の律令制は唐の律令にならったもので、その起源は中国の南北朝時代、騎馬民族の鮮卑《せんぴ》族が中国北部に建国した北魏《ほくぎ》で行われた均田制《きんでんせい》にさかのぼるという。この制度の目的は、豪族が持っていた田地を国有化して農民に平等に分配し、質のそろった農民から良質な兵士を徴発するところにあった。また豪族の土地や人民を国有化して力を削《そ》ぎ、国家に富と権力を集約するためでもあった。

しかし富の平等と権力の集中を旨とするこのしくみには短所もあった。それはかつてソ連型社会主義が没落したのにも似て、貧富の差を生み出す元凶として開発地の私有を認めなかったために、人びとが新たに農地を開発するインセンティブに欠けたことだ。

日本の令には、荒れた田地を再開発した場合に耕作権を認める規定はあったが、その開発地は口分田と同じく死後に収公（取り上げること）され、子孫のものにはならなかった。実は日本が手本にした唐の令には墾田の私有を認める規定があり、唐では成年男子は一〇〇畝《せ》（約六ヘクタール）までの土地を持てたが、そのうち国から口分田として支給されるのは半分ほどで、残りは自分で開墾した農地を組み入れることができた。これを永業田《えいぎょうでん》と呼び、子孫に伝えることができた。日本の令にはこの規定はなく、口分田ははじめから規定通りの面積が支給された。

また唐には官人の位階に応じて農地の私有を認める官人永業田の制度もあり、官人が私財を投じて開墾した農地を子孫に伝えることができた。これに対して日本の令で永代世襲できるのは、特に功績ある官人に与えられた大功田《たいこうでん》だけだった。

日本が律令制を導入する際に、なぜ唐の永業田のしくみを取り入れなかったのかはわからない。しかし当時の状況を想像すると、豪族の私有地を強引に国有化しようとしていたときに、永業田の制度を設けると抜け道になりかねないと考えたのかもしれない。

また中国で「田」とは水田と畠《はたけ》（「畑」は本来焼き畑に使われた字で、本書では「畠」の字を用いる）の両方を指すが、日本で班田収授の対象になったのは水田のみだ。水田を造るには土地を水平に均《なら》して水を引いてこなければならず、畠地よりも手間がかかり立地も限られる。中国北部の畠作地帯で生まれた均田制を稲作中心の日本に適用するのは無理があったのかもしれない。

2　三世一身法と墾田永年私財法

百万町歩開墾計画

七世紀後半から八世紀初頭にかけて国家による大規模な耕地開発が行われ、農地の平等な分配とあいまって日本の人口は増加した。しかし国家による耕地開発が限界を迎えると、日本の律令に農地の新開発を促すしくみが弱かったことから、増加した人口を支える口分田の不足に悩まされることになった。

そこで皇族出身の長屋王の政権は、七二二（養老六）年に百万町歩《ちょうぶ》開墾計画を発布した（町歩とは、町を面積の単位として使った場合を指す）。これは農民に食料と農具を支給して一〇日間の開墾作業を行わせるよう国司と郡司に命じるとともに、荒れ地を開墾して三〇〇〇石《ごく》以上の収穫をあげた者には勲六等を授けるなどの報償を定めて、良田《りょうでん》百万町を開墾することを目指した。

しかし百万町というのは、平安時代初期の日本全土の耕地面積である八六万町歩よりも大きい（『倭名類聚抄《わみょうるいじゅうしょう》』）。百万町が言葉の綾《あや》だったとしても、一〇日間の労役でどれほど開墾できるか？　開墾の報償が勲位や位階でインセンティブになるか？　少し想像しただけでも非現実的な計画だ。ともあれ、こうした計画が立てられたこと自体は、当時の政権が口分田の不足を認識し、その対策に乗り出したことを示唆する。

三世一身法と行基

百万町歩開墾計画はすぐ立ち消えとなり、翌七二三（養老七）年には現実的な開墾奨励策が打ち出された。これが三世一身法《さんぜいっしんのほう》だ。この法令では、新しく池や用水路を設けて開墾した田地は三代（本人・子・孫または子・孫・曽孫《ひまご》）の所有、古い用水路や池を復旧して開墾した田地は一代限りの所有を認めた。三代や一代の期限付きではあるが、当初の律令に定められた口分田の限界を超えて田地を所有することが可能になったのだ。

三世一身法は当時の社会に大きなインパクトを与え、各地で郡司、官人、寺院、有力農民らによる開墾がはじまった。その具体的な姿を、仏教を民間に布教したことで有名な僧、行基《ぎょうき》の活動に見ることができる。

行基は河内国《かわちのくに》に生まれ六九一年に葛城山《かつらぎさん》で受戒した僧で、三蔵法師玄奘《さんぞうほうしげんじょう》に師事して帰国した道昭《どうしょう》の影響を受けて布教に乗り出した。当時の仏教は鎮護国家《ちんごこっか》のために存在するもので、僧尼が寺外で活動することは禁じられており、七一七（養老元）年には行基とその弟子たちが托鉢《たくはつ》して回り、人びとを惑わしているとして禁止令が出された。

しかし行基は仏教の教えを広めるだけでなく、宇治橋《うじばし》を架けた師の道昭にならい、弟子や支持者を動員して道路の整備などの社会事業を行って人びとに利益をもたらし、支持者を増やしていった。彼らの活動拠点になったのが近畿地方各地に設けられた院《いん》という施設で、三世一身法の発布後には檜尾池《ひのおいけ》院（七二六年、神亀《じんき》三）、狭山池《さやまいけ》院（七三一年、天平《てんぴょう》三）、隆池《りゅうち》院（七三八年）、鶴田池《つるたいけ》院（七三七年）などの「池」や「田」が付く名前の院が作られている。行基の社会事業に用水池の修築と農地開発が加わったのだ。

狭山池の調査によると、この池は六一六年頃に造られ、堤の高さ五・四メートル、底幅二七メートル、長さ三〇〇メートルだったが、行基らの改修によって堤は六〇センチメートルほどかさ上げされて六メートルになったことがわかっている。この狭山池や久米田池《くめだいけ》、鶴田池などは、近年に至るまで千数百年も、灌漑《かんがい》用水の水源として使われてきた。

行基の布教や社会事業には、混乱する時勢から仏教に救いを求めようとしていた聖武天皇が注目するところとなり、七四一（天平一三）年には天皇から希望して行基と会談した。その結果、行基は天皇の大仏造立事業に協力し、のちには大僧正《だいそうじょう》に任じられることになる。

行基は日本各地の寺院を開いた開祖と崇《あが》められていることが多く、そのなかには田地の開発と結びつけられている伝承もある。神奈川県逗子《ずし》市沼間《ぬまま》地区にある法勝寺《ほっしょうじ》の縁起によると、この辺は岸が高く枯れ木が交わり青々とした大沼に大蛇が棲息《せいそく》しており、大蛇は時に海辺に出没して往来する船を覆し、火や毒を噴くなどの害を与えていた。天平年間（七二九〜七四九）に当国の守護《しゅご》長尾《ながお》左京大夫《さきょうだいぶ》善応《ぜんのう》が人びとの嘆きを国に奏上すると、行基が赴いて自ら十一面観音菩薩像《かんのんぼさつぞう》を彫り、沼に小舟を浮かべて読経すると、大蛇は行基に帰伏して人びとに危害を加えないと誓ったので、行基は大蛇を小池に移して教化した。そこで善応は国中の人夫を集めて枯れ木を伐採し、沼を埋め、川の流れを良くして土地を開き、この地を沼間里と名付け、川上には善応寺《ぜんのうじ》を建てて観音菩薩像を安置し、大蛇を諏訪《すわ》大明神として祀《まつ》ったという。

この地区にある池子《いけご》遺跡群の発掘調査によると、集落の初見は八世紀中頃で、谷戸《やと》地形ならではの豊富な水資源を利用して、谷の各所に多くの溝をめぐらせて田地が開発されたことがわかっている。仏堂の遺構もあり、水難を防ぐための祭祀の跡も確認されている（依田亮一「神仏と山川藪沢《そうたく》の開発―鎌倉郡沼濱《ぬはま》郷―」）。この時代に「守護」はあり得ず、行基が本当にこの地に赴いたかも疑問だが、三世一身の法を契機とした開発が仏教の浸透とともに行われたことを示唆している。

天然痘の流行と大仏造立

律令制の改革に積極的だった長屋王は、律令を起草した藤原不比等《ふじわらのふひと》の四子（武智麻呂《むちまろ》、房《ふさ》前《さき》、宇合《うまかい》、麻呂《まろ》）と対立し、七二九（天平元）年に謀反《むほん》の疑いをかけられて自害させられた（長屋王の変）。ところが七三二年は大旱魃《かんばつ》が起きて翌年には飢饉が襲い、七三五年の夏には「豌豆瘡《もがさ》」と呼ばれた天然痘《てんねんとう》が伝わって九州を中心に被害を出した。七三七年の春に天然痘は九州で再発し、今度は全国に広がって秋まで猛威を振るった。

天然痘は都の貴族たちにも平等に襲った。七三七（天平九）年に藤原四子が相次いで病没し、四位《しい》以上の高官三三人のうち三分の一が亡くなった。地方の農民もこれに近い割合で死亡したとみられ、長門国《ながとのくに》・駿河国《するがのくに》で三〇%前後、和泉国《いずみのくに》・豊後国《ぶんごのくに》で五〇%前後の死亡率が推定されている。これは一四世紀半ばのヨーロッパで、ペストの流行により人口の三分の二〜三分の一が死亡したのにも匹敵する災厄だった。

その結果、政界も乱れ、七四〇（天平一二）年には藤原宇合の子藤原広嗣《ひろつぐ》が大宰府で反乱を起こし、動揺した聖武天皇は同年末に関東へ向かうと宣して平城京を出て、伊勢国《いせのくに》、美濃国、近江国《おうみのくに》とめぐって、七四〇年一二月には平城京から山ひとつ隔てた恭仁京《くにきょう》へ遷都した。行基と会談したのはこの頃だ。

相次ぐ飢饉・疫病や反乱がもたらした社会不安を鎮めるため、聖武天皇は仏教に注目した。七四一（天平一三）年には国分寺《こくぶんじ》建立《こんりゅう》の詔《みことのり》を発布して諸国に国分寺・国分尼寺《こくぶんにじ》を建てるよう命じ、七四三年一〇月には大仏造立《ぞうりゅう》の詔を発布して、紫香楽宮《しがらきのみや》で巨大な盧舎那仏《るしゃなぶつ》の金銅《こんどう》像《ぞう》の造営をはじめた。こうした災厄からの復興を目指す動きのなかで、聖武天皇は同年五月に墾田永年私財法を発布し、人口の減少によって荒廃した農地の再開発や新たな開墾を促し、国土の生産力を回復することを目指した。

墾田永年私財法

墾田永年私財法のポイントは次の四つだ。①三世一身の法で定めた墾田の所有期限がせまると耕作意欲を失って田地がまた荒れてしまうので、今後は私財として永代の所有を認める。②開墾しようとする者は国司に申請し、その場所がほかの百姓《ひゃくせい》の妨げになる場合は許可せず、三年経《た》っても開墾されない場合は他人の開墾を許す。③所有できる墾田の面積に位階による制限を定め、一位の官人には五〇〇町、二位は四〇〇町、三位は三〇〇町、四位二〇〇町、五位一〇〇町、六～八位は五〇町。初位から庶人は一〇町、郡司は三〇町から一〇町とする。④国司が開墾した田地は任期が終われば収公する、だった。

七四九（天平《てんぴょう》勝宝《しょうほう》元）年に聖武天皇の娘の孝謙《こうけん》天皇が即位すると、寺院墾田許可令が出され、寺院による墾田の所有が許された。大安寺《だいあんじ》・薬師寺《やくしじ》・興福寺《こうふくじ》などに一〇〇〇町、諸国の国分寺にも一〇〇〇町、元興寺《がんごうじ》に二〇〇〇町、大仏が造立された東大寺には四〇〇〇町という大きな枠が与えられ、仏教振興の財源になった。

これらの法令により、律令制下の田地は、口分田として分配される公田と、私有地の墾田の二本立てとなった。ただし墾田の私有には厳格な手続きが必要で、中央政府の太政官・民《みん》部省《ぶしょう》の認可が必要だった。墾田には公田と同じく租が課された。災厄からの復興が一段落した七六五（天平神護《てんぴょうじんご》元）年には一部を除き私的な開墾は禁止されたが、いったん動き出した開墾の流れは止まらない。七七二（宝亀《ほうき》三）年にこの禁令は撤回され、位階による墾田の所有面積制限も撤廃された。

3　初期荘園

初期荘園とは

墾田永年私財法の発布により、各地に作られた荘園を初期荘園という。初期荘園は貴族や大寺院が個人所有の墾田を買収したり、個人から墾田の寄進を受けたり、私財を投入して荒地を開墾することによって設立された。現地での荘園の立ち上げと経営には、その土地の郡司の一族が深く関わった。

初期荘園には中世の荘園のような支配領域としての境界はなく、墾田と開墾予定地に倉庫兼管理事務所の荘所《しょうしょ》が付属したものだった。荘所には、耕作する農民に貸与する農具や種籾、農料（人夫に支給する労賃と食料）などが納められ、管理人が執務した。初期荘園は基本的には荘園に専属する農民は持たず、周辺の農民が出作して収穫の二～三割を納める賃租によって収益を得た。当時の農民にとって荘園は、自分の口分田の耕作に加えて新たな耕作先が増えたもので、パートに出る職場ができたようなものだ。

東大寺領の初期荘園

聖武天皇は紫香楽宮に大仏を造立しようとしたが断念し、七四七（天平一九）年頃から平城京の東に大仏の造立をはじめた。これが東大寺で、翌年までに造立を担当する「造東大寺《ぞうとうだいじ》司《し》」という役所が設置された。聖武天皇は七四九（天平勝宝元）年に娘の孝謙天皇に譲位したが、孝謙天皇は寺院墾田許可令を発布し、東大寺には四〇〇〇町もの墾田所有枠を設定した。

この墾田枠を使って東大寺は各地に初期荘園を設けた。七四九（天平感宝元《てんぴょうかんぽう》）年には越《えち》前国《ぜんのくに》に東大寺僧の平栄《へいえい》と造東大寺司の官人の生江臣東人《いくえのおみあずまびと》が「野占使《やせんし》」として派遣され、国司の使者と郡司とともに荘園の候補地の選定にあたった。平栄は隣国の越中国《えっちゅうのくに》にも赴き、時の国司で「万葉集」の編者として著名な大伴家持《おおとものやかもち》から歓待を受けている。さらに平栄は七五六（天平勝宝八）年に因幡国高庭荘《いなばのくにたかにわのしょう》や阿波国新嶋荘《あわのくににいじまのしょう》の野占を国司や役人とともに行っており、各地を飛び回って初期荘園の設立にたずさわっていたようだ。

東大寺領の初期荘園を具体的に見てみよう。越前国坂井《さかい》郡に属する桑原荘《くわばらのしょう》（福井県あわら市）は、七五四（天平勝宝六）年に大伴麻呂《まろ》が所有していた九六町二反余の土地を東大寺が銭一八〇貫文で買収して成立した。買収時に九町が開墾済みで、東大寺はさらに二三町を開墾して三二町の墾田を持つ荘園として発足した。

　桑原荘の経営を担ったのは、造東大寺司から越前国府に派遣された安都雄足《あとのおたり》と、造東大寺司から荘園の現地に派遣された専当田使《せんとうでんし》の曽禰乙麻呂《そねのおつまろ》、そして造東大寺司の官人として野占使を務めたのち、故郷に下って足羽《あすわ》郡の郡司になった生江臣東人の三人だった。生江臣東人は荘園を立ち上げる初期費用を負担し、はじめ二年間は計八〇〇〇束の稲を寄進して種子と農料に充てた。三年目には種子・農料の自給自足を達成して墾田は四二町に増え、純収入として二六四〇束の稲（舂《つ》いた米に換算すると約一三〇石）を確保した。

　この荘園は用水の確保に悩まされたため、生江臣東人は長さ一二三〇丈（約三・五キロメートル）、途中で二四個の樋《とい》を掛ける長大な用水を稲二一〇〇束（約一〇〇石）の労賃を費やして引く計画を造東大寺司に申請している。しかし生江臣東人は桑原荘が属する坂井郡の郡司ではなく、この地の農民に対する影響力は限られており、田使の曽禰乙麻呂も耕作者を集められずに経営は難航したようで、桑原荘は七五八（天平宝字《てんぴょうほうじ》二）年を最後に史料から見えなくなった。

　越前国足羽郡に属する道《ち》守荘《もりのしょう》（福井市西部）は、生江川《いくえがわ》（足羽川）と味間川《あじまがわ》（日野川《ひのがわ》）とが合流するあたりに立地していた。ここは東大寺が七四九（天平勝宝元）年に確保した土地の一つで、足羽郡郡司の生江臣東人が私財を投じて生江川から二五〇〇丈（約七キロメートル）に及ぶ用水を引き、墾田一〇〇町を開いて七六六（天平神護二）年に東大寺に寄進した。

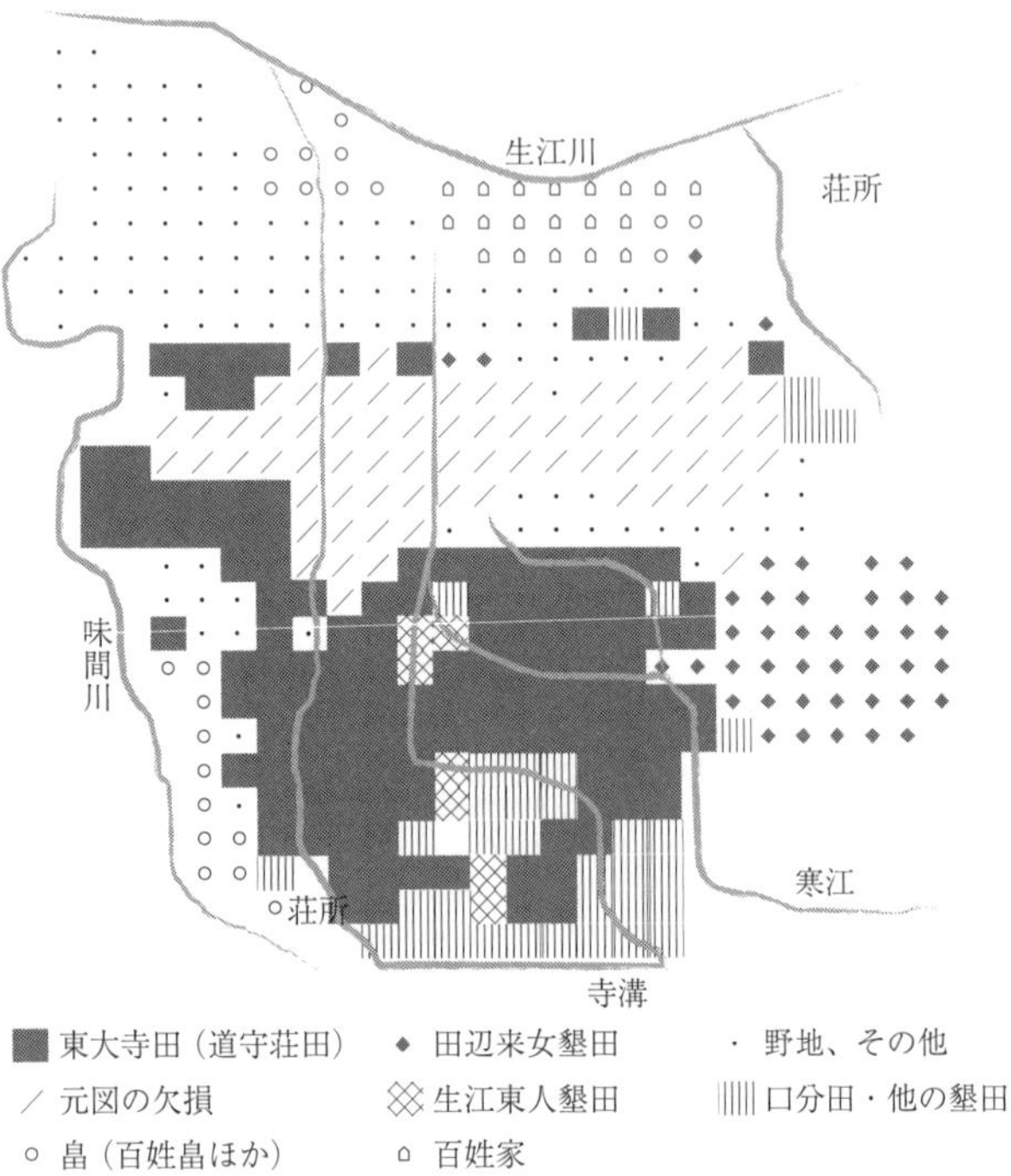

図2　越前国道守荘の図解　『図説福井県史』所載の「足羽郡道守村開田地図の概要」を簡素化

東大寺の墾田は八〇町七反余り、野地が一三七町四反あった。

この荘園については、一部が欠損しているものの詳細な絵地図が伝わっている（図2）。生江川に沿った自然堤防（河川が運んだ土砂が堆積《たいせき》して形成された微高地）上に百姓の家が立地し、荘所は東北と西南の二ヵ所に設けられた。野地の南に東大寺の墾田が分布し、「寺《てら》溝《みぞ》」と呼ばれる用水路によって灌漑されていた。東大寺の墾田のなかに生江東人の墾田が交じり、同じ寺溝の水を使っているから、荘園の開発が東人の利益にもなったことがわかる。寺田の東に田辺来女《たなべのくめ》が持つ墾田があり、のちに東大寺に買収された。

越前国鯖田《さばた》国富荘《くにとみのしょう》は、坂井郡郡司の品治部公広耳《ほんじべのきみひろみみ》が七五七（天平宝字元）年に墾田一〇〇町を東大寺に寄進したのにはじまる。この荘園に属する墾田は坂井郡内に散在し、広耳が農民の零細な墾田を買ったり、私出挙《しすいこ》（私人が行う出挙）の借物を返済できなかった農民の墾田を質流れで入手したものだった。広耳は墾田から徴収した地子をまとめて東大寺に納めていたが、彼が没すると地子の徴収が困難になったため、東大寺は散在する墾田を百姓の口分田などと交換して場所を移し、いまの福井県坂井市南部、福井市北部に集中させている。

皇族・貴族の初期荘園

日本の古代史料の大部分が東大寺などの寺院に伝わったものなので、皇族や貴族が設けた荘園については史料が不足していて実態を知ることは難しい。しかし寺領に勝るとも劣らず多くの荘園が設けられたことは確実だ。

この種の荘園の一つに、藤原武智麻呂の孫、藤原黒麻呂《くろまろ》が設立した上総国藻原荘《もばらのしょう》（千葉県茂原市《もばら》）・田代荘《たしろのしょう》（同県長柄町《ながらまち》）がある。藻原荘は黒麻呂が上総国の国守として赴任した際に牧《まき》として確保した土地を開墾した荘園で、田代荘は黒麻呂とその子春継《はるつぐ》が当地の墾田を買収して成立した荘園だ。墾田永年私財法では国司が開墾した墾田は任期が終わると収公されることになっていたが、黒麻呂は国司の任期中に馬を飼育する牧として確保した土地を任期後に開墾することで収公を免れている。春継は常陸国の国守として赴任したのちに当地の有力者の娘を妻に迎え、藻原荘に住んで経営にあたった。春継の子の良尚《よしなお》は都で出世して文徳《もんとく》天皇の側近として活躍している。

こうした荘園は東国に多く、国司の任を終えた皇族・貴族が地方に土着して国司の仕事を妨げることが問題になった。この土着した皇族・貴族のことを前司浪人《ぜんじろうにん》といい、彼らの末裔からのちの大武士団が生まれてくることになる。

天皇や太上天皇《だじょうてんのう》（略して上皇）のために初期荘園が設けられることもあった。これが勅旨田《ちょくしでん》だ。勅旨田は国司に命じて荘園を開発し、皇室に献上させたもので、九世紀のはじめ、淳和《じゅんな》天皇から仁明《にんみょう》天皇の時代に設置例が多い。嵯峨《さが》上皇の勅旨田は一八〇〇町、淳和天皇は二二〇〇町、仁明天皇の勅旨田は一一〇〇町にも上ったと推定されている。勅旨田が天皇と近しい皇族や妃、近臣に与えられることもあり、これは賜田《しでん》という。

しかし九世紀の後半になると勅旨田は目立たなくなり、次に述べる延喜《えんぎ》の荘園整理令で新設が禁止されてしまった。

第二章　摂関政治と免田型荘園

1　荒廃する農村、苦しむ朝廷

摂関政治のはじまり

桓武《かんむ》天皇は七九四（延暦《えんりゃく》一三）年に平安京《へいあんきょう》に遷都して平安時代がはじまったが、九世紀後半になると律令制による統治は行き詰まりを見せた。政界では藤原北家の藤原良房《よしふさ》が八六六（貞観《じょうがん》八）年の応天門《おうてんもん》の変で伴善男《とものよしお》らを失脚させ、律令制の導入以前から朝廷に力を持ってきた大伴氏や紀《き》氏の勢力を一掃し、臣下ではじめて幼少の天皇の大権を代行する摂政《せっしょう》となった。良房の甥《おい》で養子になった藤原基経《もとつね》は、八八四（元慶《がんぎょう》八）年に成人した天皇のもとで大権の行使に関わる関白《かんぱく》となった。基経の後にしばらく摂関は置かれなかったが、九三〇（延長《えんちょう》八）年に藤原忠平《ただひら》が朱雀《すざく》天皇の摂政となり、のちに関白に転じてからは、その子孫が摂政・関白かそれに準じる内覧《ないらん》（文書を天皇に先立って見る立場）となる慣例が定着した。

九世紀後半から約二世紀の間、藤原北家の良房流が実権を振るった政治を摂関政治、その時代を摂関期という。日本の古代から中世への長い過渡期にあたる。

相次ぐ天災

政界の激動の背景には天災による社会不安があった。八六四（貞観六）年から富士山が噴火し、八六八年には播磨国《はりまのくに》を震源とする地震が起こった。翌八六九年には貞観地震と呼ばれる大地震が東北地方の太平洋側で発生し、大津波が襲った。二〇一一年の東日本大震災は、この大地震の再来とも言われている。その後も八七八（元慶二）年に関東地方で地震、八八七（仁和《にんな》三）年には南海トラフ地震と推定されている仁和地震が発生し、中部〜西日本に大きな被害を与えた。信濃国《しなののくに》ではこの地震による八ヶ岳天狗《やつがたけてんぐ》の土砂崩れでできたダムが千曲川《ちくまがわ》をせき止め、翌年に一気に崩壊して広大な田地を土砂の下に埋めた。

疫病も流行し、八六一（貞観三）年には平安京で赤痢《せきり》が大流行して多くの子どもが亡くなった。京都の祇園祭《ぎおんまつり》は、疫病の原因と信じられていた怨霊《おんりょう》の祟《たた》りを鎮めるため、貞観年間（八五九〜八七七）にはじめられたものだ。なお山鉾《やまぼこ》を出す壮麗な祭りになるのは南北朝時代からである。

洪水も繰り返し襲った。木曽川《きそがわ》水系では八六五（貞観七）年の大洪水など、たびたびの洪水によって木曽川の本流が南に移り、両岸の尾張国《おわりのくに》と美濃国との間で境界争いが起こって

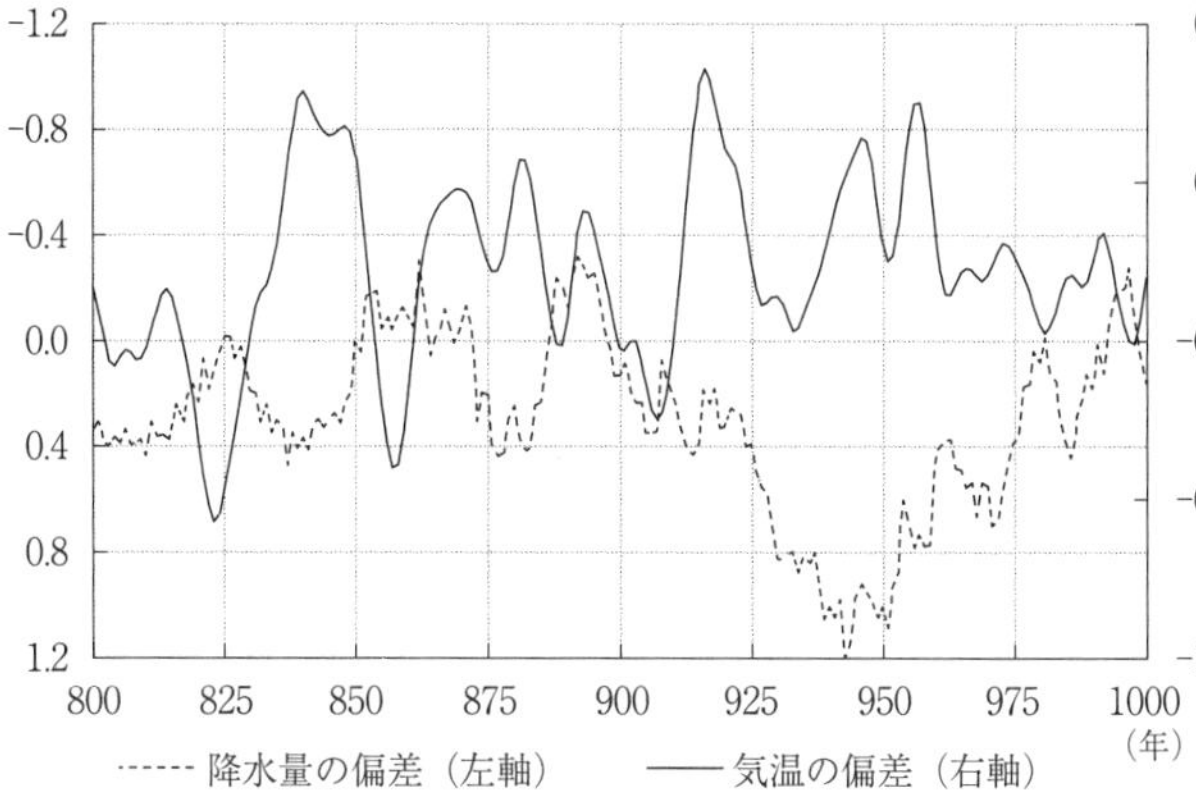

図3　9〜10世紀の気候

いる。

気候変動の影響

九世紀後半に頻発した水害は、気候変動の結果だったことが近年明らかになっている。二〇〇八年から、地球温暖化問題の検証のため、世界を八つの地域に分けて過去二〇〇〇年間の気温の変動を明らかにするPAGES 2k Networkのプロジェクトが行われ、東アジアでは西暦八〇〇年以降のデータがまとめられた。このデータは一九六一〜九〇年の夏季平均気温に対する偏差で示される。また最近、古気候学者の中塚武氏により、樹木の年輪を構成するセルロースに含まれる酸素の同位体比を測定することで、日本列島の夏季降水量が年単位で推定できるようになった。このデータは一九六〇〜九〇年の平均値に対する偏差で示される。

図3では、左軸に対応した点線で年輪酸素同位

体比の変動を示す。年ごとの変動が大きいため一一年の移動平均の値をプロットし、値が小さいほど降水量が多かったことを示すが、降水量の多少がわかりやすくなるよう軸の正負を反転している。また右軸に対応した実線で気温の変動を示し、一〇年の移動平均値をプロットしている（図4・7・13・17も同じ）。

このグラフによると、九世紀前半までは乾燥気味で安定していたが、九世紀後半には湿潤に転じて不安定化し、洪水と旱魃《かんばつ》が交互に起こった。一〇世紀には一転して乾燥化が進み、一〇世紀半ばの乾燥した気候は一〇〇〇年単位で見ても異例なもので、農村は厳しい試練にみまわれたはずだ。

かつて一〇世紀には中世温暖期がはじまり、ヨーロッパでは農業生産力が向上した時代と言われた。日本でも一〇世紀の気温は高めだが、日本列島では気温が上がると降水量が減る傾向にある。温暖な気候は稲の成長に有利ではあるが、雨が降らなければ元も子もない。ヨーロッパの麦作と日本の水稲耕作とでは、同じ気候変動でも結果は違ってくる。

古代村落の消滅

考古学の研究によっても、九世紀後半には古代村落が危機に陥ったことがわかっている。千葉県君津《きみつ》市内の小糸川《こいとがわ》中流域に面する常代《とこしろ》遺跡では、五世紀の中頃に集落が成立し六世紀には大きな用水路が掘られた。律令国家が成立した八世紀には集落は拡大し、用水路も改修して維持された。ところが九世紀に入ると建物は不明瞭《ふめいりょう》になり、後半には用水路が使われなくなり、集落も消滅したとみられる。この南の郡遺跡でも六～七世紀には大型の建物が建ち並び、川跡からは祭祀土器が出土するが、その土器は九世紀代のものまでで、一〇世紀には川は埋没している。

長野県千曲《ちくま》市の屋代《やしろ》遺跡では七世紀から九世紀にかけて五度の洪水にみまわれたが、その都度、水田が復旧されていた。ところが八八八（仁和四）年に大洪水が襲ってからは復旧が行われることはなく、一〇世紀には集落が途絶えてしまった。

長野県松本《まつもと》市の田川《たがわ》流域でも、古墳時代からの集落に加えて八世紀には新しい集落も造られたが、九世紀後半には多くの集落が消滅してしまい、その後は川から一段高い山のほうに集落が造られる。移動の理由は山の谷間は安定した水源が確保できるからと考えられるが、これらの集落も不安定で一〇世紀後半まで継続する例はほとんどなかった。

文献からも当時の農村の荒廃がうかがえる。九一四（延喜一四）年に三善清行《みよしきよゆき》が提出した「意見封事《いけんふうじ》十二箇条」には備中国《びっちゅうのくに》下道郡《かどうぐん》邇磨郷《にまごう》についての記述がある。「備中国風土記《ふどき》」によると、日本が唐・新羅《しらぎ》の連合軍と戦った白村江《はくすきのえ》の戦い（六六三年）の際、斉明《さいめい》天皇が軍を率いてこの郷に通りかかって兵を募ったところ二万の兵を得ることができ、喜んだ天皇は邇磨郷と名付けたという。邇磨郷には天平神護年中（七六五～七六七）には成年男子が一九〇〇人余いたが、九世紀後半の貞観年中（八五九～八七七）には成年男子はわずかに七〇人余、九一一（延喜一一）年にはまったくの無人になったと清行は記す。この話には誇張があり、国家が戸籍によって人口を把握できなくなったことが大きいのだが、発掘成果が示す状況と合わせて考えると、あながち架空の話とも思えない。

郡司層の没落

たとえ天災が集中し、気候変動に翻弄《ほんろう》されても、国や社会に余力があったら対応もできただろう。ところがこの時代には、人口の減少にとどまらない混乱が地域社会に起こっていた。千葉市高沢《たかざわ》遺跡では、五世紀後半から続いてきた集落が一〇世紀前半には消滅した結果、五世紀の間維持されてきた古墳群や墓域も忘れ去られてしまった。千葉市椎名崎《しいなざき》遺跡では一〇世紀に古墳群のなかに建物群が侵入し、古墳を区画する溝の上に家屋を作っている。もはや古墳が聖なる場所、自分たちの祖先が眠る墓とは認識されなくなったのだ。

先祖の墓が忘れ去られ、古墳が壊されてしまうという伝統的権威の崩壊は、古くからの地方豪族の出身だった郡司の権威の低下を招いた。元興寺領近江国依智荘《えちのしょう》（滋賀県愛知《えち》郡愛知《えち》川町《がわちょう》）では、愛智《えち》郡司を世襲する依知秦《えちはた》氏の一族を田刀《たと》という役職に任じて経営してきたが、彼らは九世紀半ばに荘田を荒廃させてしまった。そこで荘園領主の元興寺は依知秦氏を飛び越して経営に介入し、荘田を預作名《あずけさくみょう》と呼ばれる単位に分割して地子を納入する責任者を決め、有力農民を任じている。

班田収授は何世代にもわたって続く大家族と、それが集まった古代村落の存在を前提にしていた。人頭税である調・庸・雑徭は、どこに誰《だれ》が住んでいるかを把握していなければ徴収できない。古代村落の崩壊はこの前提を崩した。

また古墳が聖なる場所と思われなくなるような伝統的権威の崩壊は、郡司の権威低下につながり、律令制の行政は末端から動かなくなった。初期荘園の労働力も郡司によって動員される農民に頼っていたから、郡司の影響力が衰えると耕作者の確保が困難になり、大半の初期荘園が荒廃してしまった。

富豪層の出現

こうした混乱のなかで登場したのが富豪層《ふごうそう》と呼ばれる有力農民だ。この頃、税を納められずに村落から逃亡し、戸籍から離れて浪人《ろうにん》になる農民が増えていたが、そのなかに「富豪の輩《ともがら》」「力田《りきでん》の輩」「富豪浪人」などと呼ばれる農民が現われた。彼らも戸籍から離れた浪人身分だったが、才覚を生かして富裕になり、貧しい浪人を集めて田地を開発したり、農民の口分田を強引に借り受けて配下の浪人に耕作させたり、農民に種籾を貸し付けて高利の利子（利稲）を取った。これによって農民はますます貧窮して浪人への途をたどり、富豪層との貧富の差は拡大するばかりだった。

彼らはまた国司や郡司から徴税使がやってくると武力を用いて抵抗し、中央の貴族や中央官庁と結んでその従者となり、開発した田地を寄進したり、貴族や官庁が設けた荘園の経営にたずさわった。その結果、九世紀には富豪層と結んだ荘園の設立が急増して、口分田を耕作する一般の農民を圧迫した。ただでさえ洪水や旱魃によって農業経営が困難となり、税収が減っていたところに、こうした荘園の設立が進んで国家財政は危機に陥った。

延喜の荘園整理令

こうした危機に対処するための法令として、九〇二（延喜二）年に荘園整理令が発布された。当時の朝廷を主導していたのは、醍醐《だいご》天皇のもとで最高位の左大臣を務めた藤原時平《ときひら》である。彼は菅原道真《すがわらのみちざね》を失脚させて大宰府に追放した張本人として悪役にされることが多いが、九世紀末の混乱を立て直そうと努力した政治家だった。

この荘園整理令は、富豪層による一般農民の搾取を禁じ、富豪層と中央の貴族の結託による荘園の設立の拡大に歯止めをかけることを目的にした。具体的には、勅旨田の新設を停《ちょう》止《じ》し、皇族・貴族・国司が荒野や荒廃田を占拠して農民の利用を妨げ、農民を強引に動員して荘園を開発することを禁じ、これまで開発した田地は農民に分配するよう命じた。また有力な農民が田地や私宅を寄進して貴族の荘園としたり、私出挙によって農民から搾取することを禁じ、借財のかたに没収した田地は返却するよう命じた。

また藤原時平は長らく行われていなかった班田を実施し、清和《せいわ》・陽成《ようぜい》・光孝《こうこう》天皇の三代の事績を記した『日本三代実録』も編纂《へんさん》した。また律令の追加法規である格と施行細則である式《しき》をまとめた『延喜格式』の編纂もはじめた。しかしこの班田は最後の班田となり、『日本三代実録』も朝廷が編纂した最後の史書、『延喜格式』は最後の格式《きゃく》集になった。時平の政治は律令国家の最後の輝きに終わったと言える。

藤原時平が九〇九（延喜九）年に若くして亡くなると、弟の忠平が藤氏長者《とうしのちょうじゃ》（藤原氏全体の代表者）の座を継いだ。九三〇（延長八）年に幼少の朱雀天皇が即位すると忠平は摂政に就任し、天皇の元服後は関白に任じられた。時平が律令国家の立て直しに奮闘したのに対し、忠平はバランス感覚に優れた穏健な政治家で、彼のもとで現実に合わせた律令制の改革が進められていった。

2　受領と田堵

人頭税から地税へ

九世紀後半には律令国家が基盤にしていた古代社会のあり方も大きく変わり、古代村落の解体のなかから出現した富豪層が中央の貴族と結ぶことで荘園が乱立し、国の税収難と農民の困窮が問題になっていた。

この危機に対処するため、摂関期の朝廷は律令制の大幅な改革を行った。その柱は、税制では人頭税から地税への転換、地方行政では国司の権限拡大、耕作方式では有力農民である田堵《たと》による請負制の採用、土地制度では免田《めんでん》と国免荘《こくめんしょう》（四四〜四六頁参照）の認定だ。

この改革は中央政府主導で実施されたのではなく、現場で危機に対処した国司が律令制の運用を現実に合わせて改変し、それを中央政府が追認することで進められた。この時代の国司たちは、富豪層を新たな郡司・郷司《ごうし》（七〇頁参照）として支配の末端に取り込み、あるいは田堵として耕作・納税を請け負わせたのだ。

九世紀後半に進んだ古代村落の解体、郡司層の没落、戸籍から脱した浪人の増加は、人頭税を中心とした律令制の税制の土台を掘り崩した。どこに誰が住んでいるかわからないのに、どうやって税を取ればよいのだろうか。その答えは、逃げることはない土地に課税する地税への転換だ。

本来の律令制の地税は租ぐらいだったが、摂関期にはさまざまな税が地税化した。特産品を納める調、布を納める庸は田地の面積に応じた田率で納めるようになった。春に種籾を借りて秋に利稲を付けて返す出挙は、種籾を借りずに利稲だけを田率で納める地税になった。口分田を割り当てた残りの乗田を耕作して地子を納める賃租については、口分田と乗田の区別が消えて大半の田地が地子を負担した。こうした租、田率の調・庸、出挙の利稲、地子などを合算したものを官物《かんもつ》といい、主に米で納められた。官物を田租と呼ぶこともあるが、前代の租とは大きく異なることに注意が必要だ。

また国司が使役する雑徭や、国司が中央政府の命に応じて必要な物資を調達した交易雑物《きょうえきぞう もつ》、そのほか臨時に賦課する税が人頭税として残り、これらを総称して臨時雑役《りんじぞうやく》と呼ばれた。これも実際には田率で徴収されることが多かった。摂関期の税制は、官物と臨時雑役の二本立てで運用された。

国司の権限拡大と集権化

摂関期には地方社会の激変に対応するため、地方行政機関である国衙の権限が拡大され、それを担う国司の体制も集権化された。前章で述べた通り、律令制下の国司は一人ではなく、守《かみ》を長とする四等官から構成され、守に次官以下の人事権はなく、国務の責任は四等官が連帯して負った。

しかし九世紀末には税の未進《みしん》（未納）の責任は長官の守のみが負うようになり、次官以下の処遇も守に一任された。中央政府に対して任国の納税責任を一身に負うことになった守は受領《ずりょう》と呼ばれた。受領以外の国司は任用国司と呼ばれて国務から疎外されるか、受領の従者が任じられた。受領は多くの従者を引き連れて任国に入り、彼らを手足として使って任国の経営と支配にあたった。

受領国司は任国の田数に応じて決められた量の税さえ中央政府に納入すれば、国内の経営と徴税をどのように行おうと中央政府から干渉されないようになり、任国で自由に手腕を振るえるようになった。これを「国司の徴税請負人化」と呼ぶこともある。

郡司の制度も改革された。郡司は伝統的な地方豪族が世襲するものだったが、摂関期には郡司の定員が撤廃され、受領国司が定員外の郡司を自由に任命できるようになった。これを擬任《ぎにん》郡司という。受領国司は徴税に抵抗した富豪層を逆に郡司に任じて税の納入を請け負わせた。富豪層の倉を国や郡に属する倉とみなし、中に蓄えられた米穀を富豪層に出挙で運用させて、国司が利息の一部を徴収する里倉負名《りそうふみょう》という制度も行われた。

「受領は倒るるところに土をつかめ」

摂関期の受領は、任国の専制君主として自由に手腕を振るい、莫大《ばくだい》な収入が得られるやりがいのある官職になった。一方、摂関政治のもとで貴族の家格の固定化が進み、生まれながらにして三位以上への栄達が約束された上流貴族と、四~五位に留《とど》まる中流貴族に分かれるようになった。中流貴族にとって、受領に任じられることは富を蓄え、出世の糸口をつかむ重要な手掛かりになった。

この頃の説話を集めた『今昔物語集《こんじゃくものがたりしゅう》』には、受領の強欲さを示すエピソードが収められている。信濃守の藤原陳忠《のぶただ》（九八二年に在任）が四年の任期を終えて京都に帰る途中、東山道の神坂峠《みさかとうげ》（美濃・信濃国境）で馬ごと深い谷に転落してしまった。驚いた従者たちは、下から声が聞こえるので籠《かご》を下ろして引き上げると、籠に陳忠の姿はなく平茸《ひらたけ》が一杯に積まれていた。どうしたことかともう一度籠を下ろして引き上げると、今度は平茸を手につかんだ陳忠が上がってきた。陳忠は、途中の木に引っ掛かって九死に一生を得たが、つかまった木にたくさんの平茸が生えていたので、手の届く限りは籠に入れた。まだたくさん残っているのに惜しいことをしたと言うと、従者たちは大笑いした。ところが陳忠は真顔で、宝の山に入って手ぶらで帰るのは馬鹿げたこと、「受領は倒るるところに土をつかめ（受領は倒れたところの土をつかんで懐に入れるものだ）」と言い放ったのだ。

清少納言《せいしょうなごん》が著した「枕草子《まくらのそうし》」にも、この時代の受領をめぐる悲喜劇が描かれている。朝廷による人事（除目《じもく》）で豊かな国の受領に任じられた人が、「いえいえ実はたいへん落ちぶれている国だそうで」と口では言いつつも得意顔だったり（「したり顔なるもの」）、逆に人事で国司の職を得られず、館に期待して集まっていた人の群れが四散するさまが描かれている（「すさまじきもの」）。また中流貴族が数々の国の受領を歴任して四位、三位に昇ると上級貴族からも敬意を持たれること、中流貴族の女性が得られる最高の幸せは受領の奥方として任国に下ることだと記している（「位こそ、なほめでたきものはあれ」）。当時の中流貴族にとって、受領に任じられることがどれほど重視されていたかがわかる。

受領の名誉のために申し添えておくと、強欲で人びとを苦しめた受領ばかりではなかった。一〇〇一（長保《ちょうほう》三）年と一〇〇九（寛弘《かんこう》六）年の二度にわたって尾張国の受領として赴任した大江匡衡《おおえのまさひら》は、学者の家の出身で、尾張国で学校院を設立したほか、いまでも尾張西部地区の基幹用水として使われている宮田《みや た》用水を整備し、その名は大江川として残っている。その妻が歌人として有名な赤染衛門《あかぞめ え もん》で、実生活では中流貴族に生まれた女性として最高の幸せを得たのだ。

負名制とは

摂関期には土地から税を徴収するようになったため、受領国司は国内の耕地を名《みょう》と呼ばれる単位に分割し、それぞれの名の耕作と納税を負名《ふ みょう》と呼ばれた農民に請け負わせた。このしくみを負名制という。先に近江国依智荘について触れた通り、荘内を預作名に分けて農民に請け負わせる方式が一部の初期荘園で行われていたが、負名制はこれを公領《こうりょう》にも広く適用したものだ。なお、公領は国司とその役所の国衙が管轄する土地を言い、私領《しりょう》（四四頁参照）としての荘園に対する語として用いる。

負名になった有力農民は、農業経営者としては田堵と呼ばれていた。律令国家での口分田が生涯持ち続けられるものだったのに対し、名は田堵の所有物ではなく、年単位の契約で耕作を任されるだけのものだった。納税成績が悪ければ契約は更新されなかったが、田堵の側も、より良い条件があればほかに移ることができた。班田収授で農民に与えられた口分田も次第に名に組み込まれ、田堵になれなければ、田堵の従者になるか、田堵に雇われて耕す立場になった。自由ではあるが農民間の競争も激しく、さぞ殺伐たる農村になったと思うが、厳しい旱魃にみまわれた一〇世紀を乗り切るには仕方なかったのかもしれない。

田堵と仮名

負名制のもとでは、国司や荘園領主が毎年、春先に田地の耕作者を決める散田《さんでん》という作業を行った。耕作者が決定した田地は耕作と納税を請け負った田堵の名前で呼ばれた。たとえば「稲吉《いなよし》」を名乗る田堵が負名になって請け負った名は「稲吉名」と呼ばれた。しかし請作《うけさく》者《しゃ》が交代するごとに呼称が変わるのも煩わしいので、元の名で呼び続けるようになった。

田堵は名を請け負う際に、実名ではなく屋号のような仮名《けみょう》を名乗った。仮名には稲吉・稲富・永富・益富・富永・久富・得富・富田・豊田など、豊作と富貴を連想させる名前が好んで使われた。この仮名が耕作を請け負った土地の名前になり、荘園の名称にもなって、地名として今に続いていることがある。日本人の名字には地名に由来したものが多いから、多くの人びとがかつての名の名前を名字として名乗っているのだ。

一人の田堵が複数の名を請作したり、一つの名を複数の田堵が請作することもあった。数町にわたる大きな名を請作する田堵は大名《だいみょう》田堵《たと》と呼ばれた。後世の「大名」という言葉の由来だ。

田堵の理想、田中豊益

摂関期に出現した田堵は前代の農民とは違い、農業経営のための資材と資本を自分で持ち、自らの判断で農業経営を行う、いわば「プロ農民」だった。一一世紀中頃に藤原明衡《あきひら》という貴族が著した「新猿楽記《しんさるがくき》」という書物がある。この書物は当時のさまざまな職業の人びとを描き、当時の人びとが社会の実情を学ぶ教科書として読まれたとみられる。「新猿楽記」が取り上げた職業には、博打《ばくち》打ち、武士、巫女《みこ》、学者、相撲《すもう》取り、大工、医師、陰陽《おんみょうじ》師、高級官僚など多岐にわたるが、そのなかに田堵が含まれているのだ。

当時、農村の農耕儀礼に由来した歌舞で、のちの能楽の原型の一つにもなった猿楽が大流行していた。「新猿楽記」は、とある晩に猿楽を見物に来た右衛門尉《うえもんのじょう》という人物の三人の妻、一六人の娘とその夫、九人の息子を紹介するという設定で、各人の仕事ぶりについて描いている。右衛門尉の三番目の娘の夫が大名田堵の田中豊益《たなかのとよます》だった。彼の仕事ぶりについて見てみよう（該当部分の現代語訳を挙げる）。

出羽権介《でわのごんのすけ》田中豊益はもっぱら農業に専念してほかの仕事はしない、数町の農地を経営する大名の田堵だ。あらかじめ洪水や旱魃の年があるのを考えて鋤《すき》・鍬《くわ》の農具を整え、どの土地が肥え、どこが痩《や》せているかを熟知していて、馬把《まぐわ》や犂《すき》を調整している。また井堰《いせき》・堤防・用水・畦畔《けいはん》の土木工事に雇う田夫農人を育て、種まき・苗代《なわしろ》作り・代《しろ》かき・田植えに雇う五月男女《さおとめ》をいたわりねぎらうのが上手だ。栽培する早稲《わせ》・晩稲《おくて》・うるち稲・もち稲などの収穫はほかの人に勝り、ついた米の量は年ごとに増えている。それだけでなく畠《はたけ》に蒔いた麦・大豆・大角豆《ささげ》・小豆《あずき》・粟《あわ》・黍《きび》・稗《ひえ》・蕎麦《そば》・胡麻《ごま》も数多《あまた》実っている。春は一粒を地面に散らすと、秋には万倍になって蔵に納められ、およそ春の耕起から秋の収穫まで、いささかの間違いもない。常に五穀成熟《じょうじゅく》、豊作の喜びを抱き、いまだ旱魃・洪水・虫害・冷害の損にあったことがない。

また田地の調査と徴税にあたる役人の接待、国の役人が近くを通ったときにもてなす宴会も怠らない。ましてや地子・官物・租穀・租米・調庸、代稲・段米・使料・供給《くごう》・土毛《どもう》・酒直《さかて》・種蒔き・営料・交易《きょうえき》・佃《つくだ》・出挙・班給などの税はわずかであっても未進したことはない。

田中豊益は架空の人物で、ここに描かれている姿は現実ではないが、当時の人びとが抱いていた田堵の理想像をうかがうことができる。豊益は、鋤や鍬、馬や牛に曳《ひ》かせる犂などの農具を自分で所有し、耕地の状態に合わせて調整した。種子も自分で蓄えていて、早稲・晩稲・うるち米・餅米《もちごめ》といった稲の品種を耕地の状態や天候に応じて使い分け、多様な畑作物を栽培してリスクを分散していた。こうした綿密な計算によって旱魃・洪水・虫害・冷害による損害を最小限に抑えている。

稲作では、春先に川に堰を築いて用水を引き、田の畔《あぜ》を整えて水が漏れないようにする工事に多くの労働力が必要だった。初夏の田植え、秋の稲刈りの際にも、多くの労働者を集中的に動員する必要があった。こうした労働力の調整は、かつて地方豪族や古代村落が担っていたが、田中豊益は蔵に蓄えた大量の米穀を田夫農人や五月男女に支払い、雇用労働力として確保していた。

田堵には農業経営のプロであると同時に、納税義務を果たすことが求められた。先に述べた官物と臨時雑役とは税目を大きく分類したもので、実際には地子・官物・租穀・租米・調庸・営料・交易などの数多くの税目があったが、豊益はこれらの税を耳をそろえて納めるのはもちろん、土地調査や徴税のためにやってきた役人を酒食でもてなし、国衙の役人が近くを通る際には宴会を開いた。役人の接待まで気を遣わねばならなかったのは、田堵が耕す土地は自分のものではなく、年単位で耕作を請け負っているに過ぎないからだ。いつの世でも下請けはつらい。

田堵の現実、古志得延

次に現実の田堵として、越後国石井荘《えちごのくにいしいのしょう》（新潟県上越《じょうえつ》市東部）で働いた古志得延《こしとくのぶ》という田堵を紹介しよう。石井荘は東大寺領の初期荘園の一つで六五町余の田地があったが、一〇世紀末にはまったく荒廃してしまった。そこで越後出身の東大寺の僧、兼算《けんさん》に荘園の再興が命じられ、一〇五二（永承《えいしょう》七）年に荘経営の責任者の荘司に任じられた。

兼算が荘園の田地を耕す農民を募集すると、石井荘から八〇キロメートルほど離れた古志《こし》郷（新潟県長岡《ながおか》市山古志《やまこし》）に住んでいた田堵の得延が応募し、二〇人ほどの農民を引き連れて石井荘にやってきた。得延は荘司兼算と主従の契りを結んで石井荘の田堵となり、兼算は彼を召し使って荘園の再開発を進めた結果、二〇町余りの田地を開くことに成功した。

ところが石井荘の農民は東大寺に反別三斗の地子を納めるだけでなく、国司にも官物や雑役を納めねばならず、農民の間に荘司兼算への不満が高まった。田堵得延と兼算との関係も悪化し、得延は国司に兼算の無能を訴えたり、兼算の従者が馬を盗んだと訴えたり、あげくには主人と仰いだはずの兼算に対して暴言を放つようになった。そして国司が得延の訴えを取り上げないと知ると、もはや荘司兼算には従えないとして、一〇五七（天喜《てんぎ》五）年には大勢の農民を引き連れて国境を越え、信濃国に逃れ去ってしまったのだ。

古志得延には田中豊益のように、農民たちを動員して田地を開発し、耕作して収穫をあげる力量があったが、豊益のようには従順ではなかった。思ったより税の負担が重くて不満が高まると、一度は主人と仰いだ兼算に暴言を吐き、その失脚をも画策した。得延は兼算の追放に失敗すると、石井荘に未練はなく、配下の農民とともに信濃の新天地を目指した。古志郷から石井荘に移ってきたときと同じように、信濃で条件の良い仕事があるのを聞いたのかもしれない。

この時代の田堵は農地の耕作を請け負う農民集団の親方のような存在で、彼らの財産は土地ではなく、農具や種子・農料という動産と、彼に従う農民たちだった。この時代の農民は、後世のように先祖代々の屋敷と田畑を守って定住しているのではなく、時々の国司や荘園領主の求めに応じて、転々と住まいと働き場所を変えたのだ。

3　免田型荘園

私領・免田・免田型荘園

摂関期の国司は土地所有の認定について権限を中央政府から移譲され、任国内の公領・私領を国図《こくず》によって管理した。国司は課税額を決める権限も移譲され、さまざまな意図で私領に対する税の減免を行った。摂関期の荘園は税の減免を受けた私領（免田）が集まったもので、荘園領主が招き寄せた田堵《たと》らによって耕作され、荘園領主と国司の両方に納税した。こうした荘園を免田型《めんでんがた》荘園（または免田寄人《よりうど》型荘園）という。

摂関期に私有が認められた田畠《たはた》のことを私領という。これには墾田永年私財法で認められた墾田も含まれるが、荒廃田の再開発地や、公田の耕作者から納税を請け負うことで成立した地主権も私領と呼ばれ、前代より広い範囲を指す。私領の領主は耕作者から反別三斗ほどの地子を取り、公田に成立した領主は耕作者から五升〜一斗の加地子《かじし》を取った。こうした領主（私領主）は、下は田堵から地方の有力者、郡司や元国司、朝廷の貴族や下級官人、僧侶、大小の寺社など多種多様で、身分や資本に特に制約はなかった。そのうち貴族や寺社が持つ私領群は国司の認可を経て「荘《しょう》」を名乗ることが許された。

私領も公領と同じく官物と臨時雑役を国衙に納めねばならなかったが、国司の裁量でこの税を減免されることがあり、この優遇措置を受けた私領を免田という。国司が免田を認可した理由は大きく分けて三つあり、第一には開発者へのインセンティブとして新開田（治田《はりた》という）にかかる税の減免、第二には国司が貴族や寺社などに納める義務がある物品の割当て、第三には貴族や寺社の仕事にたずさわる寄人《よりうど》の田地の税の減免だ。

国司は在任中に少なくとも一度は国内の耕地をすべて調査し、その面積、土地の種別、耕作状況、私領と公領の別、私領の持ち主、課税量などを記録した台帳を作成した。この作業を検田《けんでん》と呼び、作成した台帳を国図という。

私領や私領群である荘園の保有が承認されるか、税の減免が認められるかは、その領主にとって切実な問題だから、検田では過去の経緯を説明し、証拠文書を提出して審査を受けたが、国司には大きな裁量権があった。国図が作られてからも、国司は毎年、国中に使者を派遣して耕作の実態や新開田を調査し、長らく耕作実態のない私領・荘園は没収され、新開田は課税対象に加えられた。

人びとがさまざまな私領を開発し、それを国司が調査して場合によっては没収して公領にし、その再開発でまた私領が生まれたので、この時代の土地の権利関係はきわめて複雑なものになった。

国司の裁量で認可された荘園を国免荘という。国免荘は免田の集まりだったが、加えて東西南北の境界を表わす四至《しいし》で区切った開発予定地を付属させることが多かった。しかしそこに開かれた新田は国衙の課税対象になり、税の減免が受けられるとは限らなかった。

ところが四年の任期で国司が交代すると、前任の国司が行った決定はいったん無効になった。そこで免田や荘園の領主は新任の国司に対して、減免されるべき事情や過去の国司から認められた実績を訴えて優遇措置の継続を願い出た。しかし新任国司は税収を上げたいから簡単には認めず、廃止される免田や荘園も多かった。それでも四年の任期の終わりが近づくと、国司は賄賂《わいろ》を取って免田や荘園の認可を乱発し、貴族や寺社に納めねばならなかった物品の未納分を荘園の認可によって帳消しにした。これをまた次の新任国司が廃止する。この時代にはこうしたサイクルが延々と繰り返された。

官省符荘と不輸・不入

こうした国免荘よりも安定した荘園もあった。摂関期の朝廷は土地所有や課税についての認可権を国司に移譲したものの、この権限を手放したわけではない。特別な事情がある場合は中央政府がこの権限を行使し、特定の荘園について所有権と税の減免を決定した。この決定は太政官から民部省を経由して国司に伝えられたため、この措置を受けた荘園を太政官と民部省の命令書である「符《ふ》」が与えられた荘園という意味で、官省符荘《かんしょうふしょう》という。

官省符があると、国司が交代しても命令を尊重するので、官省符荘は国免荘よりも強い権利を持った。官省符によって認められた官物の免除を不輸の権という。律令で寺田・社田は不輸租と定められていた伝統を受けて、官省符は寺社領荘園に与えられることが多い。一〇四九（永承四）年に高野山《こうやさん》の麓《ふもと》に成立した金剛峯寺《こんごうぶじ》領の、その名も官省符荘（和歌山県橋本《はしもと》市）が有名だ。

官省符荘での税の減免も指定された免田に限られており、四至の内に開かれた新田は課税対象になった。これは国司の検田によって把握されたが、特別な事情がある場合、朝廷は検田の免除も命じた。この特権を不入の権という。

国司の開発奨励

国司は私領の開発者に税を減免して開発を促した。一〇一二（長和《ちょうわ》元）年に和泉国の国司は、郡司を通して田堵たちに荒田の再開発を命じている。当時の和泉国では大名田堵が田地を抱え込んで荒れたままにしていたため、四年前から荒廃している田地は持ち主が私領の権利を主張しても無効とし、ほかの田堵による再開発を認めた。開発に成功した場合は、新開地にかかる臨時雑役を免除し、官物のうち五升を減免した。官物はだいたい反あたり三斗だから一七%ほどの減免になる。しかし、そうすると田堵たちが既耕地の耕作を放棄して税率が有利な荒田の再開発に集中する恐れがあり、そうはならないように釘《くぎ》を刺している。

国司は外部資本による開墾も奨励した。伊賀《いが》国司は一〇四三(長久《ちょうきゅう》四)年に、伊賀国外からやってきて荒地を開発すれば臨時雑役を免除すると決めている。こうした優遇策により、この時代には地方の有力者や都の貴族などが資産を投入し、自らの従者と現地の田堵たちを動員して盛んに私領を開発し、経営するようになった。

私営田領主の栄華と没落

国司の開発奨励に応じ、大規模に私領を経営した私領主を私営田領主《しえいでんりょうしゅ》という。私営田領主の例として有名なのが石母田正《いしもだしょう》氏の古典的名著、『中世的世界の形成』の冒頭に取り上げられた藤原実遠《さねとお》だ。実遠の父、藤原清廉《きよかど》は「今昔物語集」に収録された説話、「大蔵《おおくら》の大夫《たいふ》藤原清廉、猫をおそれし語」(巻第二十八第三十一)に登場する。これによると清廉は猫嫌いとして有名で、猫を見かけるとどんな用事があっても顔を覆って逃げ出した。彼は大蔵省の実務官人(四等官のうち三番目の丞《じょう》)で、本来の官位は六位だが、功労によって五位の位階を得ていた。中央政府の官人としては下層に属するが、彼にはもう一つの顔があり、平安京に近い、山城《やましろ》・伊賀・大和の三国にわたって手広く私領を経営する私営田領主だったのだ。

私領からは国司に官物を納めねばならないが、清廉は納税を怠り、大和国での未納分は五七〇石にも達した。これほどの脱税は犯罪だが、五位の官人を逮捕するわけにもいかない。そこで大和守の藤原輔公《すけきみ》（在任期間一〇一七〜二一年）は一計を案じ、猫嫌いで有名だった清廉を京都の自邸に呼び寄せ、部屋に背丈が三〇センチメートルもある赤目の大猫五匹を入れて脅かした。恐れおののいた清廉は七〇石を京都の家から即納し、残りの五〇〇石を大和国宇陀《うだ》郡の館から払うよう命じる下文《くだしぶみ》をその場で書かされた。

この清廉の子が藤原実遠で、彼は父から伊賀国の所領を受け継いだ。実遠も左馬允《さまのじょう》に任じられた官人で位階は七位にあたり、父と同じ下級官人に属したが、伊賀国では二八ヵ所もの私領を経営して「当国猛者」と呼ばれる栄華を誇っていた。実遠は伊賀国の四郡に分散して所領を持ち、国のほぼ中心にあたる伊賀郡猪田《いだ》郷（三重県伊賀市猪田）に本拠を構え、各郡に田屋《たや》と呼ばれる経営拠点を建て、国中の住民を従者のように召し使って耕作させた。

ところが実遠の経営は急速に傾いた。一〇四三（長久四）年に実遠は名張《なばり》郡矢川《やがわ》村の田畠四〇町を禅林寺《ぜんりんじ》座主深観《じんかん》という高僧（花山《かざん》天皇の皇子）に売却している。売却の際の実遠の証言によると、名張郡では住民の死亡・逃亡が続いて無人となり、田畠も荒れて猪《いのしし》と鹿《しか》の住み家になってしまったという。私領の買い主は荒廃地を再開発すると税の減免を得られるから、荒廃を誇張した可能性はあるが、経営が成り立たなくなったから売却したことは確かだろう。

実遠の経営が傾いた原因は、耕作者が確保できなくなったためとみられる。私営田領主と耕作者との関係はギブアンドテイクの関係で、伊賀国の農民はほかに働き口がなければ実遠に使われるしかなかったが、新しい働き口があれば「転職」する自由があった。当時の伊賀国では、東大寺や伊勢《いせ》神宮が経営する荘園が拡大しつつあり、そちらに農民を取られたのが実情だろう。

実遠は郡司などの役職に就かず、貴族との縁も持たなかったので没落してしまったが、こうした事態を避けるため、身分の低い私領主（大規模な場合は私営田領主）は、その権利を安定させるため、自らの私領を中央の貴族に寄進して保護を求めることがあった。これが免田型荘園が生まれる第一の契機だ。

封物と便補

律令制下では貴族や寺社への給付として封戸《ふこ》が与えられ、指定された農民の「戸」に課された調庸物、すなわち封物を国司が徴収して、封戸の持ち主に納めた。しかし摂関期には「戸」の実態はないから、国司が国内で徴税したもののなかから封物に相当する分を計算して給付先に納めていた。

しかし調庸が地税化しているなら、封物の徴収も田地を指定したほうが合理的だ。そこで国司は特定の免田を指定し、そこから徴収した官物や臨時雑役を封物相当分として貴族や寺社に納めるようになった。これを便補《びんぽ》という。便補の免田の耕作者は、国衙に納めていた税を貴族や寺社に納めることになる。

便補の免田の集まりが荘園になることもあった。これが免田型荘園成立の第二の契機だ。大和国の国司は東大寺の大仏に一日一斗の白米を供えるよう定められていたが、国司はこの負担を三六町の田地に割り当て、そこからの官物を東大寺に納めた。このうち大田犬丸名《おおたいぬまるみょう》という名に属する七町の免田が小東荘《こひがしのしょう》（奈良県河合町《かわいちょう》）になった。なお便補の免田の面積だけ決めて、場所を指定しておかないこともあった。これを浮免《うきめん》という。

権門と寄人

摂関期には貴族の家や、大寺院、大社といった組織が大きな力を持ち、国家の機能の一部を分担して権門勢家《けんもんせいけ》（権門）と呼ばれた。律令制に基づく官僚制が崩れ、門閥や宗教集団が強い力を持つようになったのだ。権門に仕える人びとは寄人と呼ばれ、その末端には農民もいた。彼らは普段、農村で田地を耕しつつ、必要に応じて京都や奈良に上って権門の仕事に従事し、必要とする物品を納めるようになった。

寄人の仕事には見返りがあった。権門は国家を担う一翼だったから、その活動は公務に準じるものとみなされ、そこに仕える寄人は税の減免を要求できたのだ。権門も寄人を増やすために国司に圧力をかけたり、国司のほうから権門に忖度《そんたく》して寄人の要求を認めることもあった。これが免田型荘園が生まれる第三の契機だ。

寄人の免田から生まれた荘園の例として、東大寺領の伊賀国黒田荘《くろだのしょう》（三重県名張市）がある。七五五（天平勝宝七）年に孝謙天皇は、大仏殿の修理に使う木材を調達するため伊賀国名張郡の板蝿杣《いたばえのそま》という杣山（材木を切り出すための山）を東大寺に寄進し、伐採にあたる杣工も付けた。一〇世紀までには大木を切り尽くし、山の谷間に水田が開かれて、杣工の実態は農民になったが、東大寺の寄人という身分は残った。一一世紀初頭にはその田地六町余りが国司から黒田荘として認められ、住民の臨時雑役が免除された。

黒田荘と公領とは名張川を境界にしていたが、川筋が変わり人口が増えたため、荘民は川を越えて公領も請作するようになった。この出作地でも荘民は東大寺の寄人であることを理由に臨時雑役の免除を主張した。これが認められると公領の住民も次々と東大寺の寄人となり、官物の免除まで要求しはじめて、一〇五六（天喜四）年には荘民と国司との武力衝突に至った。

なお黒田荘の故地と東大寺とのつながりは今も続いており、毎年三月一二日の深夜から行われるお水取り（修二会《しゅにえ》）で使われる大松明《おおだいまつ》は、黒田荘内の一ノ井《いちのい》集落で作られ、当日に四〇キロメートルの道のりを経て東大寺まで運ばれている（伊賀一ノ井の松明調進行事）。

摂関家も大番舎人《おおばんとねり》と呼ばれた寄人を持っていた。これは摂津《せっつ》・和泉・近江の三国の農民で、交代で上京して宿直《とのい》などの摂関家の雑役を務めたものだ。一一五九（平治《へいじ》元）年閏《うるう》五月～六月の一ヵ月間に上番した舎人は二六八人に上っている。舎人が請作する田地は大番領と呼ばれ、臨時雑役などが免除された。

摂関家に食品を納める寄人もいた。摂津国橘御園《たちばなのみその》（兵庫県尼崎《あまがさき》市・伊丹《いたみ》市）は、住人が摂関家に柑橘類《かんきつるい》を納める寄人となり、藤原師実《もろざね》が春日《かすが》大社に参詣《さんけい》した際に弁当二〇〇食を上進したこともある。この奉仕のかわりに彼らは臨時雑役を免除された。

権門の寄人が増えた結果、一〇五〇（永承五）年の和泉国では、寄人が一二八〇人余、その免田が九八〇町余にも及んでいた。平安時代初期の和泉国の総田数が三四四五町だから、二八％にあたる。また一〇四七年に丹波国《たんばのくに》に興福寺金堂《こんどう》を建てるための材木の供出が命じられたが、国司が臨時雑役によって徴収しようとしたところ、臨時雑役を免除された寄人が国内の過半数を占めており、それ以外の公民の負担過重が問題になっている。寄人の増加は、国司の徴税に大きな障害となっていた。

国司苛政上訴

摂関期の地方社会では、田堵の請作は一〜三年の短期契約で、当国猛者と呼ばれた私営田領主の藤原実遠はあっけなく没落し、免田や国免荘は四年ごとに存廃の危機に立たされた。これらの運命を握っていたのは国司だったが、その国司も四年任期のうちに成績を上げられなければ次はなかった。清少納言や紫式部《むらさきしきぶ》が描いた華やかな宮廷生活を支えていたのは、こうした不安定な競争社会だったのだ。昨今の日本がこの時代に似てきたようで心配になるのだが、さすがに一〇世紀末になると、地方の人びとから不満の声が上がってきた。彼らの不満は一国の専制君主だった国司に集中し、集団で上京して朝廷に国司の悪政を訴えた。これを国司苛政上訴《こくしかせいじょうそ》という。

国司苛政上訴は、九七四（天延《てんえん》二）年に「尾張国郡司百姓等《おわりのくにぐんじひゃくせいら》」が国司藤原連貞《つらさだ》の非法を訴えた事件を初見として、史料に残るだけでも二十数件の事例が確認されている。なかでも有名なのが、「尾張国郡司百姓等」が国司藤原元命《もとなが》を訴えた事件だ。元命は九八六（寛和《かんな》二）年に尾張守に任じられたが、赴任から三年ほど経た九八八（永延《えいえん》二）年一一月、尾張国の人びとは郡司を先頭に上京して元命の非法を訴え、解任を請願した。ここでの「百姓」は後世の農民の意味ではなく、被支配身分の人びと全般を指す。

藤原元命が訴えられた非法は三一ヵ条に上った。元命は検田の際に作田の収穫を高く見積もって過大な税を課した。百姓が米のかわりに納税した絹の価値を低く見積もることで増税した。駅屋《えきや》の経費や駅伝の食料、池溝の修理、火災にあった国分尼寺の修理などの経費を朝廷に支出したと報告しながら実際には出さなかった。さらに規定外の麦や漆の徴発、過大な接待の強要、私的に京都の自邸まで物を運ばせる公私混同もあった。元命が引き連れてきた子弟や従者の行為も同類だった。また尾張の国司でありながら、普段は京都に住んで郡司・百姓の訴えを受理せず、都合の悪い中央政府からの命令は隠していたという。

朝廷はこの訴えを受理し、藤原元命の国司の職務を停止した。その後の元命がどうなったかはわからないが、名古屋市鳴海町《なるみちょう》の如意寺《にょいじ》に伝わる「蛤《はまぐり》地蔵縁起《じぞうえんぎ》（尾州鳴海地蔵縁起）」によると、彼は失業して京都の東寺《とうじ》の門前で物乞いをしていたが、ついに餓死してしまったという。しかし実際には元命は国司解任の六年後も官人の身分を保っていることが判明し、子孫も受領の家として続いているので、この事件は致命的な失点にはならなかったようだ。

第三章　中世の胎動

1　藤原頼通の時代

武士団と軍事貴族の形成

摂関政治の時代には武士団が生まれた。武士団の形成は本書で扱うには大きすぎるテーマだが、この後の荘園の歴史を語るのに必要なので、要点だけ押さえておく。

律令国家では衛士府《えじふ》・衛門府《えもんふ》・兵衛府《ひょうえふ》・近衛府《このえふ》といった軍事を担当する官庁が置かれ、農民から徴募した兵士を国の軍団や九州の大宰府、東北の鎮守府などに配置した。しかし国際的緊張が緩むと兵役は停止され、国の軍団も事実上廃止された。

ところがこの軍縮が裏目に出て、現在の関東地方にあたる坂東《ばんどう》の国々（東国）では、九世紀末から「僦馬《しゅうば》の党《とう》」と呼ばれる盗賊団が暴れ回り、治安が崩壊してしまった。僦馬とは馬を借りるという意味で、馬や船を用いて都への調庸物の運搬を請け負う仕事だった。これにたずさわっていたのは前章で述べた富豪層や没落した旧郡司層だったが、国衙《こくが》からの厳しい税の取り立てに反抗し、馬や船を巧みに操って調庸物を運ぶ隊列を襲撃するようになった。この状況は群盗蜂起《ぐんとうほうき》と呼ばれた。

群盗を鎮圧するため、東国の国司たちは蝦夷《えみし》から乗馬術を学んで軍団を再建・強化するとともに、群盗化した富豪層の一部を懐柔して軍団のなかに取り込んだ。そのうち国司の四年の任期を終えても都に帰らず、大勢の従者を抱えて関東の未開の荒野を田畠《たはた》に開発し、そこに土着する貴族も現われた。

その代表が九世紀末に上総介《かずさのすけ》（上総国の実質的な長官）となり、任期後に土着した平高望《たいらのたかもち》だ。彼は桓武天皇の曽孫で（孫とも言われる）、臣籍降下して平姓を与えられていた。彼は常陸・下総《しもうさ》・上総国などをめぐって土地の有力者の妻をめとり、生まれた息子たちが各地に拠点を築いた。彼らは私営田領主として広大な荒野を開発して富を築くとともに、ほかの有力者や国衙による侵略から守るために武装して武士団となった。

こうした桓武平氏一族の内紛から起きたのが平将門《まさかど》の乱だ。下総国に生まれた平将門は、父の遺産の争奪にからんで伯父の国香《くにか》らを殺してしまい、武蔵《むさし》国司と郡司との争いに介入して武蔵介 源 経基《みなもとのつねもと》から謀反を報告された。謀反の疑いはいったん晴れたものの、将門は常陸国司と住人との争いに介入して九三九（天慶《てんぎょう》二）年に常陸国府を襲撃したのを皮切りに、坂東八ヵ国の国府を占拠して新皇《しんのう》を称したが、国香の子貞盛《さだもり》と下野国《しもつけのくに》の豪族の藤原秀郷《ひでさと》によって討伐された。

この平将門の乱と並行して瀬戸内海では藤原純友《すみとも》の乱が勃発《ぼっぱつ》し、朝廷は東西の反乱で挟み撃ちにされる形となったが、小野好古《おののよしふる》や源経基の活躍によって鎮圧された。

朝廷はこのような事態が再発しないように対策を講じた。摂関政治では特定の家柄が特定の職務を世襲する家職化が進んでいた。家職化は律令制の根幹である官僚制の理念に反するが、世襲によって職務のノウハウと人材が蓄積される利点もある。この乱を教訓に朝廷は軍事を家職とする貴族を設け、乱の鎮圧に功績のあった源経基、平貞盛、藤原秀郷を登用した。こうして清和源氏、桓武平氏、秀郷流藤原氏という軍事貴族が生まれたのだ。

ただし一〇～一一世紀の軍事貴族は四～五位の中流貴族にとどまり、摂関家の番犬のような存在だった。軍事貴族が政権の座につくことなど夢物語で、ましてや荘園が恩賞としてやり取りされることになろうとは、誰も想像すらしなかっただろう。

新しい集落の出現

前章で述べた通り、一〇世紀の極度に乾燥した気候は稲作にとって厳しいもので、多くの古代集落が消滅したとみられる。一〇世紀末に降水量は回復したものの洪水を招き、一一世紀初頭にはまた高温・乾燥に転じて、旱魃《かんばつ》と洪水が交互に襲った。しかし一〇五〇年代になると降水量は適度な水準で落ち着き、年ごとの変動幅も小さくなる。洪水と旱魃の記録もて

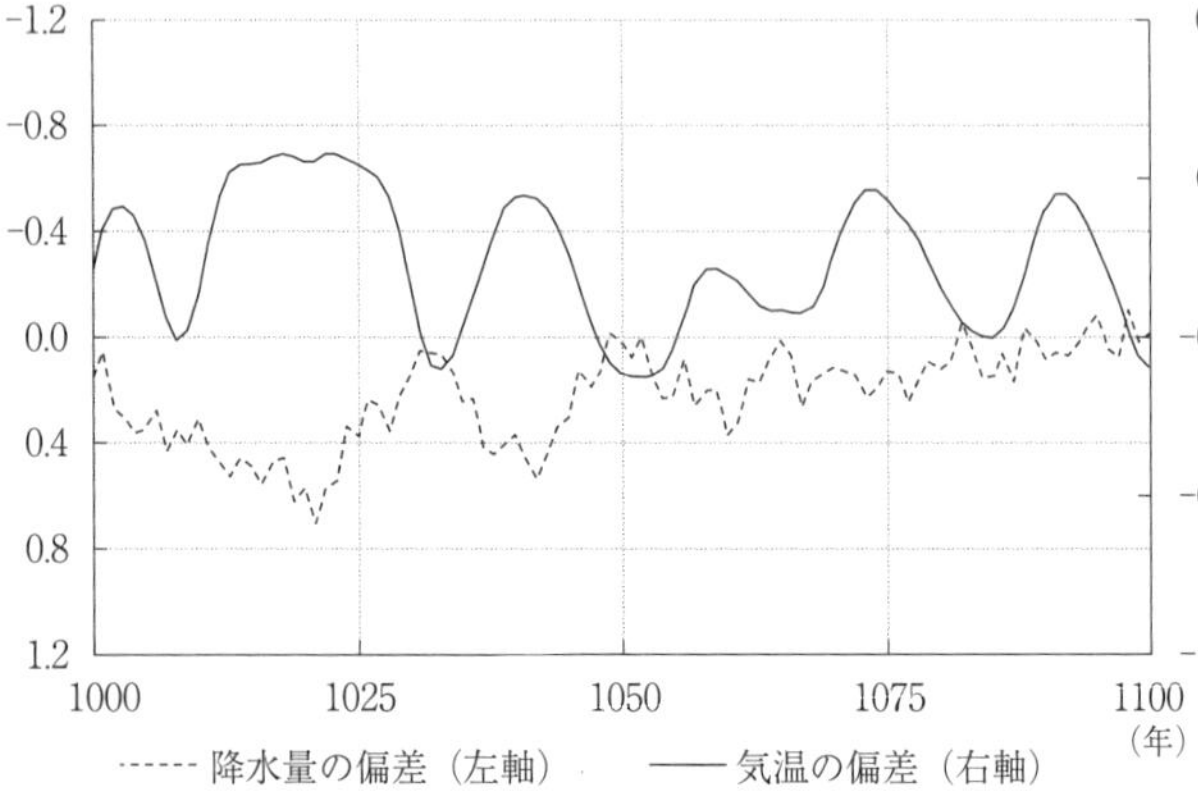

図4　11世紀の気候

きめんに減っている（図4）。

一一世紀半ばからの比較的安定した気候のもとで、農業経営も好転したとみられる。これまで多大な労力を費やして田地を開発しても、すぐ洪水で流されたり、旱魃で稲が立ち枯れて農民が逃亡したり、死に絶えたりして徒労に終わることが多かった。それが今や、開発した農地を安定的に維持する好機が訪れたのだ。

考古学の研究によって、地域差はあるものの、おおむね一一世紀半ばから新しい集落が出現したことが判明している。九世紀末の大洪水で田地が壊滅した長野県屋代遺跡では、一〇〇年以上も経った一一世紀になってようやく人が住みはじめた。長野県松本市の田川流域でも、山間部に移動した集落が一一世紀には再び平野部に移り、領主の館と思われる一辺が五〇〜一〇〇メートルに及ぶ大居館が現われる（二九頁参照）。

大阪府箕面《みのお》市の粟生間谷《あおまたに》遺跡でも、勝尾寺川《かつおうじがわ》の段丘上に一〇〜一一世紀前半に集落があったが、建物群は散漫に展開して集落としてのまとまりに欠け、一一世紀中頃までにほとんど廃絶する。ところが一ヵ所だけ残った建物群を中心に一一世紀後半には新たな集落が出現し、一二〜一三世紀にかけて川近くの低地（低位段丘面）に拡大している。人びとは再び、水田を広く展開できる平野部の開発に乗り出したのだ。

藤原頼通の政治

前章で述べた国司苛政上訴は各国で盛んとなり、記録に残るだけでも二〜四年おきに発生している。ところが一〇四〇（長久元）年に二件起きた後は一〇五二（永承七）年に一件あっただけで終息した。この時期になって急に国司が心を入れ替えたわけはなく、地方の人びとの不満を解消するような改革が行われたのだ。この改革は行き過ぎた国司の権力に制限を加え、苛政上訴の首謀者だった地方の有力者たちに新たな利権を与えて、農地の開発と国衙の運営に参加させる方向で行われた。

一一世紀半ばの改革は多岐にわたる。国司の課税裁量権を制限した公田官物率法《こうでんかんもつりっぽう》の制定、国免荘の整理をはかった荘園整理令、新たな開発促進策である別名制《べつみょうせい》（後述）の導入、その結果としての郡郷制《ぐんごうせい》の改編（七〇頁参照）などだ。これに一〇世紀後半から進んできた在《ざい》庁官人《ちょうかんじん》（後述）の成長や、役職や土地の権利の世襲権である「職《しき》」の形成とあいまって、一一世紀半ばには、次の時代を担う新たな地方豪族である在地領主《ざいちりょうしゅ》（開発領主《かいはつりょうしゅ》ともいう）が生まれてくるのだ。

この時期の政界を主導したのは藤原道長の子、頼通《よりみち》だった。彼は後一条《ごいちじょう》・後朱雀《ごすざく》・後冷《れい》泉《ぜい》天皇三代の摂政・関白を務め、一〇一七（寛仁《かんにん》元）年に二六歳で摂政に就任してから一〇六八（治暦《じりゃく》四）年に引退するまで、半世紀にわたって朝廷を率いた。頼通は彼の世代で摂関政治が終わることになったために歴史上の評価は高くないが、摂関政治の行き詰まりに対処し、次の時代への道筋をつけた政治家だったと言えよう。

公田官物率法

一一世紀半ばに朝廷は、国司苛政上訴を起こす原因となった国司の課税についての裁量権を弱め、官物の税率を勝手に変更できないようにした。これを公田官物率法という。この税率は国ごとの事情によって決まり、新任国司は現地の役人から報告を受けた。たとえば伊賀国では一反あたりの官物は、現米三斗、絹で納める准米一斗七升二合、油一合、出挙の利稲である見稲《げんとう》一束と穎《えい》（稲穂）二束だった。

税目と品目も単純化された。これまでの官物は租・庸・調・中男作物《ちゅうなんさくもつ》・交易雑物などの総称で、それぞれの税目は残っており、伊賀国では米のほかに絹や紅花《べにばな》、紙、胡麻油、鹿皮などの多様な物品を納めねばならなかった。しかし官物率法の制定の際に、納める物品は米・絹・油に絞られ、庸調や中男作物などの形式的な区分も消えた。また臨時雑税の一部が官物に編入され、残りは雑公事《ぞうくじ》と呼ばれた。税目から律令制の残滓《ざんし》が消え、中世的な年貢・公事が生まれてきたのだ。

荘園整理令と一国平均役

朝廷は一〇四〇（長久元）年、一〇四五（寛徳《かんとく》二）年と立て続けに荘園整理令を発布した。長久の整理令は現任の国司の任期中に立てた国免荘を停止し、寛徳の整理令は前任と現任の国司が立てた国免荘を停止し、命令に背いた国司は解任して二度と任用しないと定めた。

この法令が発布されたのは、直接には一〇三九（長暦《ちょうりゃく》三）年に焼失した内裏《だいり》（皇居）の再建費用の調達を進めるためだった。当時は朝廷が行う土木工事の費用を特定の国々を指定して負担させる国宛《くにあて》が行われていた。今だったら国立競技場の建設費用を愛知県や静岡県に負担させるようなものかもしれない。

国宛を命じられた国の国司は、官物を増徴し臨時雑役を課して、必要な物資を調達しなければならなかったが、官物や臨時雑役を減免された荘園が多いほど、公領の百姓《ひゃくせい》にしわ寄せが行って苛政上訴を引き起こしかねなかった。実際、役人としてのキャリアを犠牲にして国宛を辞退する国司も出たほどだ。荘園整理令は国司に荘園を停廃する名分を与えて、国宛の調達を助ける意味があった。

荘園が増えても国宛の費用が調達できる一国平均役《いっこくへいきんやく》というしくみも導入された。これは国宛を命じられた国司が中央政府に申請し、官物と臨時雑役とは別枠に、荘園・公領を問わずに賦課する許可を得る制度だ。もっとも、荘園領主は中央政府に働きかけて一国平均役の免除を得ようとするが、交渉の舞台は中央政府に移った。

一国平均役は個々の国を単位に賦課されたが、のちには全国を対象として発布されるようになり、内裏の造営、天皇の即位礼、大嘗会《だいじょうえ》の遂行、伊勢神宮の遷宮《せんぐう》などの国家的事業の費用を調達する手段となった。ここでも中世につながる制度がはじまったのだ。

2 在地領主の誕生

在庁官人の形成

律令制下の地方行政機関である国衙の運営方法も変わってきた。一〇世紀後半からの地方社会では、在庁官人と呼ばれる国衙の実務の担い手が成長してくる。

摂関期の国衙は律令制の郡の権限を吸収し、一国を集中的に管理した。そのために国衙には受領国司《ずりょうこくし》の多岐にわたる仕事をサポートする専門部署の「所《ところ》」が生まれた。税の徴収・出納・管理を担った税所《さいしょ》や調所《ずしょ》、田地の帳簿を管理する田所《たどころ》、軍事を所管する健児所《こんでいしょ》、馬を管理する厩所《うまやどころ》、中央政府などに納める物品を製作・調達する細工所《さいくしょ》、膳所《ぜんしょ》などだ。ちなみに筆者は名古屋市立御器所《ごきそ》小学校を卒業したが、そのあたりに陶器を生産する尾張国衙の部署があったのだろう（熱田《あつた》神宮に納める土器を作っていた場所とも言われている）。国司はこうした「所」を運営する役人を現地の有力者から採用した。これが在庁官人だ。

受領は当初、引き連れてきた従者に徴税などの業務を担当させたが、藤原元命のように、従者たちが地元との摩擦を起こすことが多かった（五四～五五頁参照）。国司としては苛政上訴によって任期途中で解任されるよりも、地元に根付いた有力者である在庁官人によって運営される各種の「所」に業務を任せれば、自分の仕事は楽になり、地元とも摩擦を起こさないので一石二鳥だ。

在庁官人による国衙の運営が定着すると、国司は任国に赴く必要がなくなり、代理の目代《もくだい》を派遣して自分は京都で暮らすようになった。これを遥任《ようにん》という。国司が遥任で不在の国衙は留守所《るすどころ》と呼ばれた。国司は庁宣《ちょうせん》と呼ばれる命令書を目代に送って留守所を指揮したが、国衙行政は実質的には在庁官人によって運営されるようになったのだ。

別名制の導入

一一世紀の半ばには、土地制度の面でも重要な政策転換が行われた。この眼目が別名制《べつみょうせい》の導入だ。これは公領を再開発した有力者に対し、国衙がその土地の管理権・徴税権を与え、郡郷を経由せずに国衙に直接に納税する制度だ。これは国衙の特別の命令である別符《べっぷ》を与えられた名という意味で、別府温泉をはじめ日本各地にある「別府」地名は、かつて別名があった場所と考えてよいだろう。

別名と同類の制度として保《ほ》があり、土地だけでなく住民から在家役《ざいけやく》（住宅と付属の畠地に課された税）を徴収でき、国司が権門に支払う義務がある物品を割り当てる便補《びんぽ》によく使われた。郡のなかの徴税単位を独立させた院《いん》もあった。律令制下で郡の下の行政単位だった郷も別名としての性格を持つようになった。ここでは保・院・郷も広い意味での別名に含める。

別名の領主には国衙が文書を発行して特権を認めた。これ以前の私領の権利は弱く、一時的に荒廃したり税を滞納したりすると没収の憂き目にあったが、別名にはその危険は少なかった。別名は三年間の官物と雑公事が免除され、その後も雑公事は免除、官物も減免された。

そのかわりに別名の領主はその土地の勧農《かんのう》の責任を負った。勧農とは、耕地と灌漑用水路を整備し、耕作する農民を集め、農民に耕作地を割り当て、種子や農料を貸与し、田植えと稲刈りで集中的に必要になる労働力の割り振りを調整するなど、農業の基盤整備や農業経営の管理・援助のことだ。これらの仕事はかつて郡司と古代村落の役割で、摂関期には国司と田堵《たと》、私領主に引き継がれたが、国司は四年で交代し、田堵や私領主も五年後に同じ場所で農業をしている保証はなかった。これに対し、別名の領主には安定した権利が認められたから、より長期的展望に立って勧農を行えるようになった。

摂関政治の時代の地方は不安定な競争社会で、国司が税の減免を餌《えさ》に荒廃地の開発を競わせた結果、田堵や私領主が耕地をわざと荒廃させ、その再開発で税の減免を求めるような本末転倒な事例も出ていた。別名制の導入は、過度な競争の弊害を是正し、農業基盤の整備を安定的に行う担い手を創り出す意味があった。

別名の開発

別名の開発の具体例として、播磨国久富保《ひさとみほ》（兵庫県相生市《あいおいし》）の事例を見てみよう。ここの開発者は国司三等官の大掾《だいじょう》の肩書きを持つ在庁官人の秦為辰《はたのためたつ》で、一〇七一（延久《えんきゅう》三）年に久富保の屋敷、畠、桑・苧《からむし》の保有権の確認を留守所に求めた。桑の葉は蚕《かいこ》の餌、苧は麻の原料だ。為辰によると、この土地は従者の重藤《しげふじ》に預けて耕作させていたが、重藤が亡くなると掾分王《じょうぶんおう》なる人物が権利を主張し、桑や苧を刈り取ったという。

四年後の一〇七五（承保《じょうほう》二）年三月一八日（新暦では四月一二日）、赤穂《あこう》郡司を兼任した秦為辰は、久富保の田地の開発に郡内の人夫を動員する許可を国衙に求めた。久富保には用水路の跡はあるが破損してから年月が経ち、修繕するには数多《あまた》の人夫が必要で、私力では無理というのだ。為辰の私領の開発のために郡の人夫を動員するのは公私混同のようだが、彼が国衙の在庁官人だから通ったのだ。

それからひと月余り経った四月二八日には、早くも久富保内の「歩危上《ぼけ》」と「歩危下」という場所に五〇町の水田が開かれ、うち五町二反の耕作に取りかかった。秦為辰は三月二〇日からこの日まで用水路の工事現場に寝泊まりしたままで、延べ五〇〇〇人の人夫を使い、取水口から田地まで三〇町（約三・三キロメートル）もの長さの水路を引いた。この用水路は途中で谷や川を横切り、土の樋《とい》で渡したところ五ヵ所、木の樋で渡したところが五反（約五五メートル）、山裾《やますそ》を削ったところ二町余（約二二〇メートル）、岩を砕いた場所が五反余りにもなる難工事だったという。この開発の功績により、国衙は為辰に用水と田地の保有権を認めた。

　田地を開いてから三年間は官物の納入が免除されていたが、四年後にはじめて国衙から徴税使が入った。このときには用水が破損して不作になっていたというが、為辰が官物を納めるかわりに田地三〇町の保有権は維持された。従来の私領は荒廃すると没収されるが、別名では維持されたのだ。それから二〇年を経た一〇九八（承徳《じょうとく》二）年、秦為辰は息子の為包《ためかね》に、久富保の公文職《くもんしき》と重次名《しげつぐみょう》の地主職を譲っている（職《しき》については後述）。久富保は子孫に伝えることができる資産になったのだ。

　伊賀国でも、かつて藤原実遠の私領の一つだった簗瀬《やなせ》村の再開発を一〇六六（治暦二）年に丈部為延《はせつかべのためのぶ》なる人物が請け負い、一七町の田地を二十数年後には田畠八〇町に増やしている。丈部氏は名張郡司に任じられ、開発に従った住民を組織して地域の実力者になった。

在庁官人の別名

別名制が導入されると、必ずしも開発を伴わず、在庁官人が農民から買得した土地を別名にしたり、国衙の所《ところ》の運営と役人の給分に充てるための別名も設けられた。

たとえば若狭国《わかさのくに》には今富名《いまとみみょう》という大きな別名があり（のちの今富荘）、国衙の徴税を担当する税所のものだった。鎌倉時代の帳簿によると、今富名には国府がある遠敷《おにゅう》郡の三七町五反を中心に、若狭国の全三郡にまたがって五五町余りの田地が所属した。そのなかには在庁時定給七町、在庁時継給三町、在庁時方給三町といった在庁官人の給分が含まれていた。室町時代に小浜湊《おばまみなと》を拠点とする運輸・倉庫業者である問丸《といまる》が税所今富名の代官を訴えた記録があるので、税所は港湾の利用者に課す津料《つりょう》の徴収も担当していたようだ。

ちなみに中世の小浜湊は日本海側で最大の港湾として栄え、室町時代の一四〇八（応永《おうえい》一五）年にはインドネシアのパレンバン（スマトラ島南東部の河港都市）から南蛮船が来貢している。この船は「亜烈進卿」なる貴人からの贈り物として黒象一頭、孔雀《くじゃく》二対、オウム二対ほかの献上品を積んでいた。象は一ヵ月ほどかかって京都に到着し、将軍足利義持《あしかがよしもち》に献上されている。四年後にも南蛮船二隻《せき》が来航した。

税所のほかにも若狭国には細工保《さいくほ》、御厩名《みうまやみょう》、雑色名《ぞうしきみょう》、国掌名《こくしょうみょう》、織手名《おりてみょう》といった国衙の所の名を冠する別名があった。別名は国内の開発を促すだけでなく、在庁官人の利権を確保するのにも格好の制度だったのだ。

郡郷制の改編

別名等の設立が広がると国内の支配形態も変わった。日本の律令制では国の下に郡、郡の下に里《り》が置かれたが、のちに郡と里との間に郷を置き、里が廃止されて国―郡―郷の三層になった。郷には農民から選ばれた郷長《ごうちょう》が置かれ、郡司の業務を補佐した。

ところが新たに設けられた別名や保・院では、その領主は郡も郷も通さず国衙に直接に税を納めた。郷にも役人としての郷司が任じられ、郡を通さずに税を納めるようになり、新しい郷が立てられることもあった。そうなると郡には別名や郷を除いた領域が残り、別名や郷と並ぶ徴税単位の一つに過ぎなくなった。

こうして一一世紀半ば以降の公領には、郡、郷、別名、保、院などのさまざまな徴税単位が国衙に直属する構成になったのだ。この変化を郡郷制の改編という。

たとえば若狭国は遠敷郡・大飯《おおい》郡・三方《みかた》郡の三郡から成り、遠敷郡は一二の郷、大飯郡は四つの郷、三方郡は五つの郷から成り立っていた。ところが郡郷制の改編の結果、遠敷郡富《とみ》田《た》郷（田地一二八町七反）には今富名（二四町七反）、常満《じょうまん》保（二一町四反）をはじめ一七ヵ所の別名が郷の田地の七割を占め、郷に残されたのは三割だった。同郡志万《しま》郷（田地一三九町五反）にも今富名（六町七反）、開発《かいほつ》保（一五町八反）など二〇ヵ所の別名があり、やはり郷の田地の七割強を占めた。

職の形成

在庁官人の秦為辰は、自らが開発した久富保の公文職と重次名の地主職を息子に譲ったと先に述べた。ここで「○○職」というものが譲与される物件として挙げられていることは重要な意味を持つ。この職《しき》とは、摂関期に進んだ役職の世襲から生まれた権利形態で、私法と公法の世界が渾然《こんぜん》一体となったものだ。日本の中世社会は職によって構成される社会と言っても過言ではない。

職の初見は九四六（天慶九）年の山預職《やまあずかりしき》で、伊勢神宮領の名張山《なばりやま》に公領の民が入り込んで山木を切り、山預も務めるようになったのに対し、古くから神宮に御膳《ごぜん》（神への供物）を納めてきた神民《しんみん》（神社に奉仕する住民）の子弟を山預職に任じるよう伊勢神宮に求めたものだ。また九九〇（正暦《しょうりゃく》元）年には、宮中で働く采女《うねめ》を務めた女性が、三五年間の労功によって姪《めい》に采女職を譲る許可を求めており、一〇五三（天喜元）年には安芸国高田郡《あきのくにたかた》の郡司職が先祖代々相続してきたことを理由に任じられている。

当時、位階を与えたり官職に任命することを補任《ぶにん》と呼んだが、何かの役職の後任を選ぶ際、選ばれる側が役職の世襲を要求できるようになったのだ。世襲される役職は職《しき》と呼ばれた。ただの職《しょく》と区別するため所職《しょしき》ともいう。職《しき》には果たすべき役割と、得分《とくぶん》という収入が付いていた。職の所有者が果たすべき役務を怠ると、没収されて別人に与えられても文句は言えず、謀反などの大罪を犯しても没収されたが、そうでなければ所職は家の資産となり、子孫に伝えることができた。ただし職の相続の際には、形式的でも任命権者から補任される必要があった。

在地領主の形成

ここまで述べてきた在庁官人の形成、別名制の導入、職の形成といった制度と社会の変化が結び合わされることで、一一世紀半ばからの地方社会には新たな有力者が生まれた。これが在地領主だ。これは在庁官人を中核に、別名の領主、荘園の荘官などを含む。

一一世紀半ばの改革では国司の恣意的《しいてき》な課税を制限し、別名制の導入によって安定的に開発する領域を設定して、その開発に参入した在庁官人が国司に代わって国衙の運営を担うようになった。そこで獲得した地位と権益は職として子孫に伝えることができた。つまり国衙の運営や郡郷の支配を任された政治力と、別名の開発などによって得られた経済力、その両者を代々継承する名士としての名望、この三者を兼ね備えた地方豪族が誕生し、次の時代を担うことになるのだ。

先に述べた秦為辰は国衙と結びついた在地領主の例だが、荘園でも在地領主の形成がみられる。たとえば一一世紀半ばの東大寺領美濃国大井荘《おおいのしょう》（岐阜県大垣市《おおがき》）では、下司《げし》（現地の管理を任された荘官）の桑名《くわな》氏と荘司の大中臣《おおなかとみ》氏が荘園の外で私領を開発し、これを荘内に取り込んで権利を確保した。その結果、大井荘は古代の範囲から四倍近くに拡大している。

桑名氏はのちに没落したが、大中臣氏は五五町五反もの田地が属する石包名《いしかねみょう》を所有する下司として大井荘に君臨した。

在地領主は「在地」、すなわち地元の領主だからといって、地元にべったりの存在ではなかった。在庁官人の多くは受領に伴って都から下ってきた中下級貴族の末裔で、地方豪族の地位を確立してからも中央での拠点を捨てたわけではなかった。運が良ければ一族がまた中央の官人に復帰し、受領などに任じられる可能性もあった。また彼らは中央の貴族と主従の交わりを結んでおり、その面での中央とのつながりもあった。在地領主が都の貴族社会と結んだ密接な関係は、西欧などとは違った日本の中世社会を特徴づけることになる。

また摂関期の在地領主の力を過大に評価することはできない。在庁官人が国衙行政を実質的に担ったとはいっても、決定権はやはり国司にあった。別名はあくまで国衙領であって、認可権は国司にあった。荘園も常に国衙からの干渉を受けていた。在地領主がさらに成長するには、こうした箍《たが》を外す何かが必要だったのだ。

第四章　院政と領域型荘園

1　院政のはじまり

後三条天皇と延久の荘園整理令

藤原頼通には息子は六人いたが娘は一人だけで、後冷泉天皇の皇后となるも皇子は生まれなかった。後冷泉天皇が一〇六八（治暦四）年四月に崩御すると皇太弟の後三条《ごさんじょう》天皇が即位した。後三条天皇の母は三条《さんじょう》天皇の皇女で、宇多《うだ》天皇以来一七〇年ぶりに藤原氏を外戚《がいせき》としない天皇が誕生したのだ。頼通は関白を弟の教通《のりみち》に譲って宇治《うじ》に引退した。

即位時にすでに三五歳に達していた後三条天皇は、学者の家の出身で神童とうたわれた大江匡房《まさふさ》、受領《ずりょう》を経験して地方の事情に明るい藤原実政《さねまさ》・同為房《ためふさ》らの中級貴族を登用して朝廷の立て直しにあたった。ちなみに匡房は前出の大江匡衡の曽孫にあたる。

天皇がまず取り組んだのは内裏と中央官庁群を合わせた大内裏《だいだいり》の再建だった。その費用は諸国の国司に負担させる国宛によって調達することになり、三〇年前に長久の荘園整理令が発布されたのと同じく、造営費調達の妨げとなる荘園を整理する命令が一〇六九（延久元）年に発布された。これが延久の荘園整理令だ。

これまで何度も荘園整理令が発布されたにもかかわらず、実効はあまり上がらなかった。その原因は実施の実務が国司にゆだねられていたことで、国司が人事権を握られている貴族の荘園に不利益な判断を下せるかというと無理があった。後三条天皇はこの問題を克服するため、国司ではなく中央政府が直接に荘園整理の実務を担うこととし、今の内閣にあたる太政官のもとに記録荘園券契所《きろくしょうえんけんけいしょ》（記録所）を設置した。そこに荘園領主から証拠文書を提出させ、国司からも事情を聴取して、天皇の名のもとに荘園の存廃を判断した。記録所の事務を統括する役職である弁《べん》には大江匡房が任じられた。

延久の荘園整理令の内容

延久の荘園整理令は次のいずれかにあてはまる荘園を停廃した。①前回の整理令が出された寛徳二年以後の新立荘園、②狭く痩せた土地を広い土地と交換した荘園、③公領を隠して作った荘園、④土地の場所の指定がない浮免《うきめん》の荘園、⑤領有の証拠となる文書が明らかでない荘園、⑥国務に妨げのあった荘園だ。内容自体はそれまでの整理令と大きく変わるものではないが、貴族や大寺社などからの干渉を排し、実施が徹底されたところに特色がある。

その適用例について見てみよう。石清水八幡宮《いわしみずはちまんぐう》領丹波国安田薗《やすだのその》には免田一〇町と寄人《よりうど》二〇人が付属し、その後一〇三五（長元《ちょうげん》八）年に一〇町、一〇六六（治暦二）年に二〇町の免田が追加されたが、規定①によって最後の二〇町の免田は停廃された。同宮領の河内国九ヵ所については、公田を勝手に免田と称して官物を納めなかったと認定され、規定③に触れて停廃された。同宮領の和泉国放生米代荘《ほうじょうまいしろのしょう》は和泉国司が石清水八幡宮に放生米（放生会の経費）を納めるかわりに、浮免四〇町を便補の荘園にしたものだが、規定④によって停廃され、元通り国司が放生米を納めることになった。同宮領河内国大地荘《おおちのしょう》では、長保年中（九九九〜一〇〇四）に認められた免田以外の新免田が規定⑤によって停廃された。また摂関家領の上野国土井荘《どいのしょう》は、寛徳二年以前の証拠文書があったにもかかわらず、官物の未進があったために規定⑥によって停廃された。この荘園整理は最上級の貴族である摂関家領の荘園にも適用されたのだ。

この荘園整理令では記録荘園券契所が、権門からの横やりを排し、荘園の権利文書の有無と、国司と荘園領主の間の紛争を証拠に基づいて判断し、半ば機械的に荘園の存廃を決めた。存続を許された荘園も多くは証拠文書に記されている田畠《たはた》のみに縮小された。記録荘園券契所の決定は強い拘束力を持ち、摂関期では常に揺れ動いていた荘園と公領の境界が明確になった。

この延久の荘園整理令により、荘園の存廃は四年で交代する国司との面倒な折衝ではなく、記録荘園券契所が事務的に判断するものになった。地方では公領に別名制《べつみょうせい》が導入され、田地の自由な開発と安定した領有を望む在地領主が勃興していた。延久の荘園整理令は、彼らを荘園ではなく太政官－国衙《こくが》という国家の枠組みのなかで掌握することを目指していたと考えられる。

延久の荘園整理令の抜け道

延久の荘園整理令では権門の干渉を廃して荘園を整理したという。ところが鎌倉時代はじめ、摂関家出身の高僧、慈円《じえん》が著した『愚管抄《ぐかんしょう》』には、後三条天皇と藤原頼通との間に交わされた次のようなやり取りが記されている。

後三条天皇から荘園の証拠文書の提出を求められた頼通は、「長らく天皇の後見を務めていた間、あちこちの領主たちが縁故を作ろうと寄進してきた荘園を受け入れてきただけで証拠文書などありはしない。自分の荘園と称するものに不当なものや不明確なものがあれば遠慮はいらない。そもそも荘園整理は自分が率先して行うべき仕事だから、一つ残らず停廃すべきである」と返答したところ、天皇はかえって遠慮して頼通の荘園を整理の対象から外したという。

しかし上野国土井荘は摂関家領なのに停廃されているから、このエピソードは虚構なのだろうか。実は摂関家が受動的に寄進を受けてきた荘園は整理の対象になっても、藤原頼通が設立した荘園は停廃《ていはい》されていないのだ。頼通は一〇五二（永承七）年に宇治の別荘に平等院《びょうどういん》を建立し、翌年には鳳凰堂《ほうおうどう》として知られる阿弥陀堂《あみだどう》を建立した。一〇六七（治暦三）年には後冷泉天皇が平等院に行幸《ぎょうこう》して封戸三〇〇戸を寄進し、これを元に頼通は引退直前の一〇六九年三月末に平等院領の荘園九ヵ所について不輸・不入を太政官に申請して認められた。

これは荘園整理令の規定①に明白に違反するが、前の天皇と関白の意思により特別に設立された荘園ということで、記録所の審理の対象にならなかったとみられる。鎌倉初期の説話集「古事談《こじだん》」が伝えるところによると、国司の使節が平等院に調査に向かうと聞いた頼通は丁寧に接待する用意をしていたが、使節は恐れをなして来なかったという。頼通は後三条天皇が即位すれば荘園整理が実行されることを予想し、先帝後冷泉の生前から摂関家領の中核を守る手はずを整えていたのかもしれない。

この平等院領荘園の設立過程が示すところは、記録荘園券契所が置かれた太政官より上部の権力、すなわち天皇・上皇や摂政・関白の明確な意思を引き出せば荘園整理令を回避できたのだ。実際に寛徳二年以降の新立荘園でも「強縁」（権力者との強い縁故）があれば認められると記した史料がある（「長秋記《ちょうしゅうき》」天承《てんしょう》元年八月一九日条）。

皮肉なことに延久の荘園整理令は、当初の政策意図とは逆に、太政官を超越した上皇や摂関から特権を与えられた領域型荘園の設立へと歴史の歯車を回すことになった。

白河上皇の院政

後三条天皇は長男の白河《しらかわ》天皇に譲位して上皇となり、次男の実仁《さねひと》、三男の輔仁《すけひと》を順番に皇位につけるよう遺言して崩御した。ところが白河天皇はこの遺言に反し、実仁が亡くなると一〇八六（応徳《おうとく》三）年に皇子の堀河《ほりかわ》天皇に譲位した。天皇はわずか八歳のため、父の白河上皇が政務を後見した。ここから院政がはじまる。

院政はきわめて個人的な事情からはじまったが、歴史の偶然は院政を定着させた。堀河天皇が成長するにつれて上皇による後見の必要は薄れていったが、堀河天皇が一一〇七（嘉《か》承《じょう》二）年に崩御し、わずか五歳の鳥羽《とば》天皇が即位して、祖父の白河上皇による政務の掌握が本格化した。もし鳥羽天皇が夭折《ようせつ》したら輔仁に皇位が渡る可能性があったが、天皇暗殺の企てが露見し、巻き込まれた輔仁は無実ながら失脚してしまう。これで白河上皇の権力は万全のものとなり、鳥羽天皇が成長すると、その皇子で五歳の崇徳《すとく》天皇への譲位が行われた。こうして白河上皇は、一〇七二（延久四）年に即位してから一一二九（大治《だいじ》四）年に崩御するまで半世紀以上の長きにわたって政務の実権を握り続けた。

白河上皇は後三条天皇の側近だった大江匡房、藤原為房とその子顕隆《あきたか》、上皇の乳母《めのと》の子で乳兄弟《ちきょうだい》にあたる藤原顕季《あきすえ》らの中級貴族を院近臣《いんのきんしん》と呼ばれる側近に登用した。藤原顕隆は「夜の関白」として政務を牛耳り、顕季は若くして大国の受領を歴任した。

院政のもとでも太政官を頂点とする官僚機構は温存されたが、白河上皇は人事権を掌握して官僚機構をあやつり、重要事項について指示を出した。また院政の定着により、皇室の長は上皇となり、天皇の即位・退位は上皇の意のままになった。上皇が複数いる場合は「治天《ちてん》の君《きみ》」と呼ばれた筆頭の上皇（上皇不在の場合は天皇）が全権を振るった。こうした中世的な皇室を「王家《おうけ》」と呼ぶこともあるが、本書では天皇家と呼ぶことにする。

永長の大田楽

院政がはじまって一〇年後の一〇九六（永長《えいちょう》元）年に「永長の大田楽《おおでんがく》」という騒動が起きた。田楽とは田植えの際などに催される歌と踊りから発達し、のちに能楽の源流の一つになった芸能で、これが都で異様なほどに大流行したのだ。この年の五月頃から、庶民から貴族に至るまでが異様な風体をして集団を組み、笛や鼓、ささらなどを鳴らしながら田楽踊りを踊って都大路を練り歩いた。この様子を大江匡房は、「一城の人、皆《みな》狂えるがごとし」と表現している。

七月一二日には白河上皇の御所で殿上人《てんじょうびと》（三位以上と、四～五位の貴族の一部）たちによる田楽が催された。天皇の秘書官を務める蔵人《くろうど》の藤原成宗《なりむね》が田植えを指揮する田主《たぬし》に扮《ふん》し、ほかの貴族たちも裸に腰巻きを巻いた農民の格好で夜明けまで踊り狂った。上級貴族もお高く止まってはいられない時代が来たのだ。ほかの貴族の館や官庁でも田楽は催され、村々で行われている農民による田楽も招き入れて、一緒に神社に参詣したという。

日本の中世はいつからはじまるのかについては議論があるが、近年は院政の開始を画期とするのが有力だ。明治維新の前年には、社寺のお札《ふだ》が空から降ってきたと人びとが踊り狂った「ええじゃないか」の運動が起こったが、永長の大田楽も時代の変わり目に発生した集団的熱狂と言えようか。

御願寺の造営

院政の時代はまた、一大建設ラッシュが続いた時代でもあった。その主なものは上皇、天皇やその妃が願主となって設立した寺院である御願寺《ごがんじ》の造営だ。白河天皇は一〇七五（承保二）年から、平安京の鴨川《かもがわ》を隔てて東北にあたる白河の地に法勝寺《ほっしょうじ》の造営をはじめた。二年後には三丈二尺（九・六メートル）の毘盧遮那仏《びるしゃなぶつ》などを納める金堂や、講堂・阿弥陀堂などが完成し、一〇八三（永保《えいほう》三）年には金堂の南にある池の中島に巨大な八角九重塔を造営し、大日如来《だいにちにょらい》などを安置した。この塔の高さは八一メートルにも上り、二〇～二七階建てのビルに相当し、現存の木造建築でもっとも高い東寺の五重塔の一・五倍にあたる。八角で九重という形式は日本の寺院建築史上、空前絶後のものだ。白河天皇とはこうした好みの人だったのだ。のちに白河上皇は、法勝寺の西側に白河北殿と呼ばれる御所を造営して政治の拠点とした。

法勝寺に続いて堀河天皇が尊勝寺《そんしょうじ》、鳥羽天皇が最勝寺《さいしょうじ》、鳥羽天皇妃の待賢門院《たいけんもんいん》が円勝《えんしょう》寺《じ》、崇徳天皇が成勝寺《せいしょうじ》、近衛《このえ》天皇が延勝寺《えんしょうじ》を同じ白河の地に造営し、寺院名にすべて「勝」が付くことから、まとめて六勝寺《りくしょうじ》と呼ぶ。

また白河上皇は、若くして亡くなった寵妃《ちょうひ》、中宮賢子《けんし》の菩提《ぼだい》のために円光院《えんこういん》、夭折した愛娘の郁芳門院《いくほうもんいん》のために無量光院《むりょうこういん》や六条院御堂《ろくじょういんみどう》を建てた。鳥羽上皇も白河の地に阿弥陀仏九体を納めた宝荘厳院《ほうしょうごんいん》を造営したほか、後述する安楽寿院《あんらくじゅいん》、勝光明院《しょうこうみょういん》、金剛心院《こんごうしんいん》などの御堂を次々と建立した。

これらの御願寺には専属の僧侶はほとんど所属せず、仁和寺《にんなじ》・東寺・延暦寺《えんりゃくじ》・園城寺《おんじょうじ》・東大寺などの大寺院から僧侶を招いて法会《ほうえ》が行われた。その法会は盛大なもので、法会への参加は僧侶の昇進ルートにもなった。伽藍《がらん》や法会の性格には密教色が強く、白河上皇も鳥羽上皇も出家して法皇となったこともあいまって、御願寺は新たな政治形態である院政を仏教によって権威づける場として利用されたのだ。

御願寺の造営の費用は、主に院近臣からの私財の提供である成功《じょうごう》や、各国に負担を割り振る国宛によって調達されたが、これでは維持費や法会の費用はまかなえなかった。白河天皇は法勝寺に封戸一五〇〇戸を寄付したが、国衙に新たな封戸を設定する余裕はなく、封戸は便補の荘園になった。御願寺が費やす巨額の経費は荘園によってまかなわれることになり、次節から述べるように荘園の形まで変えてしまったのだ。

2　領域型荘園の設立

領域型荘園とは

前章で述べた通り、一一世紀半ばの地方社会には、新たな地方豪族である在地領主が生まれていた。別名制《べつみょうせい》の導入は在地領主の成長を促したが、これは公領の制度であり、原則として田畠を単位に認められるものだった。ところが院政期には山野も含めた領域内の開発・経営を一括して在地領主に任せ、自由に手腕を発揮させる荘園が生まれた。これを領域型荘園という。

白河上皇は後三条天皇の荘園整理を継承し、親政・院政時代を通して四度の荘園整理令を発布した。これによって証拠文書の不備な国免荘は一掃されていった。その一方で白河上皇は、堀河天皇の夢想により一〇九〇（寛治《かんじ》四）年に、賀茂別雷《かもわけいかずち》神社（上賀茂《かみがも》神社）・賀茂御祖《かもみおや》神社（下鴨《しもがも》神社）両社に不輸租田各六〇〇町余を寄進したのを皮切りに、自らが建立した御願寺の所領として、新たに荘園を設立していった。

これらの荘園には、これまでにない特権が与えられた。摂関期の免田型荘園は免田の集まりと東西南北の境界を示す四至《しいし》で区切った開発予定地から成ることが多かったが、開発予定地に新田を開けば私有権は認められても公領並みに課税された。それを防ぐには太政官から不入の権の認可を受けて、国衙の検田使の立ち入りを拒否しなければならず、この認可は簡単には下りなかった。ところが白河上皇が設立した荘園は、上皇の世話をする役所である院庁《いんのちょう》からの命令で設立され、最初から四至内の不輸・不入が認められた。つまり四至の意味が開発予定地から支配領域の意味に変わったのだ。これが領域型荘園という名前の由来だ。不輸・不入に必要だった太政官の認可は形式化し、省略されることもあった。

摂関家も天皇家と並んで領域型荘園を設立した。院政の開始によって政治力は削《そ》がれたものの、摂関家は依然として摂政・関白の地位を世襲し、大勢の貴族を家司《けいし》と呼ばれる従者として従えていた。院政期には摂関期に寄進された免田型荘園の多くが廃絶したが、摂関家は上皇や天皇に入内《じゅだい》した娘の権威も利用しつつ、家政をつかさどる摂関家政所《まんどころ》の命令などによって、各地に領域型荘園を設立していった。

知行国制の導入

摂関期には常に荘園に干渉してきた受領国司や国衙が領域型荘園の設立を容認したのは、院政期に拡大した知行国制《ちぎょうこくせい》も影響している。知行国は皇族・貴族や社寺に特定の国からあがる税収を報酬として与える制度で、知行国を持つ知行国主は、その国の国司の推薦権が与えられた。

本来、皇族や上級貴族は「偉すぎて」、四〜五位に相当する受領国司に任じられることはなく、太政官や八省を飛び越して地方の行政に関わることもできなかったが、知行国ではそれが可能になった。知行国主は子弟や従者を国司に任じて国務を掌握し、子弟や従者を郡司・郷司に任じて郡郷の支配権と権益を与えた。こうした郡郷が丸ごと荘園に衣替えし、郡郷司が荘園の下司《げし》に横すべりすることもあった。

白河上皇が所持した知行国は延べ二四国に及び、院近臣を交代に国守に任じて国務を掌握した。摂関家も同時に二〜三国の知行国を持った。皇族や上級貴族のレベルで領域型荘園を設立する合意が取れていれば、知行国主から国衙に命じて干渉を止めさせることができたのだ。

白河上皇による荘園の設立

白河上皇による荘園の設立の経緯を具体的に見てみよう。白河天皇は一〇八四（応徳元）年に二八歳で亡くなった最愛の后妃、中宮賢子の菩提を弔うために上醍醐《かみのだいご》の地に円光院を建立した。この寺院の経費をまかなうため、一〇八五年に近江国柏原荘《かしわばらのしょう》（滋賀県米原《まいばら》市）が設立された。柏原荘は賢子に寄進されていた源盛清《もりきよ》の私領をもとに、太政官の命によって免田数と四至を指定して不輸・不入権が与えられた。これは従来通りの手続きを踏んでいる。

しかし柏原荘だけでは経費をまかなえなかったので、翌年には越前国牛原荘《うしがはらのしょう》（福井県大野《おおの》市）が立てられた。この荘園は東大寺僧忠範《ちゅうはん》が越前国に持つ私領七〇町を、賢子の父の源顕房《あきふさ》に寄進したものが核になり、上皇の意を受けた越前国の国司は、この私領を核とした二〇〇町余の四至を定めて牓示《ぼうじ》（境界を示す木札や石柱）を打ち、荘園の領域を画定した。忠範は荘官の下司に任じられ、浪人（三一頁参照）を招いて開発を進めた。この荘園の設立は太政官の認可を受けず、二〇〇町という田数が先にあって場所は後から決めるという異例ずくめだった。

白河上皇は賢子が遺した最愛の皇女、郁芳門院にも一〇九六（永長元）年に先立たれてしまう。その菩提を弔うため、同じ上醍醐の地に無量光院が建立され、経費をまかなうために肥後国山鹿荘《ひごのくにやまがのしょう》（熊本県山鹿市）が設立された。この荘園は出羽権守能輔《ごんのかみよしすけ》の私領を郁芳門院の女房が取りまとめ、これを核に田地五〇〇町・畠二〇〇町もの広大な領域を囲い込んだ。この領域内には公領やほかの荘園までも含み込んでいた。

また白河上皇は皇位継承争いを防ぐため、二人の皇子を出家させて継承権者から外した。しかし二人には僧でありながら親王宣下《せんげ》を行って皇族の身分を保ち（これを法親王《ほっしんのう》という）、広大な荘園を与えた。仁和寺に入った覚法《かくほう》法親王に与えられた阿波国篠原荘《しのはらのしょう》（徳島市南部）は、かつて関白藤原教通（頼通の弟）が仁和寺に寄進していた免田三七町を核に、一一一〇（天永《てんえい》元）年に田畠・山野あわせて一五〇〇町もの領域を囲い込んで拡張したものだった。

在地領主への恩恵

領域型荘園の設立を在地領主の側から見てみよう。たとえば御願寺の経費に充てるため二〇〇町の荘園が必要とわかると、まず院近臣がつてをたどって在地領主の持つ二〇町分の免田の権利書を集め（この作業は「券契《けんけい》を尋ねる」と呼ばれた）、あとの一八〇町は付属する四至として処理した。荘園は免田がないと作れないが、四至はいくらでも拡張できたのだ。領域型荘園には最初から不輸・不入権が与えられたので四至のなかは自由にできた。二〇町の免田を寄進した在地領主は、その荘園の荘官に任命され、二〇〇町もの土地を管理する大領主に化けるのだ。領域型荘園の設立が在地領主に大きな利権をもたらしたことがわかる。

ただし「荒野」として処理した四至は実は手つかずの荒野ではなく、そのなかに国衙が管理する公領や、持ち主が違う私領も含まれることも多かった。国衙も私領主も簡単に権利を手放すわけはなかったが、荘官がこれらの所領から官物・地子を徴収して、国衙や私領主に渡す取り決めが行われた。こうした土地を加納《かのう》と呼ぶ。しかしこの官物も減免され、私領主との取り決めも守られるとは限らなかった。

こうしたマジックがどうして可能だったのだろうか。院政の強権だけでは説明できず、当時の社会に領域型荘園の設立を受け容《い》れる素地があったと考えるほかない。摂関期には私領の開発と収公、免田の認定と解除が繰り返され、保有者や税負担が異なる田畠が複雑に入り組んで存在していた。これに対して領域型荘園では、四至内の新田に課税されることはなく、田地の荒廃を理由に所有権が取り消されることもなくなり、在地領主にとって長期的な展望に立って経営にあたることができるのだ。

公領での別名や郡郷も依然として存続し、在地領主の拠点だったが、領域型荘園の設立は在地領主の成長をいっそう促した。別名を核に荘園が作られることも少なくなかった。

在地領主の館

考古学の研究からも、一二世紀後半には集落のなかに卓越して大きな居館が出現する事例が多く、在地領主の成長がうかがえる。岡山県鏡野町《かがみのちょう》の久田原《くたはら》遺跡群には六つの小集落が展開し、集落を構成する建物群は八〇平方メートル前後のものが多かったが、一二世紀後半には、ある集落に一三三・八平方メートルという大型の建物を主屋《おもや》とし、多数の鍛冶炉《かじろ》を有するなど、ほかの建物群には見られない特徴を持つ建物が現われた。

三重県津市の雲出島貫《くもずしまぬき》遺跡でも一二世紀後半に堀で囲われた居館が成立する。堀は幅二・五メートル、深さ一・五メートル前後、屋敷地の東西の幅は約七〇メートルあり、内部が七つに区画されていた。この遺跡には京都で使われた形状の土師器《はじき》皿が出土し、居館主と京都との強い関係が推定されている。ここは六条院御堂領の木造荘《こつくりのしょう》の故地に比定され、領家《りょうけ》職《しき》（後述）は平氏が掌握していた。木造荘の在地領主の館と見て間違いないだろう。

在地領主の館は中世の絵巻物にも描かれている。「一遍上人絵伝《いっぺんしょうにんえでん》」に描かれた筑前国《ちくぜんのくに》の

図5　法然上人絵伝　漆間時国の館の場面．知恩院蔵．
『続日本の絵巻1』（中央公論社）より

武士の館は、周囲を板塀と生け垣で囲われ、入り口の門には矢倉があり、内部には床のある主屋と持仏堂《じぶつどう》があって、網代塀《あじろべい》で仕切られた区画に厩《うまや》があった。また「法然上人絵伝《ほうねんしょうにんえでん》」（図5）に描かれた法然の生家、押領使漆間時国《おうりょうしうるまときくに》の館は身分の高い武士の館で、網代塀と生け垣で囲われ、門に矢倉はなく、中には寝殿造《しんでんづくり》のような張り出し（中《ちゅう》門廊《もんろう》）がある主屋と、厩、付属屋があった。絵巻物の描写と発掘成果とはおおむね対応している。こうした館の主が領域型荘園の現地での担い手だったのだ。

重層する領主権

領域型荘園は在地領主が開発した免田を寄進するだけで成立したのではなく、上皇や摂関家の権力によって、免田を核に山野や公領などを囲い込むことで成立した。在地領主を上皇や摂関に仲介し、荘園設立の実務を行ったのは、院近臣や后妃の女房、摂関家の家司といった中央の貴族だった。そこで領域型荘園にはこの三者による三階層の領主権が成立した。

免田を寄進した在地領主は現地の管理を任される下司《げし》などの荘官に任じられた。寄進を取り次いだ院近臣、女房や家司は領家《りょうけ》となり、京都に住みながら荘園を実質的に支配した。その領家の上に立ち、その荘園所職の所有権、免税特権を保証したのが天皇家と摂関家で、これを本家《ほんけ》という。数百に上る荘園を領有する本家を頂点に、その下で複数の荘園を支配する領家、その下で荘園現地を管理する荘官がピラミッド型に展開する支配体制が成立したのだ。これを「職《しき》の体系」という。

3　巨大荘園群の形成

鳥羽院政のはじまり

白河上皇は一一二九（大治四）年に崩御し、存命中に確立した絶大な権力はそっくり二七歳の鳥羽上皇に引き継がれた。鳥羽上皇は白河上皇に仕えた藤原顕隆の子顕頼《あきより》、藤原顕季の孫家成《いえなり》らを近臣に登用した。白河上皇に父の代から仕えていた軍事貴族の平忠盛《ただもり》（清盛《きよもり》の父）も引き続き重用された。鳥羽上皇は崇徳・近衛・後白河《ごしらかわ》天皇の三代、三〇年弱にわたって政権を掌握した。

白河上皇がはじめた領域型荘園の設立は、鳥羽上皇のもとでいっそう拡大し、巨大な天皇家領荘園群が形成された。これと競うように摂関家も荘園を拡大し、日本の国土の半分強が荘園になった。国衙の管理下にある公領は依然として国土の半分弱を占めていたものの、国衙の支配権を皇族・貴族が所有する知行国制とあいまって、荘園は社会制度の基幹を占めるようになる。鳥羽院政期に日本は本格的な荘園制社会に入った。

御願寺の造営と荘園の設立

鳥羽上皇による荘園の設立も、白河上皇と同じく御願寺の維持と法会の経費調達を目的として行われたが、より大規模にシステム化された。鳥羽上皇は御所とした京都南郊の鳥羽殿の内に安楽寿院を建立した。この御堂と本御塔《ほんみとう》は一一三七(保延《ほうえん》三)年に建立され、その奉行は院近臣の藤原家成が務めたが、家成は堂舎の建立だけでなく、経費をまかなう荘園の設立に力を注いだ。御堂に付属する荘園は伊予国吉岡荘《いよのくによしおかのしょう》(一一五二年立荘、田一三二町、年貢米二五〇石)、豊後国長野荘《ながののしょう》(一一三九年立荘、田三一三町、年貢米一〇〇石)など一四荘、本御塔に属する荘園は讃岐国多度荘《たどのしょう》(一一二三年立荘、田畠一六七町、年貢米二一九石)、同国富《とみ》田荘《だのしょう》(一一三四年立荘、田畠二〇九町、年貢米一〇〇石)など八荘だった。

これらの荘園の設立には藤原家成の近親者が協力し、設立した荘園の領家職が与えられた。御堂領の伊予国吉岡荘(愛媛県西条市《さいじょう》)が設立されたときの伊予守高階盛章《たかしなのもりあき》は家成の妻の兄弟、豊後国長野荘（大分県玖珠町《くすまち》）の領家になった定意《じょうい》の曽祖父は家成の叔父だった。本御塔領の讃岐国多度荘（香川県多度津町《たどつちょう》）の領家の藤原実長《さねなが》は家成の娘婿、讃岐国富田荘（同県さぬき市）の領家の三位局《さんみのつぼね》は高階盛章の娘、但馬国水谷社《たじまのくにみずたにしゃ》（兵庫県養父《やぶ》市）の領家は家成の孫の妻だった。家成は縁戚・姻戚を総動員して荘園を設立し、その領家職は一族の資産になったのだ。

一一四七（久安《きゅうあん》三）年には安楽寿院のなかに無量寿院《むりょうじゅいん》が建立され、奉行は家成と並ぶ近臣の藤原顕頼が務めた。彼は無量寿院領として越中国日置荘《ひおきのしょう》（富山県立山町《たてやままち》）、同国高瀬《たかせの》荘《しょう》（同県南砺《なんと》市）、越前国西谷荘《にしたにのしょう》（福井県越前市）を設立したが、越中国は娘婿の藤原顕長《あきなが》が長く国司を務めた国で、越前国も顕頼の次男惟方《これかた》が国司だったことがある。領域型荘園の設立には現地で受け皿となる在地領主を探し、国衙の了解を得ることが必要で、これを顕頼は縁者を通じて行ったのだ。

一一五五（久寿《きゅうじゅ》二）年には安楽寿院のなかに不動堂《ふどうどう》が建立された。奉行は元関白の藤原忠《ただ》実《ざね》が務め、年貢一〇〇〇石にも及ぶ播磨国大国荘《おおぐにのしょう》（兵庫県加古川《かこがわ》市）が設立された。上皇の御願寺の荘園の設立に摂関家が関わるのは不思議なようだが、藤原忠実は白河上皇の不興を買って危機に陥り、鳥羽上皇に接近して復活を目指していたのだ。安楽寿院領は一一七六（安元《あんげん》二）年の時点で三一ヵ所に達した（野口華世「「安楽寿院文書」にみる御願寺の構造——「安楽寿院文書」の翻刻とその検討——」および「中世前期の王家と安楽寿院——「女院領」と女院の本質一」)。

安楽寿院の建立と並行して一一四一（永治元《えいじ》）年には鳥羽上皇妃の美福門院《びふくもんいん》（藤原得子《なりこ》）が願主となって白河の地に歓喜光院《かんきこういん》が建立され、播磨国矢野荘《やののしょう》（後述）をはじめ一九ヵ所の荘園が付属された。鳥羽上皇も白河の地に宝荘厳院を建立し、寺領として近江国三村荘《みむらのしょう》（滋賀県近江八幡市《おうみはちまん》）などが設立された。

八条院領と長講堂領

鳥羽上皇と美福門院の間に一一三七（保延三）年、暲子《あきこ》内親王という皇女が生まれた。彼女は両親の寵愛を受け、同母弟の近衛天皇が早世した際には女帝に推《お》す話も出たほどだった。鳥羽上皇は出家するにあたり、彼女に荘園一二ヵ所と膨大な安楽寿院領を譲った。また母の美福門院が亡くなると歓喜光院・弘誓院領《ぐぜいいんりょう》も遺贈された。

暲子内親王は、上皇が崩御すると出家して八条院《はちじょういん》の院号を受け、自ら蓮華心院《れんげしんいん》を建立した。こうして八条院はいくつもの御願寺領を本家として領有することになり、八条院領は一一七六（安元二）年時点で約一〇〇ヵ所、一二二一（承久三《じょうきゅう》）年には二二一ヵ所に上った。

皇女八条院は生涯未婚のまま、日本最大の荘園領主でありながら、保元《ほうげん》・平治《へいじ》の乱、源平の戦い、鎌倉幕府の成立という時代の転変を横目に見て、以仁《もちひと》王（後白河上皇の皇子）の子女をかくまったほかは政治的な動きをすることなく、一二一一（建暦元《けんりゃく》）年に亡くなるまで静かに生きた。

もう一つの巨大荘園群が、後白河上皇によって集積された長講堂領《ちょうこうどうりょう》だ。後白河上皇は平家などと組んで数多くの荘園を設立し、その大半を六条西洞院《ろくじょうにしのとういん》にあった御所の六条殿のなかに建立した長講堂に付属させた。この所領は一一九一（建久《けんきゅう》二）年の時点で八九ヵ所あり、米五三八四石、絹織物一二一六疋《ひき》（一疋はおよそ幅八三センチメートル×長さ二メートル）、絹糸四二七四両（一両は約三八グラム）、真綿二万二五六両、白布（麻布）二七九〇反《たん》、鉄一万廷《てい》（一廷は約二キログラム）などの収入が予定されていた。長講堂領はのちに一八〇ヵ所に膨張した。

摂関家も巨大荘園群を形成した。かつて藤原道長に寄進された荘園は一二〇ヵ所を超えたというが、その多くは院政期には消滅の危機に瀕《ひん》した。摂関家を継承した藤原忠実は家領荘園の再建に努め、娘を鳥羽上皇の皇后に入内させ、この高陽院《かやのいん》を本家とする摂関家領を増やした。忠実の子忠通《ただみち》も娘を崇徳天皇に入内させ、この皇嘉門院《こうかもんいん》を本家とする摂関家領を設立していった。娘の所領は実家に属すのだ。鎌倉時代はじめに摂関家は近衛《このえ》家と九条《くじょう》家に分裂するが、両家と殿下渡領《でんかわたりりょう》（藤氏長者を務める家が領する所領）を合わせた所領は四〇〇ヵ所ほどにも上った。

別名から荘園へ

鳥羽院政期の領域型荘園の設立を具体的に見てみよう。前出の秦為辰が開発した別名《べつみょう》の久富保《ほ》は、播磨守を務めた藤原顕季に寄進され、子の長実《ながざね》を経て、孫娘の美福門院に伝えられた。一一三七（保延三）年にはこの久富保を核にして田畠一六三町余、野地四所が付属する領域型荘園の矢野荘が設立された。荘域は現在の兵庫県相生市のほぼ全域（約九〇平方キロメートル）にあたる。矢野荘は美福門院が建立した歓喜光院の所領となり、領家職は藤原長実の一族に相伝（相続のこと）された。

これにより久富保を核に、入り組んでいた公領・私領や山野も一括して矢野荘に囲い込まれた。荘官の下司には惟宗貞助《これむねのさだすけ》、公文には播磨なる人物が任じられた。荘官は別名の田畠を所持したまま、新たに荘園に組み込まれた公領の田畠や山野を管理し、年貢・公事《くじ》の徴収を一括して行うことになったのだ。

惟宗貞助の末裔と考えられる下司の矢野氏は承久の乱（一二二一年）で没落したが、公文職は秦為辰の末裔を称する寺田《てらだ》氏が相伝し、為辰の従者の名前を持つ重藤名という巨大な名を持っており、秦為辰が開発した別名の一部を引き継いだものと考えられる。

ほかにも播磨国では桑原氏が揖保川《いぼがわ》からの用水系統を整備して巨大な吉永名《よしながみょう》を形成し、片岡荘《かたおかのしょう》と鵤荘《いかるがのしょう》（兵庫県太子町《たいしちょう》）の下司に任じられている。こうした荘官が持つ巨大な名を領主名《りょうしゅみょう》といい、ほかの百姓名《ひゃくしょうみょう》と区別することがある。

複数の小領主が連合して領域型荘園の設立へ動いた例もある。紀伊国《きいのくに》の山間部にあった神野真国荘《こうのまくにのしょう》(和歌山県紀美野町《きみのちょう》)は、長依友《ちょうよりとも》が高野山に寄進していた私領を院近臣の藤原成通《なりみち》を介して鳥羽上皇に再寄進し、一一四二(康治《こうじ》元)年に山野の境界を定めて設立された。この地域には長氏のほかにも国覚《くにさと》氏・高向《たかむく》氏などの小領主が村落ごとに存在しており、村落を代表する有力者たちが連合して、地域の権益を守るために長氏を代表として荘園の設立に動いた。上皇や院近臣にとってここの木材資源は魅力だった。荘園の住人にとっても国衙からの干渉を免れることができ、境界争いで奪われた木材を御願寺の門柱に使うものと強調することで、裁判に勝つことができた。

浅間山の大噴火と荘園設立

災害は動きはじめた歴史の歯車を早回しすることがある。一一〇八(天仁《てんにん》元)年に浅間山《あさまやま》が大噴火を起こした。噴火の規模は江戸時代の一七八三(天明《てんめい》三)年のものよりも大きく、上野国中心部、下野国南西部を中心に、北関東の西半分が火山灰に覆い尽くされてしまった。

この復興のために荘園を設立しようとする動きが起こった。一一一九(元永《げんえい》二)年には関白藤原忠実が家司の平知信《とものぶ》の寄進により、上野国に五〇〇〇町もの大荘園を設立した。これも知信が五〇〇〇町もの田畠を開発していたわけはなく、知信が集めた私領をもとに、噴火で荒廃した広大な土地を囲い込んだものだ。ところが国司への根回しが不十分で、荘内に賀《か》茂《も》葵祭《あおいまつり》の御禊《みそぎ》神事に紅花《べにばな》を調進する公領が含まれていると国司が訴えたため、白河上皇の怒りを買ってすぐ停止されてしまった。

しかし噴火から二〇年を経た鳥羽院政期になると、この地域に御願寺領の荘園が次々と設立されていった。

この時期の開発を物語る遺構として、女堀《おんなぼり》と呼ばれる巨大な用水路跡がある。この

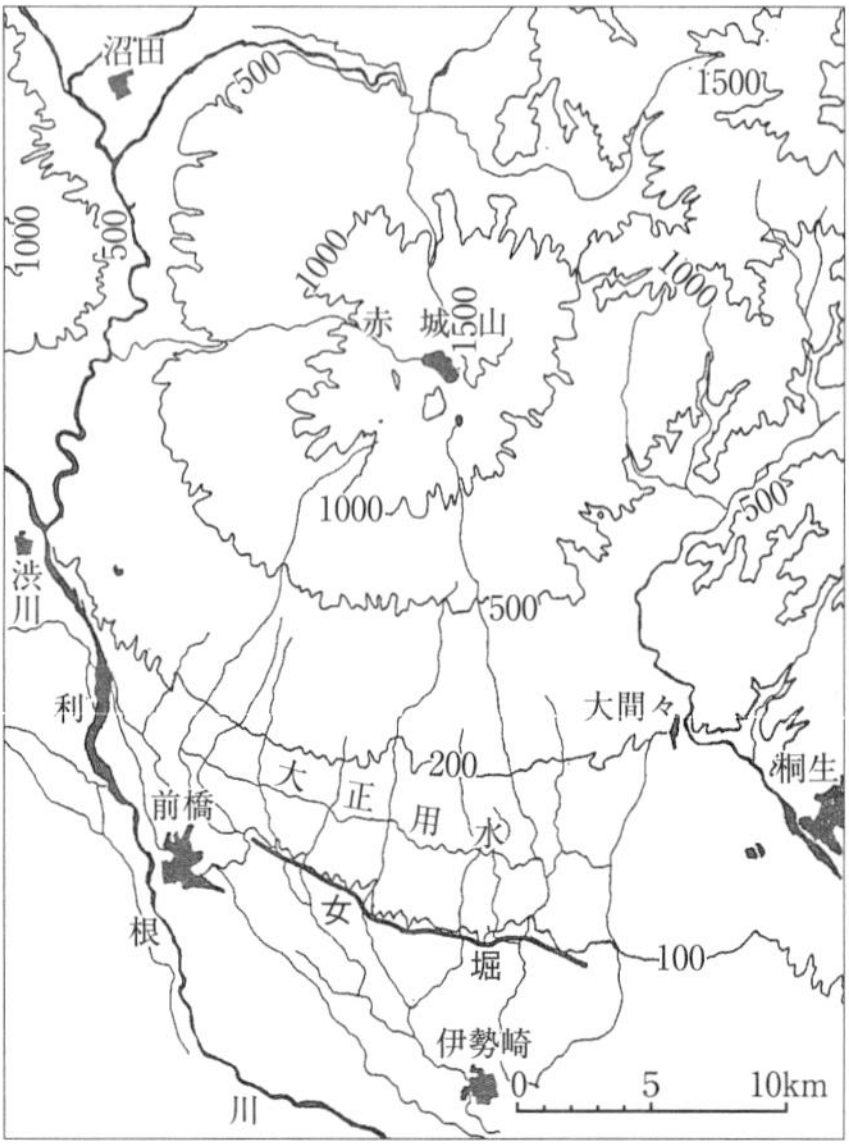

図6　女堀の位置　鈴木尉元・堀口万吉・小荒井衛「女堀の謎」（「地質ニュース」415号、1989年）より

水路は利根川《とねがわ》の流路の一つである桃ノ木川《もものきがわ》から現在の前橋市上泉町《かみいずみまち》の地点で取水し、赤城《あかぎ》山《やま》の南麓《なんろく》の田地を灌漑しようとしたものらしい（図6）。水路の幅は二七メートル、深さは最大五メートルにも及び、筆者も実見したことがあるが、用水路というよりほとんど川だ。これが約一三キロメートルにもわたって続くのだが水は流れていない。これだけの水路を造築したにもかかわらず、用水路として使われずに放棄されたのだ。

女堀は最初の設計にミスがあったようで、始点の溝底の標高は九三・八メートル、終点は九〇・五メートルで、一キロメートルあたりの高低差はわずか二五〜三三センチメートルしかなく、この落差では、現代のコンクリート製の水路でも用水として機能させることは無理という。女堀は当時の開発に向かうエネルギーと、その拙速さまで今に伝える遺構と言えよう。

赤城山南麓には豊富な湧水《ゆうすい》があり、用水路を引かなくてもある程度の開発は可能だった。上野国淵名荘《ふちなのしょう》（群馬県伊勢崎《いせさき》市）は秀郷流藤原氏の藤原兼行《かねゆき》が開発した私領を核に、佐位《さい》郡全体を待賢門院が建立した法金剛院《ほうこんごういん》領の荘園にしたものだ。

淵名荘の東隣に鎌倉幕府倒幕で活躍した新田義貞《にったよしさだ》の本拠地、上野国新田荘（群馬県太田《おおた》市）が成立した。新田氏の祖となる新田義重《よししげ》は、武勇を天下にとどろかせた源義家《よしいえ》の子義国《よしくに》の長男で、足利氏の祖の義康《よしやす》とは兄弟だ。義重は上野国新田郡の西南部に広がる「こかん《（空閑）》の郷々」、すなわち噴火によって荒廃した一九郷を国衙から請け負って私領を開発していた。同時に義重は河内源氏の一員として京都でも活動しており、この私領を藤原家成の姻戚を介して寄進し、鳥羽上皇が建立した金剛心院領の荘園として設立したのだ。新田荘は新田郡全域に広がり、下司に任じられた義重の権益は拡大して、さらに三七郷を開発した。新田荘は田地三〇〇町余、畠九六町余、在家二四八宇《う》の規模になった。

新田荘から二〇キロメートルほど東南には、のちに室町幕府を開いた足利氏発祥の地、下野国足利荘（栃木県足利市）が成立した。この荘園の立荘の経緯ははっきりせず、源義国が父義家から譲られた下野国足利郡内の開発私領を安楽寿院に寄進したとも、秀郷流藤原氏の藤原家綱《いえつな》が開発した私領を源義国が仲介して寄進したとも言われる。のちに源義国の孫義兼《よしかね》が足利荘の下司となり、足利氏を称することになる。

二〇〇年後の建武《けんむ》政権で覇を競うことになる新田家と足利家の本拠地が、浅間山の噴火からの復興より出発していることは面白い。

寺領荘園と門跡

東大寺、延暦寺や高野山金剛峯寺のような大寺院は、不輸・不入の官省符が与えられやすい寺領の特権も生かしながら、免田型荘園の時代から所持していた荘園の権利を徐々に強化し、封戸を便補《びんぽ》の荘園に転化し、新たな寄進も受けることで荘園を増やしていった。

金剛峯寺は一〇四九（永承四）年、紀伊国四郡に散在していた寺領を山下の一ヵ所にまとめて太政官符により不輸・不入が認められ、その名も官省符荘と称した。のちに西隣の二村を封戸の便補として公領から編入した。東大寺領美濃国大井荘では一〇世紀半ばに荘別当《しょうのべっとう》大中臣らの活動で古代の荘域を四倍近くに広げたが、国衙から免田と認められたのは三〇町ほどで、ほかの一五〇町は国衙に官物を納入する加納の地だった。しかし延久の荘園整理で東大寺は全荘域が免田であると主張し、記録所も例外的にその主張を認めて、荘域の排他的支配を実現した。

東寺領丹波国大山荘《おおやまのしょう》（兵庫県丹波篠山市《たんばささやま》）は、空海が庶民教育のため京都に設けた綜芸種《しゅげいしゅ》智院《ちいん》という私立学校の土地を売却した代金で八四五（承和《じょうわ》一二）年に墾田九町と池・野林を買得し、開発予定地もあわせて官省符で伝法会料所として認可されたことにはじまる。その後は寺田の拡大と国司による収公を何度も繰り返したが、一一一四（永久《えいきゅう》二）年に白河上皇のもとでの記録所の裁決により、当初の四至を領域とする不輸・不入権を持つ領域型荘園として認められ、田数九〇町六反・畠七三町九反五代・栗林《くりばやし》五町・山野二六三町を有した。

大寺院には新たに門跡《もんぜき》領も加わった。白河上皇が皇子を出家させて仁和寺に入れたように、この時代には天皇家や摂関家出身の子弟が幼くして大寺院に入り、英才教育を受けて高僧としての栄達を約束されるようになった。この時代の僧侶は僧坊での集団生活をやめて子院に分かれて住んでいたが、貴種の子弟が入る子院を門跡と呼び、実家から荘園が寄進された。

比叡山延暦寺には、最雲《さいうん》法親王（堀河天皇の皇子）からはじまる梶井《かじい》門跡、行玄《ぎょうげん》（関白藤原師実《もろざね》の子）からはじまる青蓮院《しょうれんいん》門跡、尊性《そんしょう》法親王（守貞《もりさだ》親王の皇子）からはじまる妙法院《みょうほういん》門跡の三大門跡が成立した。青蓮院門跡の行玄のもとに鳥羽上皇の皇子覚快《かくかい》法親王が弟子として入ると、美福門院と鳥羽法皇の御願として本日吉御塔《ほんひえみとう》が建立され、年貢九〇〇石に上る近江国平方荘《ひらかたのしょう》（滋賀県長浜市《ながはま》）が寄進された。青蓮院門跡には次に藤原忠通の子、慈円が入室し、門跡をさらに発展させることになる。

寺院とは別に独自の所領を持つ門跡は、門主に仕える僧侶である門徒に恩恵を与え、主従制的な組織を形成した。そのほかの大寺院の門跡としては、興福寺の大乗院《だいじょういん》門跡と一乗院《いちじょういん》門跡、東大寺の東南院《とうなんいん》門跡などが有名だ。

社領荘園と御厨

院政期には社領荘園も増えた。堀河天皇は夢想により一〇九〇（寛治四）年に賀茂上社・下社にそれぞれ不輸租田六〇〇町余を寄進した。このとき天皇は一二歳だから、実質は白河上皇による寄進だ。この枠を利用して上賀茂神社は各地に荘園を設立し、近江国安曇川《あどがわの》御《み》厨《くりや》（滋賀県高島《たかしま》市）では神人《じにん》五二人に各三町、計一五六町の公田を取り込んで荘園化した。御厨とは神社に神饌《しんせん》（神の食事）を供える場所のことで、本来は漁民などが神人として属したが、中世には社領荘園になった。下鴨神社も備中国富田荘《とみたのしょう》（岡山県倉敷《くらしき》市）などを設立している。

特筆されるのは伊勢神宮領の御厨の増加だ。当時の伊勢神宮は大きな資本を持ち、在地領主が農地の開発に乗り出す際、必要な米穀を貸し付けて、開発後は伊勢神宮に供祭料《ぐさいりょう》を納める御厨とした。伊勢神宮の神職の階級は、祭主《さいしゅ》を長として宮司《ぐうじ》―禰宜《ねぎ》―権禰宜《ごんのねぎ》の順だが、院政期には権禰宜の人数が増加し、配下の神人とともに諸国をめぐって伊勢信仰を広め、御厨の設立に向けて働いた。

相模国《さがみのくに》の大庭御厨《おおばのみくりや》（神奈川県藤沢市《ふじさわし》）は長治《ちょうじ》年間（一一〇四〜〇六）に鎌倉権五郎平景正《かまくらごんごろうたいらのかげまさ》が伊勢神宮の御厨とする条件で国衙の許可を受けてこの地域を開発し、伊勢恒吉《つねよし》なる人物を介して伊勢神宮の内宮《ないくう》に寄進し、景正の子孫が下司職に任じられ、大庭氏を称した。伊勢恒吉の実名は荒木田彦松《あらきだひこまつ》で、内宮の神職を務める荒木田家の一族だった。彼は大庭御厨の開発を援助するために京都から下り、現地の伊介《いすけ》神社の神職を務めていたが、一一四四（天養《てんよう》元）年に御厨の廃止を企てた国衙の命で乱入した源義朝《よしとも》に殺されてしまった。御厨の多くは国免荘であり、必ずしも安定してはいなかった。

石清水八幡宮も院政期に所領を増やした。石清水八幡宮は延久の荘園整理で三四ヵ所あった宮寺領を二一ヵ所に減らされたが、白河・鳥羽上皇と結んだ別当《べっとう》（宮寺の長官）の紀光清《きのみつきよ》の活躍により、一一五八（保元三）年には安芸国呉保《くれのほ》（広島県呉市）など一三八ヵ所にも増えている。その後も石清水八幡宮は武家の崇敬を受けて社領を増やしてゆく。

「寄進地系荘園」用語の問題点

ここまでの説明では、従来から荘園史の解説でよく使われてきた「寄進地系荘園」という用語を使っていない。それは、この用語では免田型荘園を指すのか領域型荘園を指すのかが曖昧《あいまい》で、院政期における領域型荘園の設立という荘園史上の重大な画期が埋没してしまうからだ。

免田型荘園も領域型荘園も免田の寄進によって成立するが、免田型荘園での寄進は貴族の権威を借りてこれを国司の干渉・収公から守ってもらうためなのに対し、領域型荘園での免田の寄進は、上皇・摂関家の権力によって広大な領域を囲い込む種《たね》としての寄進なのだ。また免田型荘園は免田と開発予定地から成るのに対し、領域型荘園は山野も含めた領域全体が荘園となり、国司の使節の立ち入りを拒否できる不入権が刑事権、裁判権にまで拡大して、一種の治外法権的な領域になった。また免田型荘園は寄進者と被寄進者の二階層で成り立っていたのに対し、領域型荘園は本家―領家―荘官の三階層から成るピラミッド型の支配体制を成立させた。

寄進地系荘園という用語がまったく間違っていたわけではない。免田型荘園に次第に不輸の権・不入の権が与えられ、院政期には不輸・不入の荘園が一般化するという大きな流れと見れば、領域型荘園を寄進地系荘園の完成形と捉えることもできる。実際、先に見た寺領荘園の形成過程はこの通りだ。しかし院政が主導した荘園の設立はこうした漸進的な変化ではなく、免田型荘園と領域型荘園との間にはっきりとした変革があるので、寄進地系荘園という用語では、その違いが見えなくなる問題がある。

「鹿子木荘事書」の作為

寄進地系荘園の例として肥後国鹿子木荘《かのこぎのしょう》（熊本市鹿子木町）の事例がよく取り上げられて

きたが、これにも問題がある。この荘園の設立経緯を記した文書によると、開発領主は沙弥《しゃみ》寿妙《じゅみょう》という人物で、その孫の高方《たかかた》が一〇八六（応徳三）年に四〇〇〇石を納めることを条件に大宰大弐《だざいのだいに》（大宰府の実質的な長官）の藤原実政を領家に仰ぎ、高方は現地の経営を任される預所に任じられた。ところが領家職を継承した願西《がんさい》は微力で国衙の乱妨《らんぼう》（略奪）を防げなかったため、一一三九（保延五）年に領家得分のうち二〇〇石を高陽院内親王に寄進した。この宮が亡くなると菩提を弔うため勝功徳院《しょうくどくいん》が建立されてこの二〇〇石も移管されたが、美福門院の計らいによって仁和寺に付せられ、本家と仰いだという。

かつてはこの事例を、在地領主が開発した所領を貴族に寄進して荘園が成立し、その貴族も権益の安定のため、より上位の貴族・皇族の庇護《ひご》を仰いだと理解されてきた。ところがこの文書が書かれたのは、鎌倉時代も終盤の一二九四〜九五（永仁《えいにん》二〜三）年で、最初の寄進から二〇〇年以上、二度目の寄進から一五〇年以上も経っている。この間に地頭《じとう》の設置をはじめとして荘園制のあり方もかなり変わっている。またこの文書は、高方の子孫が押領《おうりょう》（横領）された預所職の回復を求める訴訟で提出されたものなので、高方の子孫の権利が過度に強調されていることにも注意が必要だ。

そもそも開発領主の寿妙は在地勢力ではなく、受領を務めるような中央の貴族（中原《なかはら》氏）だった。寿妙から高方に継承された免田はわずかなもので、白河上皇の側近だった藤原実政が鹿子木荘を設立する際、そこに免田を持っていた高方が荘官に任じられた可能性が高い。

鹿子木荘の田地の大半は寿妙や高方が開発したのではなく、大宰大弐の藤原実政の権力によって高方の管理下に入ったのだ。その後、実政は宇佐八幡宮《うさはちまんぐう》と紛争を起こして伊豆国《いずのくに》へ配流《はいる》されたため、鹿子木荘も国衙の圧迫により有名無実になったはずだ。そこで願西は、この鹿子木荘の残骸《ざんがい》を寄進して、高陽院を本家とする領域型荘園を設立し、自らは領家の地位を確保して年貢を本家と折半したと考えられるのだ。こうした一度は廃絶した荘園の「仕立て直し」は院政期によくあった。

高方が四〇〇石もの年貢を納められる大荘園をはじめから開発したことはあり得ず、排他的な領域支配の実現には、中央の権力の介入が不可欠だった。領域型荘園は、地方で成長してきた在地領主と、院政という新たな王権との合作の産物だったと言えよう。

第五章　武家政権と荘園制

1　平家政権と荘園制

保元・平治の乱

「愚管抄」を著した慈円は、「鳥羽院うせさせ給《たま》ひて後、日本国の乱逆《らんげき》と云《い》ふことはをこりて後、むさの世になりにける也《なり》（鳥羽上皇がお亡くなりになった後、日本国で乱逆が起こって、武者の世になってしまった）」と嘆いた。鳥羽上皇が一一五六（保元元）年七月二日に崩御した後、わずか九日で上皇と天皇との武力衝突事件、保元の乱が勃発したのだ。

これは晩年に美福門院を寵愛した鳥羽上皇に責任があった。鳥羽上皇は白河院政の間に崇徳天皇に譲位していたが、自ら院政をはじめると、崇徳天皇に皇子が生まれていたにもかかわらず、美福門院との間に生まれた近衛天皇に譲位させた。近衛天皇が早世しても崇徳天皇の皇子ではなく、弟の後白河天皇が即位した。これは美福門院が養育していた後白河天皇の皇子（のちの二条《にじょう》天皇）に皇位を継がせるため、中継ぎとして父が即位することになったのだが、皇統から疎外された崇徳天皇は深い恨みを抱いた。

不幸なことに摂関家も藤原忠実と長男忠通との間が犬猿の仲で、美福門院によって失脚させられた忠実と次男の頼長《よりなが》は崇徳天皇を支援した。誰も仲裁することのできない天皇家と摂関家の家督争いは、平清盛・源義朝を擁した後白河天皇方が崇徳上皇の御所を急襲して決着がついた。白河上皇が建てた白河北殿は、この戦いで焼け落ちてしまった。

保元の乱に勝利した後白河天皇は二条天皇に譲位して院政をはじめたが、今度は後白河上皇の近臣間での派閥争いが激化し、一一五九（平治元）年には実力者の藤原信西《しんぜい》を藤原信頼《のぶより》と源義朝が襲って殺してしまった。熊野詣《くまのもう》でに出かけて京都を留守にしていた平清盛は、紀伊や熊野の武士団の助けを借りて帰京し、藤原信頼と源義朝を討った。この平治の乱の結果、平清盛は後白河上皇の近臣のなかで並ぶ者のない地位を固めた。

後白河上皇と平清盛

平清盛は、軍事貴族として登用された平貞盛の子、伊勢守平維衡《これひら》の子孫（伊勢平氏）で、一族は伊勢国から伊賀国にかけて勢力を持っていた。清盛の祖父正盛《まさもり》は、白河上皇が建立した六条院御堂に伊賀国鞆田荘《ともだのしょう》（三重県伊賀市友田《ともだ》）を寄進して上皇の信任を勝ち取り、父の忠盛も白河・鳥羽上皇に仕え、肥前国神崎荘《ひぜんのくにかんざきのしょう》（佐賀県神埼市《かんざき》）の預所となって宋《そう》との貿易に従事し、海賊の討伐でも名を上げた。清盛はその嫡男として鳥羽上皇に仕え、安芸守などに任じられて瀬戸内海の制海権を掌握し、利益を上げていた。

平清盛は後白河上皇と結んで次々と荘園を設立していった。後白河上皇は天皇家のなかでは傍流で、父鳥羽上皇の遺領の大半は妹の八条院が相続しており、自分が持つ所領はわずかだった。そこで地方に勢力を持つ平家と結んで荘園を設立していったのだ。平家としても新設された荘園の領家職《りょうけしき》や荘官職を一族・郎党に分配し、新たな家人《けにん》（主従関係を結んだ武士）も獲得できるから、双方の利害が一致していた。

後白河上皇は御所として法住寺殿《ほうじゅうじどの》を造営し、その一画に蓮華王院《れんげおういん》を建立した。一千一体の観音像が納められた本堂は三十三間堂《さんじゅうさんげんどう》として知られる（現在の堂舎は鎌倉時代の再建）。この造営は備前国の知行国主だった平清盛が請け負い、多くの荘園も寄進された。たとえば但馬国温泉荘《ゆのしょう》（兵庫県新温泉町《しんおんせんちょう》）は、もと国衙《こくが》領の温泉郷《ゆごう》だったが、一一六五（永万《えいまん》元）年に僧聖顕《せいけん》を介して蓮華王院に寄進されて領域型荘園となり、下司《げし》には郷司だった平季広《すえひろ》が任じられ、聖顕は領家となった。こうした後白河上皇が管領《かんれい》する所領は上皇の持仏堂の長講堂に集約され、八条院領と並ぶ巨大荘園群（長講堂領）に成長した。

平清盛は摂関家領にも手を伸ばした。摂関家には不幸が続き、保元の乱で敗死した藤原頼長の所領は後白河上皇に没収され、その父忠実も勝者の忠通も相次いで亡くなり、跡を継いだ藤原基実《もとざね》も二四歳の若さで早世した。基実は清盛の娘盛子《もりこ》を妻に迎えており、嫡子の基通《もとみち》が成人するまで、盛子が摂関家領の大半を管領することになった。

平家は後白河上皇のもとで荘園の設立にたずさわることにより、その領家職や下司職などを掌握し、その数は五〇〇ヵ所余りに上った。その上に摂関家領荘園も管領し、全国の半分近くの知行国を平家一門が持つことで、莫大な富を掌握した。

この富を背景に平家は地方の在地領主と主従関係を結んで軍事貴族としての動員力を高め、地方の武士に内裏を警備する大番役《おおばんやく》を交代で務めさせて、朝廷の軍事警察部門を独占した。政界でも平家一門が公卿の三分の一を占め、平清盛は太政大臣にまで昇進した。この状況を平家政権という。

平家による荘園設立

この頃、平家が設立した荘園の例として備後国大田荘《びんごのくにおおたのしょう》(広島県世羅町《せらちょう》)を見てみよう。この荘園は一一六六(仁安《にんあん》元)年正月に平清盛の五男重衡《しげひら》が、世良《せら》郡大田郷と桑原郷の田地・荒野・山河を後白河上皇に寄進し、年貢として六丈白絹一〇〇反を納め、預所職は重衡の子孫が継承すると定めたことにはじまる。しかし重衡はこのときわずか一〇歳だから、実質は父の清盛によるものだ。

この時点で大田荘の見作田《げんさくでん》(現に耕されている田地)は三〇町四反余り、田代《たしろ》(耕されていない田地)一二一五町、見作畠六町五反、畠代五三町、在家二六宇だった。二郷にまたがる荘園の田数がわずか三〇町とは、当時の農村がよほど荒廃していたように見えるがそうではない。前章で述べた通り、田地三〇町の寄進は名目的なもので、これを核にした両郷の領域を「荒野山河」という名目で囲い込むのが領域型荘園設立の目的だった。その証拠に二五年後には見作田六一三町と二〇倍に増えており、このすべてが開発の成果とは考えられず、四至《しいし》内にあった公領などが組み入れられたのだ。

大田荘の下司には両郷の郷司を務めていた橘《たちばな》氏が任じられた。荘園設立以前には橘氏と平家との関係は特になかったようだが、平家に近い知行国主が両者をつないだのだろう。下司の権益は大きなもので、桑原郷では年貢・公事《くじ》が免除された給田《きゅうでん》三町、公事が免除された雑免田《ぞうめんでん》五〇町、開発予定地の荒野一〇町、免桑五〇本、免家などが与えられ、また反別五升の加徴米《かちょうまい》、名別一～五升の上分米・麦、年貢の収納時に石別三升の得分、百姓の家別に苧《からむし》一目、百姓の桑から三分の一などを徴収する権利があった。これらは公領のときの郷司の得分を引き継ぎ、さらに拡大したものとみられる。

基幹用水路の整備

領域型荘園の設立に伴う開発も盛んに進められ、現在も使われている基幹用水路が平家政権の時代に造られたとする伝承が各地に伝わっている。『平家物語』には一一八三（寿永《じゅえい》二）年に備中国板倉川《いたくらがわ》の合戦で源義仲《よしなか》の軍勢と戦った瀬尾《せのお》太郎という平家の家人が登場する。

この人物は備中国妹尾郷《せのお》（岡山県岡山市）を本拠とする妹尾太郎兼康《かねやす》であり、板倉川、現在の高梁川《たかはしがわ》から取水する湛井《たたい》十二ヵ郷用水を一一八二年に再興した人物として地元では記憶されている。

湛井十二ヵ郷用水は高梁川中流から取水して妹尾に至る、幹線だけで一八キロメートルに及ぶ長大な用水路だ。高梁川は古くから何度も河道を変えており、湛井用水はその旧河道や足守川《あしもりがわ》を巧みにつないで川の水を妹尾まで引いている。その水は途中の村々も潤し、江戸時代の水掛かりの石高は四万六〇〇〇石、現在の利水面積は五〇〇〇ヘクタールに及ぶ。

この用水は、高梁川の河道の変化によって取水が困難になっていたところ、妹尾兼康は堰《せき》を三〇〇間（約五四〇メートル）上流に移して用水の再興を果たしたという。同時に井《い》神社の場所を新堰《しんぜき》の近くに移し、神社の祭典や用水の維持管理の掟《おきて》を定めたといい、江戸時代には兼康を祀る兼康神社も建立された。今も高梁川合同堰を望む小高い丘には、この両社が鎮座しており、用水掛かりの地域の人びとが氏子になって、毎年六月一日に初堰祭《はつぜきさい》を斎行してから取水をはじめている。

また「平家物語」には、一一八三（寿永二）年に九州に落ち延びた安徳《あんとく》天皇の宇佐《うさ》宮《ぐう》行幸《ぎょうこう》に宿所を提供した、宇佐八幡宮大宮司の宇佐公通《きんみち》という神官が登場する。この公通も平田《ひらた》井堰《いせき》という用水を開いた人物として地元では記憶されている。この用水は駅館川《やっかんがわ》から取水し、左岸の台地を掘り割って水を豊前《ぶぜん》平野にまで導いたもので、用水の長さは約二〇キロメートル、江戸時代の水掛かりの村は三三ヵ村、田地は六五四町歩（約七七七ヘクタール）に上り、公通の子孫を称する平田氏が井手庄屋《いでしょうや》を世襲して管理にあたった。

伝承では、宇佐公通が旱害《かんがい》（ひでりの害）を救うために開削の成功を神に祈ったところ、一二四の白蛇が入った白木の箱が流れつき、この白蛇が行くところに従って溝を掘れとのお告げがあったといい、用水路が蛇のようにうねっているのはそのためという。確実な史料からも宇佐公通がこの地に平田別符（大分県宇佐市）を開発したこと、鎌倉時代にこの用水が存在していたことが確かめられる。

また近江国江部荘《えべのしょう》域（滋賀県野洲《やす》市）を潤した祇王井《ぎおうい》は、平清盛の愛妾だった白拍子の祇王が、出身地の江部荘の旱害を嘆いて清盛に懇願して造らせたという伝承を持つ。他にも後白河上皇に神護寺《じんごじ》の再興を強訴《ごうそ》した文覚《もんがく》上人が引いたと伝えられる用水が、後述する神護寺領の紀伊国桛田荘《かせだのしょう》や、丹波国吉富荘《よしとみのしょう》（京都府丹南《たんなん》市）の故地に流れている。妹尾兼康、宇佐公通、祇王、文覚はともに平家物語の登場人物であり、後世に用水の開削者として彼らの名を借りたのかもしれないが、この時代に現代にまでつながるような基幹用水路の整備が行われた可能性は高い。

日宋貿易と宋銭の流入

平清盛は一一六八（仁安三）年に病に倒れて出家するが、回復すると京都を離れて福原《ふくはら》

(神戸市兵庫区)に居所を定め、瀬戸内海に面する厳島《いつくしま》神社の整備と日宋貿易の拡大に没頭した。清盛は以前から大輪田泊《おおわだのとまり》(現在の神戸港の一部)を修築して宋船の来航の便宜をはかり、一一七〇(嘉応《かおう》二)年には宋船がはじめてここに来航した。福原を訪れた後白河上皇は清盛の手引きで宋人と面会し、上皇が異人と会うとはと京都の貴族たちを驚愕《きょうがく》させた。

日宋貿易が荘園制に大きな影響を与えたのは宋銭の流入だ。宋の貿易船は絹織物や陶磁器を日本に運び、大陸で不足していた木材や硫黄《いおう》を積んで帰ったが、行きと帰りとでは重量バランスが悪い。そこで日本への往路では船を安定させるバラストとして大量の銅銭を積み、日本でそれを下ろしたらしい。この銅銭が日本商人の間で取引に便利だと流通しはじめ、のちには宋に対して積極的に銅銭を求めるようになった。

一一七九(治承《じしょう》三)年六月には諸国で「銭の病」と呼ばれる疫病が流行した。こう呼ばれたのは大陸からの渡来銭に疫病が付いてきたと認識したものと考えられ、人びとの生活のなかに宋銭が浸透しはじめたことを示している。日本も和同開珎《わどうかいちん》をはじめとする皇朝十二銭を鋳造しており、異朝の通貨を用いるとはと貴族たちは禁じようとしたが、流れを止めることはできなかった。

平家の落日

平家は隆盛を極めたものの、平家と上皇・摂関家との関係は、後白河上皇妃の平滋子《しげこ》(建《けん》春門院《しゅんもんいん》)、摂関家の妻盛子という縁戚を介した危ういものだった。在地領主層との主従関係も強固なものではなかった。その滋子が一一七六(安元二)年に亡くなり、盛子も一一七九(治承三)年に没して摂関家領の管領が停止《ちょうじ》されると、政権の基盤は危うくなった。

あせった清盛は同年一一月、福原から軍勢を率いて上洛《じょうらく》し、反平家とされた公卿や院近臣を解任し、後白河上皇を幽閉してしまう。翌年には娘の徳子《とくこ》(建礼門院《けんれいもんいん》)と高倉《たかくら》天皇との間に生まれた安徳天皇を即位させ、高倉上皇による名目的な院政のもとで全権を掌握した。

ところがこのクーデターに怒った後白河上皇の皇子、以仁王が源頼政《よりまさ》とともに同年四月に挙兵し、諸国の源氏に挙兵を促す令旨《りょうじ》(皇族の命令書)を送った。ひと月余りで以仁王と頼政は討たれたが、両人の行動は諸国に潜在していた平家とその追従者への反感に火をつけ、源平の争乱へとなだれ込んだ。

2　鎌倉幕府の形成と地頭

源頼朝の挙兵と敵方所領没収

平家政権の時代、一二世紀半ばから農業に好適な条件が続いた気候も次第に低温化し、一一八〇～八一(治承四～養和《ようわ》元)年には低温と旱魃《かんばつ》にみまわれたため、一一八一年から翌年にかけて養和の飢饉が起こった(図7)。この飢饉の惨状は鴨長明《かものちょうめい》の『方丈記《ほうじょうき》』に描写さ

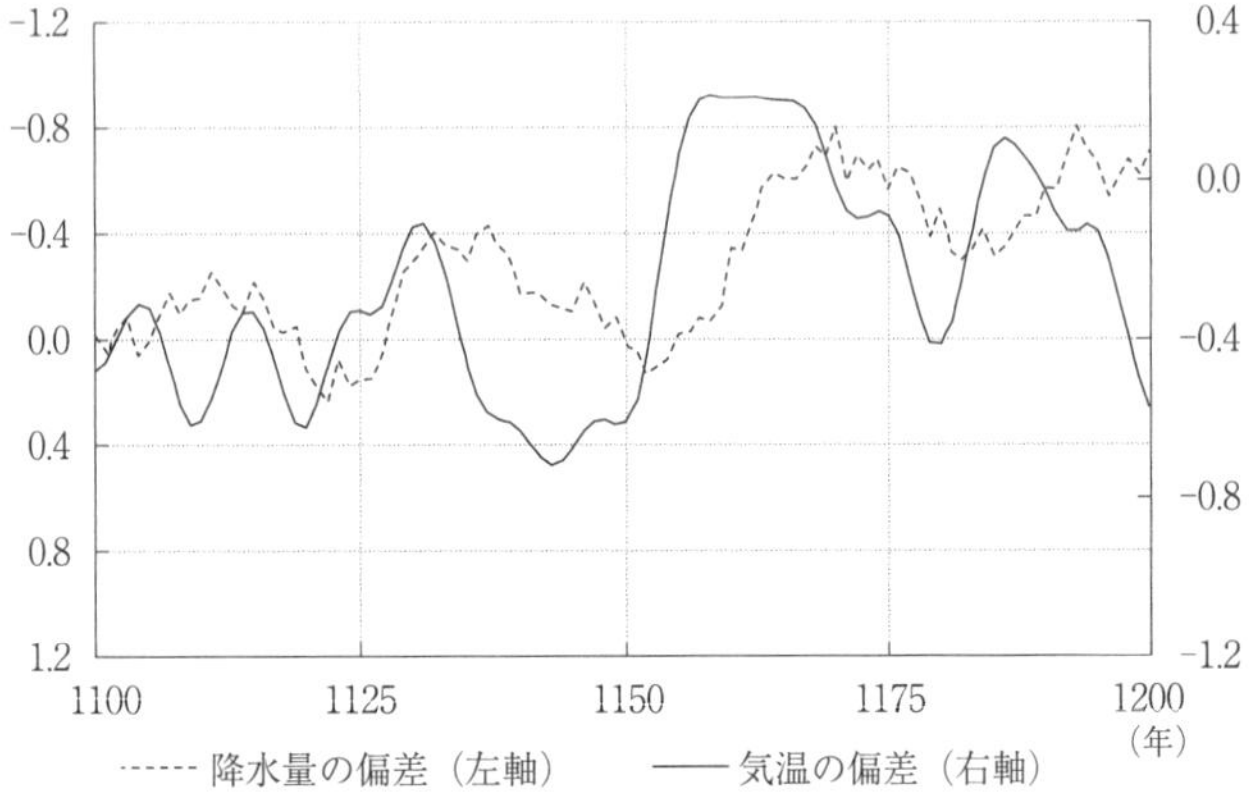

図７　12世紀の気候

れており、諸国の民は土地を捨てて境を越え、家を捨てて山に隠れ、金よりも粟《あわ》が重んじられた。京都は餓死者が発する死臭に満ち、賀茂川《かもがわ》の河原もびっしりと死体で埋まったという。こうした悲惨な状況のなかで源平の争乱がはじまった。

平治の乱で敗れた源義朝の嫡男の頼朝《よりとも》は、落ち延びる途中で一行とはぐれ、平清盛の配下に捕縛された。当然斬《き》られるところだったが、清盛の継《まま》母《はは》の池禅尼《いけのぜんに》の嘆願によって一命を助けられ、伊豆国に流された。そこで二〇年暮らした末に、挙兵を促す以仁王の令旨を受け取る。流人の身に危険が及ぶのは必至で、一一八〇（治承四）年八月に頼朝は挙兵した。

ところが続く石橋山《いしばしやま》の戦いでは惨敗してしまい、頼朝らは海路、安房国《あわのくに》へ逃れた。そこで三浦《みうら》半島から渡海した三浦氏と合流し、上総国の豪族の上総氏、下総国の千葉《ちば》氏の協力も得て大勢力となり、源義家以来の父祖の地、鎌倉に入った。

恩を仇《あだ》で返されて激怒した平清盛は、孫の維盛《これもり》を大将とした軍勢を派遣するが、平家軍は折からの飢饉によって進軍もままならず、一ヵ月近くをかけて駿河国の富士川《ふじがわ》に至り、源頼朝と甲斐《かい》源氏の連合軍と対峙《たいじ》したものの、水鳥がいっせいに飛び立ったのを敵の夜襲と勘違いして大混乱を起こし撤退した。この滞陣中に、頼朝は弟の義経《よしつね》と対面する。

源頼朝は追撃を望んだが、配下の東国武士たちの意向によって鎌倉へ戻ることに決め、途中の相模国の国府において、これまでの軍功を評価し恩賞を与える論功行賞を行った。そこで頼朝は日本の歴史を大きく変える行為をした。それは軍功に報いる恩賞として所職を用い、敵方に加わった武士の所職を没収して味方に分け与えたのだ。

この行為はその後の武家社会では当たり前になるので見落としがちだが、当時としてはとんでもない脱法行為だ。このときにやり取りされた所職とは、具体的には在地領主が所持する荘園の下司職や公領の郡司職・郷司職などだ。先述の通り、領域型荘園には三階層の領主権が成立しており、下司職の任免権は領家や本家《ほんけ》にあった。公領の郡郷司の任免権は国司や知行国主にあった。その首を勝手にすげ替えることは許されるものではない。

ではなぜこの行為が可能だったのかというと、この時点での源頼朝勢は、平清盛が牛耳る朝廷に対する反乱軍だったからだ。京都から遠く離れた東国の地の在地領主たちが団結することで、上位の領主の任免権を無効化したのだ。

「寿永二年十月宣旨」の意義

源頼朝と同時期に信州木曽《きそ》で挙兵した源義仲は、北陸回りで京都を目指した。清盛は一一八一（養和元）年に亡くなり、跡を継いだ平宗盛《むねもり》は各地で相次ぐ反乱に対処できなかった。一一八三（寿永二）年に義仲は、倶利伽羅峠《くりからとうげ》の戦いで平家軍を破り、破竹の勢いで進軍した。宗盛は京都の防衛をあきらめ、安徳天皇とともに一門を率いて福原に移った。

平家が都落ちした結果、源義仲らは七月末に入京した。平家は朝敵とされ、一門の所領五〇〇ヵ所余は朝廷に没収された。これを平家没官領《へいけもっかんりょう》という。没官とは、反乱などの重罪を犯した人物の官位と財産を没収する刑罰のことだ。平家没官領のうち、義仲には一四〇ヵ所余が与えられた。

しかし京都に入った義仲勢は統制がとれずに狼藉《ろうぜき》を働き、義仲は皇位継承問題に介入して後白河上皇とも対立した。一方、頼朝は九月中旬頃から朝廷と接触し、自分が挙兵したのは上皇の敵を討つためで謀反の心は一切なく、関東も西国も朝廷から国司を任命していただきたいと申し入れ、朝廷を深く安堵《あんど》させた。頼朝はかつて関東八ヵ国を席巻《せっけん》し、新皇と称して独自の国司を任命した平将門のようにはならないことを約束したのだ。

この申し出を受けて朝廷は「寿永二年十月宣旨《せんじ》」を発した。宣旨とは朝廷の命令書のことで、東海道と東山道の荘園・公領を領家・国司に従わせ、元の通りに年貢を納めさせるとともに、この命に服しない者があれば、頼朝に連絡して処置させるように命じたのだ。

この命令には重大な意味があった。源頼朝は敵方の武士が持っていた所職を勝手に奪い、味方した武士にすげ替えたが、この宣旨は、元の通り領家・国司に従って年貢を出すように命じているだけで、誰が荘園の下司、公領の郡郷司を務めようと関知していない。頼朝と東国武士たちが犯した脱法行為を不問に付したどころか、不満分子に対する強制力の行使を頼朝にゆだねた。朝廷としては、誰が納めようが東国から年貢が来てくれればよかったのかもしれないが、この宣旨は鎌倉幕府成立の出発点になったと言っても過言ではない。

荘郷地頭の設置

源頼朝は早速この宣旨を執行するという名目で、弟の義経と範頼《のりより》が率いる軍勢を伊勢国に派遣し、源義仲を牽制《けんせい》した。義仲は頼朝軍を討つため東へ進軍しようとしたが、後白河上皇の反対にあう。ついに義仲は後白河上皇を幽閉して頼朝軍を迎え撃ったが、粟津《あわづ》の戦いで討ち死にしてしまう。

入京した頼朝軍は後白河上皇の命で平家の討伐に向かい、一一八四（元暦《げんりゃく》元）年二月の一《いち》の谷《たに》の戦いで源義経の奇襲により平家軍を潰走《かいそう》させた。この恩賞として上皇は平家没官領五〇〇ヵ所余すべてを頼朝に給与し、頼朝は領家職などを持つ巨大な荘園領主になった。この所領は鎌倉幕府の直轄領である関東《かんとう》御《ご》領《りょう》になる。また頼朝の知行国として三河《みかわ》・駿河・

武蔵の三ヵ国が与えられ、のちに九ヵ国に増えた。これらの知行国は関東御分国《かんとうごぶんこく》と呼ばれる。

ところが一一八四年七月に伊賀・伊勢両国で平家の残党による反乱が勃発した。この反乱の鎮圧は難航し、一ヵ月以上かかって源義経が首謀者を討ち取った。翌年六月に頼朝は、この反乱に加わった武士の所職を没収し、戦功があった武士に地頭職という名称で給与した。これまでは没収した所職を下司職、郡司職・郷司職という名称のままで給与していたが、恩賞を地頭職の名称に統一することで、頼朝が与えた所職の任免権が今後も頼朝にあることを明示したのだ。これを次に述べる国単位の地頭と区別して荘郷地頭《しょうごうじとう》ともいう。

「守護・地頭設置の勅許」

頼朝は一一八四(元暦元)年八月に源範頼を大将とする軍勢を平家追討のため派遣したが、兵粮《ひょうろう》不足で行軍は困難をきわめ、ようやく翌八五(文治《ぶんじ》元)年正月に長門国赤間関《あかまがせき》(下関《しものせき》)にまで進軍したところで足止めされた。一方、源義経は後白河上皇の命で出陣し、同年二月には讃岐国屋島《やしま》に置かれていた平家軍の本営を奇襲した。動揺した平家軍は海上を遁走《とんそう》して安芸国厳島に逃れたが、義経は水軍を味方につけて追撃し、三月には壇ノ浦《だんのうら》に追い詰めて平家を滅ぼした。安徳天皇は平家一門と運命をともにし、三種の神器は海中に没してしまった(のちに鏡と玉は回収された)。

源義経は電光石火で平家を殲滅《せんめつ》したが、これは平家の降参と安徳天皇の保全を考えていた頼朝の構想と反するものだったようだ。それに気付かない義経は戦後の処遇に不満を募らせ、後白河上皇に頼朝討伐の宣旨を要求し、受け容れられない場合には上皇・天皇以下を引き連れて九州に下ると脅したという。義経は軍勢を募ったものの応じる武士はなく、海路九州を目指したものの、一行は暴風雨にあって散り散りになってしまった。

頼朝は北条時政《ほうじょうときまさ》が率いる一〇〇〇人の軍勢を上洛させ、一度は自分を討伐する命を発した後白河上皇の責任を追及し、義経討伐のための諸要求を認めさせた。ここで出された上皇の勅許はのちに「守護・地頭設置の勅許」と呼ばれる。しかし実際には、このときに設置されたのは国単位の地頭だったと考えられている。すでに半年前に補任がはじまっている荘郷単位の地頭と区別して、これを国地頭《くにじとう》ともいう。

国地頭の権限については議論があるが、惣追捕使《そうついぶし》として国中の武士を動員し、荘園・公領を問わずに反別五升の兵粮米を徴収し、国中の田地を管理する権限を持っていたとみられる。

国地頭は、範頼軍が兵粮調達で苦労したのを教訓として、義経討伐に向かう軍勢の指揮官に強大な権限を与えたものと考えられる。実際の義経軍は頼朝が心配したよりもはるかに小勢で、大軍を動員する必要はなかったのだが、国地頭の設置は頼朝が西国の武士を御家人《ごけにん》（頼朝と主従関係を結んだ武士）に組織する布石となった。のちに国地頭の権限は縮小され、国の御家人を指揮し、殺人と謀反という重罪を取り締まる守護職になる。

御家人の編成

義経の捜索と並行して、源頼朝は各国で御家人の編成を進めた。頼朝は鎌倉から動かず、各国に使者を派遣して御家人を選任した。頼朝とは面識のない御家人が大量に生まれたのだ。御家人になるには、在地領主としての所職を持つこと、すなわち国衙の在庁官人や、郡郷司、荘園の荘官であることが必要だった。実際の選定には在地領主の結集の場である国衙の留守所（六五頁参照）が大きな役割を果たした。

たとえば若狭国には一一九六（建久七）年に頼朝からの使者が遣わされ、これまで源平両家に仕えた武士の名簿《みょうぶ》が留守所から報告されている。そこには在庁官人の最有力者だった稲葉権守時貞《いなばごんのかみときさだ》を筆頭に三三人の在庁官人・郷司・保司《ほうし》・別名主《べつみょうしゅ》・荘官が書き上げられている。すでに若狭国には津々見忠季《つつみただすえ》が遠敷郡津々見保《ほ》の地頭に補任されていたが、ここに載っていないから、この名簿は新たに御家人になる者を書き上げたものだ。

その後、稲葉時貞は頼朝の勘気をこうむって没落し、時貞が持っていた二五ヵ所の所職は津々見忠季に与えられている。やはり頼朝は新参の御家人を信用しなかったようだ。

奥州合戦と鎌倉幕府の確立

源頼朝は権力の確立のために弟の義経を利用し尽くした。義経は奥州に逃れ、一一世紀半ばから奥州を統治してきた奥州藤原氏の三代目、藤原秀衡《ひでひら》に保護された。しかし秀衡が亡くなると、跡を継いだ泰衡《やすひら》は義経の居所を襲撃して自害に追い込んだ。ところが頼朝は義経を許可なく討ったことを責め、一一八九（文治五）年には自ら陣頭に立って泰衡を討ち、奥州藤原氏を滅ぼした。

この戦いを起こすことに対して朝廷は許可を渋ったが、頼朝は、奥州藤原氏は父祖義家以来の家人で、家人を討つのに勅許は要らないとして、朝廷の命を受けずに出陣した。軍事動員に朝廷の命令は不要というのは、以後の武家による軍事動員の先例となった。

翌一一九〇（建久元）年、頼朝は挙兵後はじめて上洛し、後白河上皇と会談した。この会談では、義経討伐のために敷かれた戦時体制を今後どれほど維持するかも話し合われたと考えられる。このときに頼朝は、従二位《じゅにい》権大納言《ごんだいなごん》兼右近衛大将《けんうこんえのだいしょう》という朝廷を守護する武官の最高位に就任した。鎌倉に帰るにあたってこの官職は辞任したが、のちに「大将軍」に就任したいという頼朝の希望を受けて、一一九二年に頼朝は征夷大将軍《せいいたいしょうぐん》に任じられた。ここに鎌倉幕府は最終的に確立した。

3　鎌倉幕府と荘園制

鎌倉幕府による荘園制の変化

荘園の本なのに、ここまで長々と政治過程を叙述したのは、頼朝が挙兵した一一八〇（治承四）年から一〇年余りの間に起こった出来事が、荘園の歴史に重大な影響を与えたからだ。

第一に重要なのは、源頼朝の挙兵によって、荘園や公領で成立した職《しき》（所職）が軍功の恩賞となったことだ。頼朝が反乱軍の状態で敵方の所職を没収して味方に分配し、その行為が「寿永二年十月宣旨」によって朝廷から追認された。その後も一一八四（元暦元）年に反乱を起こした平家の残党の所職を没収して地頭職として味方に与えた。こうして敗者の所職を勝者が没収し、勝者の味方に給与する行為が公認されたのだ。荘園・公領に形成された所職は実質的には土地支配権だから、土地を仲立ちとした主従制という西欧的な封建制に似た体制が日本でも成立したのだ。

第二に、領域型荘園に成立した本家－領家－荘官の三層の領主権のうち、在地領主が務める荘官の地位が向上し、荘園制の上位優位の構造が変化したことだ。荘園領主や知行国主が京都にいながらにして年貢を受け取れるのは、現地で荘園・公領の経営と徴税にあたる荘官すなわち在地領主の働きがあるからだが、彼らがなぜ荘園領主・知行国主に従ってきたかというと、上位の領主に荘官や郡郷司の任免権を握られていたからだ。

鎌倉幕府の成立により、地頭職の任免権は幕府が握り、荘園領主・知行国主から解任されることはなくなった。地頭職を持たない御家人でも、荘園領主・知行国主から不当な扱いを受ければ幕府に訴え出ることができた。いわば在地領主層による強力な労働組合ができたようなものだ。その結果、本家・領家の荘官に対する支配権は弱まった。中世荘園制の支配体制である「職の体系」に、荘官層を対象とした主従制のくさびが打ち込まれたのだ。

第三に、東国（関東）と奥州（東北）が鎌倉幕府の直轄領域となり、京都の朝廷による支配からある程度独立した地域になったことだ。源頼朝は一一八〇（治承四）年に挙兵しても一一九〇（建久元）年に至るまで上洛せず、東国の地盤固めに腐心した。東国のいくつかの知行国も頼朝に与えられ、国衙の国務も掌握した。また朝廷の命を受けることなく奥州藤原氏を滅ぼし、奥州を幕府の直轄地とした。この地域の独立性は、室町幕府においても関東一〇ヵ国を統治する鎌倉公方《かまくらくぼう》が置かれ、中世を通じて維持される。

鎌倉幕府による荘園制の安定

一方、鎌倉幕府の発足は荘園制を壊したわけではなく、むしろ荘園制を安定化させた側面もあった。職《しき》には、支配する土地からの得分を得るという権益と、領家や本家に年貢・公事物を納めるという義務の部分がある。鎌倉幕府の成立によって前者の権益部分が恩賞としてやり取りされても、後者の義務の部分は否定されなかったのだ。

源頼朝が「寿永二年十月宣旨」で東国の支配権を認められたのは、東国からの年貢進上を回復するためだった。鎌倉幕府の権力の正統性は、荘園・公領の所職に伴う義務の部分を滞りなく遂行させるところにあった。実際、領家に対する年貢の未進を繰り返したとして幕府から解任された地頭は珍しくなかった。鎌倉幕府は在地領主の離反による荘園制の崩壊を押しとどめる箍《たが》の役割も果たしたのだ。

また源平の争乱を勝ち抜いて成立した鎌倉幕府は、荘園をめぐって生じるこれ以上の紛争を抑止する役割を果たした。前章では領域型荘園の陽《ひ》の当たる部分を語ってきたが、その陰となって没落した人びともまた多かった。領域型荘園の設立では、既存の私領や公領が入り組んだ領域を荘官に一括して管理させたから、それまでの権益を奪われた領主も多く出る。ある在地領主が荘官の地位を手に入れたのは、たまたま院近臣や平家とのコネクションをつかんだからで、取り立てて能力が高かったからでもない、と「負け組」の在地領主は思ったことだろう。領域型荘園の設立が相次いだ院政〜平家政権の時代の地方社会には、そうした嫉妬《しっと》と怨念が渦巻いており、そのどす黒いエネルギーが源平の争乱を生んだのだ。

鎌倉幕府は統一された武力装置をつくりあげて紛争の発生を抑止し、御家人間の所領をめぐる紛争は、有事には軍功によって、平時には公正な裁判によって解決し、どす黒いエネルギーが噴出するのを抑える役割を果たしたと言えよう。

さらに鎌倉幕府の将軍は中世の貴族社会の秩序に組み込まれ、その権力構造の一翼を担うようになった。源頼朝は平将門のようにはならないと朝廷に申し入れ、朝廷と妥協する姿勢を示した。平家を滅ぼして平家没官領を給与され、自らが巨大な荘園領主となった。また頼朝は朝廷の武官の最高位である従二位権大納言兼右近衛大将に任官し、朝廷の人事にも積極的に関わっている。

結局、源頼朝の直系はすぐに絶え、将軍は摂関家や天皇家の出身者が務めるようになる。鎌倉幕府は天皇家や摂関家と並ぶ権門として中世国家の一翼を担い、大局的には、鎌倉時代の荘園制に一〇〇年以上の安定をもたらしたと言えよう。

荘園と公領の固定化

院政～平家政権期の旺盛《おうせい》な領域型荘園の設立にもかかわらず、日本全土が荘園になったわけではない。鎌倉幕府の成立によって院政の権力は衰え、上皇や摂関家による新たな領域型荘園が立荘されることはまれになった。在地領主の側からも、鎌倉幕府の御家人になることで権益を守ることが可能になり、中央の貴族に所領を寄進する必要もなくなった。これによって荘園と公領の比率がほぼ固定化されることになった。

荘園と公領の比率については、便補《びんぽ》の保など両者の中間的な所領をどちらに区分するかによっても異なるが、若狭国の面積比ではおおよそ六対四、常陸国では四対六、能登国《のとのくに》では七対三、石見国《いわみのくに》では四対六、淡路国《あわじのくに》では八対二など、日本全国ではおおむね六対四だったと考えられている。ただ公領のほうが立地条件の良いところが多いので、生産力では五分五分かもしれない。

公領も半分近くの比率で存在したから、中世の土地制度を「荘園公領制」と呼ぶこともある。ただし中世の国衙は皇族や上級貴族が国務を掌握する知行国制のもとにあり、院近臣や摂関家の家司《けいし》（八五頁参照）に公領の郡郷や保を給分としてあてがい、在地領主の郡郷司や保司が現地を管理するという、荘園の本家―領家―荘官と似た構造が成立していた。たとえば「新古今和歌集《しんこきん》」の選者として知られる歌人の藤原定家《さだいえ》は摂関家の一つ九条家に仕えており、当主から越後国刈羽郷《かりわ》（新潟県刈羽村）や讃岐国仏田村《ぶつでん》などを与えられていた。越後国も讃岐国も九条家の知行国だった。

中世の荘園制を、荘園や郡郷保などの独立的な領域を単位として、天皇家や摂関家を頂点とした権門が緩やかな主従制によって支配した体制と考えれば、公領の支配構造も荘園制の一環として捉えることができる。鎌倉幕府が成立すると、下司職や公文職などの荘園の所職と、郡郷司職や別名《べつみょう》などの公領の所職とが区別することなく地頭職として給与されたから、この面からも、荘園の所職と公領の所職との区別はなくなっていった。

承久の乱

鎌倉幕府の朝廷に対する優位を決定づけたのが承久の乱だ。源頼朝は一一九九（正治《しょうじ》元）年に没し、将軍職は子の頼家《よりいえ》に受け継がれたが、頼家は母の北条政子《まさこ》の一族を排除しようとして追放され、弟の実朝《さねとも》が擁立された。しかしその実朝も頼家の子、公暁《くぎょう》によって暗殺され、公暁も殺されて、頼朝の血はあっけなく絶えてしまった。

北条政子は後継の将軍として後鳥羽《ごとば》上皇の皇子を迎えようとしたが、上皇から拒絶され、摂関家から源頼朝の遠縁でもある九条頼経《よりつね》を迎えることになった。一方、上皇は大内裏の再建のための一国平均役を課そうとしたが、幕府は東国での徴収に協力しなかった。上皇の不満は高まり、政子の弟で幕府の実権を握る執権《しっけん》の北条義時《よしとき》を討伐する意思を固めた。

一二二一（承久三）年の五月半ば、後鳥羽上皇は鎌倉幕府との連絡役の公卿を幽閉し、畿内・西国の武士を召集して、承久の乱が勃発した。後鳥羽上皇のもとには西国の主だった御家人が集まったが、鎌倉幕府は北条政子と義時のもとに団結し、すぐさま京都を攻める軍勢を送った。幕府の迅速な対応は上皇方の予想を裏切り、急ぎ迎え撃つ軍勢を派遣したものの、美濃国墨俣《すのまた》で幕府軍に敗れると総崩れとなった。

幕府軍は六月半ばに京都を制圧した。軍を率いた北条泰時《やすとき》（義時の子）と時房《ときふさ》（義時の弟）は六波羅《ろくはら》に入り、上皇方の武士を捕らえ、合戦での御家人の戦功の調査を行った。後鳥羽上皇は隠岐島《おきのしま》に、その皇子の順徳《じゅんとく》上皇は佐渡島《さどがしま》に、土御門《つちみかど》上皇も土佐国《とさのくに》に配流された。この戦いにより院政の権力は鎌倉幕府に従属することになった。

力を強めた鎌倉幕府の組織も再編された。京都を制圧した北条泰時と時房はそのまま六波羅にとどまり、これは朝廷を監視し西国の御家人を指揮する六波羅探題《ろくはらたんだい》になった。北条義時が亡くなると泰時は鎌倉に戻ってその跡を継ぎ、時房を幕府の公文書にともに署名する連署《れんしょ》の職に任じて、執権による独裁を自ら防いだ。さらに泰時は一二三二（貞永《じょうえい》元）年に御成敗《ごせいばい》式目《しきもく》を制定し、道理と先例に基づいて公平に裁判を行うしくみを整えた。こうして北条泰時は、北条氏が幕府の実権を握る正当性を確立し、鎌倉幕府の安定を確かなものとした。幕府の安定は荘園制の安定でもあった。

西遷御家人

承久の乱での勝利により、鎌倉幕府の力はいっそう畿内・西国に及ぶようになった。先に幕府は畿内・西国の武士を御家人に編成したが、主だった者が上皇方に加わったことからもわかるように、その主従関係は強いものではなかった。彼らの大半が上皇方に加わって敗れたため、約三〇〇〇ヵ所にも上る所職が没収されて、幕府との強いきずながある東国武士に地頭職として与えられた。

畿内・西国に地頭職を与えられた東国武士は一族をそこに移住させた。これを西遷御家人《せいせんごけにん》という。承久の乱以前も平家没官領に地頭職を与えられて西に移った東国武士はいたが、承久の乱後にはそうした御家人が大量に生まれた。

たとえば播磨国矢野荘では下司の矢野氏が京方に加わって没落し、相模国海老名郷《えびな》（神奈川県海老名市）出身の海老名氏が地頭として入った。海老名氏の本家は室町時代に永享《えいきょう》の乱（一四三八〜三九年）で滅亡したが、西遷御家人の海老名氏は矢野荘を足場に国人《こくじん》領主（二一四頁参照）として成長した。田代《たしろ》氏は伊豆国田代郷を本貫《ほんがん》（出身地）とする御家人だったが、承久の乱の恩賞として和泉国大鳥《おおとり》郷の地頭に補任され、戦国時代には摂津有馬《ありま》氏の家臣となり、近世大名となった有馬氏の家臣として存続している。

　西遷御家人として入った地頭（新補《しんぽ》地頭）の得分は、以前の下司や地頭の得分を引き継いだが、それが不明だったり少ない場合は新補率法《しんぽりっぽう》が適用された。新補率法は一一町別に一町の給免田が与えられ、反別に五升の加徴米を徴収し、山野河海から採れる所出物《しょしゅつぶつ》を領家と折半し、罪人の財産を没収する際には地頭が三分の一を取る規定だった。

西遷御家人による文化摩擦

西遷御家人が大量に畿内・西国の荘園に入ったことは、現地に大きな影響を与えた。東国武士が持ち込んだ東国の習いが、西国の社会の慣習と衝突したのだ。

　その一つに囚人預け置き慣行がある。若狭国太良荘《たらのしょう》（福井県小浜市）では、一二四三（寛《かん》元《げん》元）年に預けておいた囚人を百姓が逃がしてしまったため、地頭代（地頭の代官）が一貫文（現在価値で約一〇万円）の科料を課した。百姓はこれを非法だとして幕府に訴えたが、地頭代は東国では囚人を百姓の家に預けること、囚人が逃げたら罰を受けることは当然の習いと主張した。訴えを受理した六波羅探題は、わざと逃がしていないのなら科料は不当と裁決している。

　肥後国泉新荘《いずみしんしょう》（熊本県山鹿《やまが》市）でも、地頭代が囚人を逃がした百姓の釜《かま》を差し押さえたが、幕府は返却するよう命じた。伊予国弓削島荘《ゆげしまのしょう》（愛媛県上島町《かみじまちょう》）でも罪を犯した下人を百姓に預け置いたことが非法として訴えられ、ほかの非法もあって武蔵国出身の小宮《こみや》氏は地頭職を没収された。鎌倉幕府が百姓を保護する決定を出していることにも注目だ。

一方、東国から持ち込まれた文化が西国の社会に恩恵をもたらしたこともあった。それは低湿地の開発だ。備中国新見荘《にいみのしょう》（岡山県新見市）は後白河上皇妃の建春門院が建立した最勝光院《さいしょうこういん》領の荘園で、領家は小槻《おづき》氏だったが、承久の乱で新補地頭が入った。荘内には北から南に流れる高梁川と北西から南東に流れる谷内川《たにうちがわ》との合流点付近に低湿地が広がっていた。領家方の政所《まんどころ》（現地事務所）は小高い丘の上にあったのに対し、地頭方の政所は低湿地のなかの微高地にあることから、新補地頭が低湿地の水田開発を進めた可能性が高い。

関東平野を流れる利根川は、江戸時代に流路を変えるまでは東京湾に注いでおり、その下流には広大な低湿地が広がっていた（現在の荒川《あらかわ》・中川《なかがわ》・綾瀬川《あやせがわ》流域）。現在の霞ヶ浦《かすみがうら》のあたりも広大な低湿地だった。南関東ではこうした低湿地を排水することで水田を開発しており、新見荘に東国から西遷御家人が入ったことで、低湿地を開発する技術が持ち込まれたと考えられる。

第六章　中世荘園の世界

鎌倉幕府の成立によって荘園の新設はほぼ止まり、荘園制は制度的には安定した時代を迎える。これまで荘園の歴史を時系列的に追ってきたが、この章では荘園の具体的な姿について、鎌倉時代を中心に紹介していこう。

1　開発と生産

独立した小世界

中世の領域型荘園は独立した小世界になった。本来は国衙《こくが》の検田使の立ち入りを拒む権限だったはずの不入権は警察権全般にまで及び、守護の管轄になる殺人と謀反を除き、荘園の領域内で罪を犯した犯人を逮捕し、財産を没収して処罰する検断権《けんだんけん》はその荘園の荘官が持っていた。ある荘園で罪を犯した犯人が別の荘園に逃げ込んだらそれ以上は追跡できず、逮捕するには逃亡先の荘官から了承を得なければならなかった。

荘園の不入権は債権の回収にも及び、ある荘園の百姓が年貢を払えずに夜逃げをし別の荘園に逃げ込んだら、そこの荘官の許可がないと追及できず、逃げた百姓が逃亡先でまた百姓をするのは問題なかった。なお、年貢をきちんと払ってから荘園を移動するのは下人ではない百姓の正当な権利だった。いくらでもやり直しが利くのが中世荘園の世界だ。

荘園が持つ不入権により、領域内の資源の利用について外部からの規制を受けず、荘官や名主《みょうしゅ》は自由に農業を経営することができた。年貢や公事《くじ》として領主に納める物品が決められていたから、それは生産しなければならなかったが、鎌倉時代の末から年貢の代銭納が普及すると、その制約もなくなった。

荘園ごとに異なる枡

荘園ごとに諸々の権限が分割されると不都合なことも起こる。現代の荘園研究者を悩ませるのが米や麦、油などを計る枡《ます》の大きさが荘園ごとに違ったことだ。摂関期から国ごとに、用途ごとにさまざまな枡が使われていたが、後三条天皇は宣旨枡《せんじます》と呼ばれる公定枡を定めた。しかしその後に設立されていった領域型荘園では、どの枡を使うかは自由だったから、荘園ごとにさまざまな枡が乱立することになった。

たとえば東寺領矢野荘例名《れいみょう》領家方《りょうけがた》で使われた枡で計った一斗は、同領山城国上久世荘《かみくぜのしょう》の枡で計ると一斗一升二合五勺《しゃく》になった。つまり矢野荘の枡は上久世荘の枡の一・一二五倍大きかったのだ。逆に矢野荘枡の一斗は丹波国大山荘の枡の八升九合にしかならなかった。大山荘枡は矢野荘枡よりさらに一・一二四倍、上久世荘枡より一・二六倍大きかった（「東寺領諸庄園斗升増減帳」）。同じ荘園のなかでさえ、播磨国矢野荘の領主名である重藤名の年貢を計る枡は、ほかの百姓名に使う枡に比べて六％弱大きかった。播磨国鵤荘《いかるがのしょう》では、政所《まんどころ》が年貢を計量するときに用いた会米枡《えまいます》と、市場での取引で用いられた里十合枡《さとじゅうごうます》、領主名の吉永名の年貢を計る吉永枡が使われ、その比率は一：一・二：一・三だった。荘園の帳簿では異なる枡の間の数値を換算する延定《のべさだめ》と呼ばれる計算がしばしば行われた。

荘園の土地利用

荘園の土地はどのように利用され、どのような景観を形成していたのだろうか。まず平地に均《なら》して水が引けるところは水田として利用された。水は川の一部をせき止める井堰《いせき》を設けて用水路に水を導いたり、谷川の水を利用した。湿地を排水して水田にすることもあった。水を引けない平地は畠として利用され、小麦・大麦や大豆・小豆《あずき》、蕎麦、大麻《おおあさ》などが栽培された。山地では森に火を放った焼け跡を畑として利用する焼畑農業が行われ、蕎麦・粟《あわ》・陸稲《おかぼ》などが栽培された。山地で採取されるコウゾやミツマタからは紙が生産され、漆の採取も行われた。

川では漁が行われ、川にすのこを設けて上流から泳いできた魚を捕る簗《やな》と呼ばれる施設が設けられることもあった。肥後国人吉荘《ひとよしのしょう》（熊本県人吉市）には荘内を流れる宗河《むねかわ》（胸川）に三ヵ所の簗が設けられ、南北の地頭方と領家方がそれぞれ所持していた。今も荘域の川辺川《かわべがわ》のほとりには「柳瀬《やなせ》」の地名が残っている。

山中には狩りをする場所である狩倉《かりくら》も設定された。人吉荘では二〇ヵ所の狩倉と七ヵ所の夏狩倉があった。沿海部の荘園には漁撈《ぎょろう》や製塩が行われる浦《うら》が付属することがあった。淡路国では二三ヵ所の荘園のうち一五ヵ所の荘園で浦が設定され、うち二つの荘園には二ヵ所の浦があった（「淡路国大田文《おおたぶみ》」）。若狭国では浦が荘や郷と並ぶ所領の単位として把握されている。

名主や荘官の館

名主の屋敷は平地のなかの微高地や谷奥に立地することが多かった。現在の集落では屋敷が一ヵ所にまとまっていることが比較的多いが、これは一三世紀後半から進んだ集村化によるもので、それまでは屋敷が点在する散居的な景観が主だったと考えられている。個々の屋敷地は木の柵《さく》や竹林、麻布の原料となる苧《からむし》という植物が密植された垣根によって囲われ、垣内《かいと》と呼ばれた。垣内のなかは屋敷畑として利用され、麦・豆などの穀物や蔬菜《そさい》（野菜）が栽培された。屋敷の近辺には桑畑があり、養蚕が行われていた。栗林が付属することがあった。

荘内の要所には下司《げし》・地頭などの荘官の館が築かれた。荘官の館は堀で囲われていることが多かった。たとえば遠江国内田荘《とおとうみのくにうちだのしょう》下郷（静岡県菊川《きくがわ》市下内田《しもうちだ》）の地頭、内田氏の居館跡だった高田大屋敷《たかだおおやしき》遺跡は、南北九三メートル、東西七〇メートルの土塁で囲われ、上小笠川《かみおがさがわ》の流路を水堀として利用している。遺跡の隣には古川《ふるかわ》神社があり、その西側を信濃国に通じる街道が走っている。居館の場所は荘内の用水を掌握し、交通の便もある要所に築かれていることがわかる。荘官の直営地は屋敷のすぐそばにあることが多く、門田《かどた》と呼ばれた。

領家が荘園に派遣した預所が執務する政所も建てられた。預所は常駐するとは限らないため、有力農民の館が利用されることもあった。

荘園の新田開発

鎌倉時代の荘園では活発な新田開発が行われた。肥後国人吉荘で一一九八（建久九）年に田畠《たはた》を調査した検注では田地が三五二町あったが、一二一二（建暦二）年の検注で一一一町五反の出田《しゅつでん》（新たに検出された田）、一二四四（寛元二）年の検注では新田二一町二反が登録されており、五〇年弱で田地は四割増しになった。播磨国矢野荘例名の一二九九（正安《しょうあん》元）年の検注では、本田九三町二反に加えて新田が五四町九反あり、田地は六割増しになっていた。備中国新見荘の一二七一（文永《ぶんえい》八）年の検注では五割増し、播磨国田原荘《たわらのしょう》（兵庫県福崎《ふくさき》町《ちょう》）の一二九一（正応《しょうおう》四）年の検注では六割増しになっており、鎌倉時代を通じて荘園の田地は四～六割増えたとみられる。

こうした新田開発には地頭が果たした役割が大きかった。鎌倉幕府は一一八九（文治五）年に安房・上総・下総等の国々に対し、荒野に浪人を招き据えて開発することを奨励し、一一九九（正治元）年にも東国の地頭に水便のある荒野を新開すべきことを命じた。また幕府は地頭が開発した新田は地頭のものになるとの法令を出している。この法令は全国に適用されたわけではなかったようだが、人吉荘では適用されており、出田・新田は地頭のものになり、領家に年貢を出す必要はなかった。備中国新見荘でも出田三二町三反の五分の一が地頭の給田にされている。

新田をどのように開発したかは荘園の立地条件によるが、平野部では女堀のような用水路の掘削や、湛井《たたい》用水（一一二頁参照）のような大規模な用水路の再整備が行われた。畠だった土地に溜池や用水を造って水田に転換する営みも進められ、中山間部に立地する播磨国矢野荘では新田の二割が畠からの転換だった。沿海部では尾張国富田荘《とみたのしょう》（名古屋市中川区）のように、遠浅の海を堤防で締め切って水田にすることも行われた。

水田の開発と並行して畠地の開発も進められた。水田と畠の比率も立地条件によってまちまちだが、平野部の和泉国日根荘《ひねのしょう》（大阪府泉佐野《いずみさの》市）では一二三四（文暦《ぶんりゃく》元）年の検注で水田七九町二反に対して畠が一〇町あり、田畠の比率は九対一だった。矢野荘の一二九九（正安元）年の検注では、田地と畠地の割合は約七対三だった。この畠地の約七割が麦を作る夏畠、残りの三割が粟や蕎麦を作る秋畠で、焼畑とみられる山畠が一％ほどあった。ただ土地台帳に登録されない山畠もかなりあったはずだ。

しかし鎌倉時代後期になると山野の境界や用水の利用をめぐる荘園間の争いが多発するようになり、荘園内での耕地の拡大は限界に達したとみられる。領域型荘園の独立性が壁となって荘域を越えた大規模な開発は困難だったから、この後は各荘園が占有する領域のなかでの小規模な開発と土地利用の転換、最適化が進められた。谷奥に池を造って谷間に田地を開いた谷戸田《やとだ》、河道を変えた川の河原に田地を開いた河原田《かわらだ》、湿地を排水した洪田《こうでん》も造られた。微高地を水田にするため土地を掘り下げ残土を畠にした島畑《しまばた》、低湿地の土を盛り上げて田地にし、土を取った場所は排水路にする掘り上げ田も造られた。

農業の集約化と多様化

中世の荘園では農業の集約化も進んだ。山野から刈り取った草木や、それを焼いた灰を肥料として田畠に敷き込む刈敷《かりしき》が使われた。これは古くから行われてきた方法ではあるが、領域型荘園の成立によって荘民による山野の占有権が明確になり、草木の利用も促進されたと考えられる。百姓が牛馬を飼うことが一般化すると、その糞尿《ふんにょう》や敷わらを堆積して腐らせた厩肥《きゅうひ》も用いられるようになり、二毛作により低下した地力の回復に役立った。

稲の品種の使い分けも平安時代から行われてきたが（四一頁参照）、鎌倉時代には早稲《わせ》・

中稲《なかて》・晩稲《おくて》が使い分けられていた。さらに鎌倉時代後期には新たな品種として大唐米《だいとうまい》が導入された。これはインドシナ半島南部のチャンパ王国を原産地とする稲で、小粒で細長だが短期間で収穫でき、乾燥に強く、痩せた土地でもよく育つ品種で、旱害を受けやすかった西国を中心に普及した。ただし粘り気がなくて食味が悪く、ほかの米と区別されて安価で取引されている。

畠作も平安時代と同じく、穀物では麦をはじめ蕎麦・大豆・小豆・大角豆《ささげ》・粟・黍《きび》・稗《ひえ》などが栽培された。蔬菜類では芋・胡麻・牛蒡《ごぼう》・胡瓜《きゅうり》・韮《にら》・葱《ねぎ》・えんどう、手工業産品の原材料として、燈明油《とうみょうゆ》の原料の荏胡麻《えごま》、畳や蓆《むしろ》を作る藺草《いぐさ》や染料にする紅花も栽培された。

一二世紀後半からは畠地子が夏冬二度にわたって収取されている例があり、畠地の二毛作が行われていた。畠地の二毛作では夏に大豆を作り、秋冬に麦を作るのが一般的だが、夏作の荏胡麻、冬作の紅花などのバリエーションも存在した。次章で述べる通り、鎌倉時代後期からは水田の裏作として麦を栽培する水田二毛作が行われるようになった。裏作の麦に年貢をかけるのを禁じた鎌倉幕府の政策もあって二毛作は普及し、一五世紀には稲・蕎麦・麦の三毛作も行われていて、朝鮮から来日した使節を驚かせている（『老松堂日本行録《ろうしょうどうにほんこうろく》』応永二七年六月二七日条）。

牛馬耕も普及し、名主をはじめ独立して農業を行うような百姓は必ずと言ってよいほど牛馬を飼っていた。一一八六（文治二）年に伊賀国鞆田荘《ともだのしょう》（三重県伊賀市）に乱入した検非違《けびい》使《し》（治安維持にあたった職）は百姓の牛馬二〇匹を押収しており、一二三四（文暦元）年に備後国大田荘の預所代は、年貢未進の代償として百姓の牛を質に取ったものの、餌をやらずに飢え死にさせてしまったことで訴えられた。広大な原野が広がっていた東国では牛に代わって馬が使役された。

中世の荘園では鉄製の農具が使われていた。山城国上野荘《かみののしょう》（京都市西京区）で六反余りの田地を耕していた百姓が所持していた財産の目録によると、牛が一匹、牛に曳かせて土を耕起する唐鋤《からすき》、土をならす馬鍬《まぐわ》、人手で耕起や土木工事に使う鍬、草木を刈るまさかりを持っていた（「上桂庄検封家屋雑具注文《かみかつらのしょうけんぷう》」）。若狭国太良荘の小百姓《こびゃくしょう》（小規模な百姓）の家にも鍬二本、まさかり一丁と手斧《ておの》一本があった。平安時代までは牛馬や鉄製農具は領主が所有し、農民に貸し出すものだったが、中世では個々の百姓のものになっていたのだ。

2　荘園の人びと

百姓と下人

荘園に住む人びとは、どのような社会関係のもとに置かれていたのだろうか。まず大きな身分上の区別として、特定の主人を持ち移動を制限された下人と、主人を持たず移動の自由があった百姓との区別があった。この身分差は必ずしも経済的な上下ではなく、有力者に仕えることで一般の百姓と同じか、それより裕福な下人もあり得た。比較的上層の下人を所《しょ》従《じゅう》という。

中世荘園では、在地領主が務める荘官に人格的に従属した下人・所従と、荘園の田畠を請《うけ》作《さく》するのみで、人格的な従属からは自由な百姓とがともに働いていた。たとえば紀伊国鞆《とも》淵荘《ぶちのしょう》（和歌山県紀の川市）では、荘民のなかに「名《みょう》百姓」と「荘《しょう》百姓」との区別があり、名百姓は荘官の下司・公文が持つ名田畠を耕作して荘官から課せられる夫役《ぶやく》を務めた。荘百姓はそのほかの百姓名を耕作し、荘園領主の高野山に対して夫役を務める定めになっていた。

下人の扱いについては鎌倉幕府も何度か法令を出しており、逃げた下人を別人が召し使って一〇年を過ぎれば所有権が移転すること、下人が生んだ子は男を父に付け、女は母に付けることを定めている（御成敗式目第四一条）。下人の子は下人なのだ。

しかし下人の逃亡は頻繁に起こっていた。浄《じょう》土《ど》真《しん》宗《しゅう》の開祖、親鸞《しんらん》上人の妻の恵信尼《えしんに》は越後国で暮らしていたが、一二六三（弘長《こうちょう》三）年に娘の覚信尼《かくしんに》に宛てた書状のなかで（鎌倉時代の一般女性が書いた生活上の私信が残ることは非常に珍しい）、長い間仕えていた男の下人二人が正月に逃亡してしまい、どうにも作物を作る手立てがなくて生活が不安だと嘆いている。恵信尼は当時八二歳の高齢で、成年男子が不在の家庭だったようなので無理もないが、恵信尼の家はほかにも女七人、男一人の下人を所有していた。ただ恵信尼の書状からは下人も家族の一員のように暮らしていた様子がうかがえる。

百姓の扱いも鎌倉幕府法に規定があり、逃散《ちょうさん》した百姓の妻子を捕らえ、資財を奪うことは禁じられている（御成敗式目第四二条）。百姓には不当な扱いを受ければ逃散する権利があり、年貢未進などの負債もないのに百姓の財産を奪うのは違法だった。その年の年貢・公事物をきちんと払った上でなら、ほかの荘郷に移るのは百姓の自由だったのだ。

名と名主

中世の荘園を特徴づける土地制度の単位が名《みょう》だ。摂関期の負名は一年〜数年単位の請負だったのに対して、中世荘園では名の保有権が名主職《みょうしゅしき》と呼ばれ、子孫への相続も可能な百姓の家産になった。ただし名主職の任免権は荘園領主にあり、領主の交代などで荘園の体制が大きく変わると、従前の名主職が無効になることもあった。

名への分割の仕方は荘園によってまちまちだが、百姓が持つ名の田地は二町前後が標準的だったようだ。たとえば大和国池田荘《いけだのしょう》（奈良市池田町）では荘園の田地を二町前後に均等に分割した一一の名があり、各名には一反ずつの屋敷地が付属していた。一二五六（康元《こうげん》元）年の若狭国太良荘では二町九反の時沢名《ときざわみょう》、二町八反の真利名《まさとしみょう》・勧心名《かんしんみょう》ほか一〜三町までの名によって構成されていた。美濃国大井荘では荘官は巨大な名を持っていたが、百姓名は一〜二町のものが多かった。一二四四（寛元二）年の肥後国人吉荘では経徳名《けいとくみょう》（三五町）、常《じょう》楽名《らくみょう》（二五町四反）、松延名《まつのぶみょう》（二九町）などの大きな名がある一方で、ほかの一〇ヵ所ほどの名は二〜三町だった。

名には畠も付属した。たとえば播磨国矢野荘の真蔵名《しんぞうみょう》には二町余りの田地のほかに、住居とその周囲を示す「住内《じゅうない》」「古住《こじゅう》」「垣内」と呼ばれる場所に畠が九反ほどあった。こうした有力百姓の屋敷畠や桑林などが付属する住居が在家《ざいけ》として、名とは別に課税対象になることもあった。

名主は名に属する田畠をどのように耕作しようと自由だったが、一部を名主自身の家族と下人による直営で耕作し、残りを小百姓に請作に出すことが多かった。請作に出した場合は小百姓から加地子《かじし》という地代を徴収した。加地子は年貢の一〜二倍ほどだった。摂関期の公領に設定された私領得分も加地子と呼ぶが、意味が変わっていることに注意が必要だ。

荘園には預所や地頭が直接に経営する田地があり、これを佃《つくだ》と呼んだ。佃の年貢・公事は免除され、得分はすべて佃の持ち主が収取した。また名に組み入れられず荘園領主に直属する田地があり、これを一色田《いっしきでん》と呼んだ。一色田は荘園領主から直接に小百姓に請作させ、名主の取り分がないため、約二倍の年貢が課せられた。未進の累積や逃亡などで名主職が没収されると、その田地は一色田に組み入れられた。

下司・公文などの荘官は大きな領主名を持つことが多い。美濃国大井荘の下司は、全荘の田地の一四%を占める石包名《いわかねみょう》（五五町五反）を持ち、その配下の公文も一七町五反の国吉《くによし》名《みょう》、田所も二二町七反の公弥名《こうちんみょう》を持っていた。備後国大田荘の下司も各二〇町の福富名《ふくとみみょう》と宮吉名《みやよしみょう》を持っていた。播磨国矢野荘領家方公文の寺田氏は重藤名ほか三一町三反の名田を持ち、領家方の田地の半分近くを所持していた。これらの荘官名は、主に荘官の下人・所従によって耕作されたと考えられる。

村と鎮守

名が耕作と徴税の単位だったのに対し、荘園のなかの地域的なまとまりは村や郷と呼ばれた。たとえば播磨国矢野荘例名は上村《かみ》と下村《しも》に分かれ、備中国新見荘も里村と奥村、和泉国日根荘は鶴原《つるはら》・井原《いはら》・入山田《いりやまだ》・日根野《ひねの》の四ヵ村に分かれていた。備後国大田荘にも赤屋《あかや》村・宇賀《うが》村・上原《うえはら》村などの村があった。これらの村は近世村よりかなり広い範囲を指しており、矢野荘上村のなかには近世村が一一個、下村のなかには一三個ほど成立している。

近世には村が行政の単位になったが、荘園制下の村に制度上の位置づけが与えられることは少なかった。しかし村はそれぞれの名や、下地中分《したじちゅうぶん》（一六八～一七一頁参照）の領域を越えて、村に居住する人びとの助け合いが行われ、村の鎮守社を祀っていた。

中世後期になると荘園や名よりも村の結合のほうが次第に重要になり、鎮守社寺の祭礼を担った宮座《みやざ》を基盤にして、惣郷《そうごう》や惣村《そうそん》が形成されてくる（二五二～二五四頁参照）。

荘官と給分

荘園の現地には、その運営を担うさまざまな荘官が任じられた。最上位の荘官は下司といい、荘園の設立時に免田を寄進した在地領主が任じられ、現地での荘務全般を掌握した。この下司職が軍功による恩賞の対象となり、鎌倉幕府が任免権を握った場合には地頭職となり、下司の職務に加えて幕府の命じる御家人役を負担した。公文は荘園の各種文書を管理・作成する役職だが、下司を補佐する荘官として荘内の村々に置かれることが多かった。田所は荘園の土地関係の帳簿を扱う役職で、図師《ずし》は荘園の田畠の場所を熟知し、絵図や図面を作成した。荘内の治安維持を担った追捕使や押領使が任じられることもあった。これら下級の荘官の任免権は下司・地頭と領家との間で争いになったが、多くは下司・地頭の側が掌握した。

荘官にはさまざまな給付が与えられた。年貢・公事が免除された給田、公事が免除される雑免田が与えられ、百姓が持つ田地から加徴米を徴収する権限が与えられることもあった。年貢収納などの荘務の際には手数料も徴収した。

たとえば田地三〇〇町ほどの規模だった備後国大田荘桑原方《くわばらかた》の下司は、給田三町、雑免田五〇町、免桑五〇本余、反別五升の加徴米を給されたほか、兼任する惣田所の得分として反別五合、名ごとに上分米・麦を各二～五升、百姓の各在家から苧《からむし》を一目、桑の三分の一を徴収できた。また年に五回の節句ごとに布四～六丈（一丈は約三メートル）、下司が京都に上る際の餞別《せんべつ》、年貢納入時に石別三升の納所《なっしょ》得分を徴収した。また村々の公文、惣追捕使、神主の任免権を持っていた。

荘官は自らの田畠を耕すのに百姓を徴発することもあった。和泉国唐国《からくに》村の百姓は、荘官の刀禰《とね》に対して旧暦五月の田植えの際に牛を伴って三日と草取りに一日、同六月に麦を蒔くときに牛を伴って三日と土入れに一日働く義務があった（「唐国村刀禰百姓等置文案」）。ただしこうした労役は、時代を下るごとに廃止されたり銭納化されていった。

預所

領家の使者として荘園に派遣され、下司などを指揮して荘務にあたった役人を預所という。預所は現地には必ずしも常駐せず、検注、散田や年貢の収納、荘内の紛争処理などの重要業務の際に荘園に下って荘務にあたった。預所にもさまざまな給分が与えられ、備中国新見荘では預所に給田三町が与えられている。備後国大田荘では新しい預所が補任されると、下司から六丈布を五反、公文から三反、田所・惣追捕使から一反が贈られ、預所が現地に赴くとまず三日間の接待があり、京都に帰る際には下司から六丈布三反、公文から四丈布二反が贈られる決まりになっていた。

領家の命令を執行する預所と、現地の下司や地頭とは対立することが多く、紛争のもととなった。なお本家《ほんけ》から見て領家のことを預所と呼ぶ場合もある。

さまざまな職人

荘園にはさまざまな職人が居住しており、荘官に準じて給免田が与えられることがあった。備中国新見荘では、木造建築を建てる職人である番匠《ばんしょう》、鉄製農具や鉄製品を製作・補修する鍛冶、船を操る船人、紙すき職人とみられる檀紙《だんし》、木製品を作る轆轤師《ろくろし》に給免田が与えられている（「文永八年惣検田目録、実検取帳」）。新見荘は公事として紙を納めており、戦国時代に至るまで荘園領主の東寺に紙を納め続けた。

肥後国人吉荘でも球磨川《くまがわ》を行き来する河梶取《かわかんどり》に五町の給田が与えられたほか、土器細工師や檜物師《ひものし》に雑免田が与えられている。このほかにも各地を遍歴して回る職人が訪れたはずだが、荘民の生活や生産活動に必須《ひっす》な職人には給免田を与えて定着をはかったのだろう。

3　荘園の経済

荘園の年貢

中世の荘園では名《みょう》や在家を単位に、さまざまな税が課された。主たる税が年貢だ。年貢は田地一反あたり、おおむね二〜七斗ほどの米が田地の良否に応じて課され、荘園領主が直営する一色田はその二倍になった。

田畠一反あたりの年貢高を斗代《とだい》という。斗代の割合は荘園によって異なり、荘園ごとに違う枡の問題もあって正確な比較は難しいが、一一九七（建久八）年の石山寺《いしやまでら》領では三斗代が七三％、二斗代が二七％で、平均は二斗七升だった。一二〇六（建永《けんえい》元）年の大和一品《いっぽん》位田《いでん》では三斗代が四六％、二斗代が五四％で、平均は二斗五升だった。一二二九（寛喜《かんぎ》元）年の山城国上野荘の平均斗代は三斗六升だった。

鎌倉時代を通じて反あたりの収量は増加し、荘園の斗代も少々上がったようだ。たとえば伊予国弓削島荘では、一一八七（文治三）年の田地の平均斗代が三斗五升だったのが一二七〇（文永七）年には三斗九升になっている。一三一六（正和《しょうわ》五）年の山城国上野荘では、河川敷に高い斗代の河原田を開発したことで平均斗代が七斗に上っている。

畠の斗代については、一一八九（文治五）年の弓削島荘では一斗五升代の麦畠二〇町三反と一斗代の一町とがあった。一二九九（正安元）年の播磨国矢野荘では麦・大豆の斗代が二斗三升、蕎麦は二斗だった。一三一六（正和五）年の山城国上野荘では二斗代と一斗五升代の麦畑があり、平均は一斗八升だった。収量についても、田と畠とではかなりの差があったようだ。

年貢の物品

年貢は基本的に米で計算されたが、実際に米で納められるとは限らなかった。近畿地方をはじめ、海運が使える瀬戸内海周辺諸国と九州の荘園からは主に米で納められたが、そのほかの地域からは絹布や麻布のような現物貨幣としても用いられる産品が納められることが多かった。

平安時代に編まれた「新猿楽記」(四〇頁参照)には、諸国の特産として、阿波絹・美濃八丈絹・常陸綾《あや》・武蔵鐙《あぶみ》・能登釜・但馬紙などが挙げられている。越後布・越中布・信濃布も良質の麻布として有名だった。

美濃国や尾張国には絹織物を年貢とする荘園が多かった。美濃国大井荘では名の田地一町あたり八丈絹一疋が課され、全体で一六一疋ほどを納めることになっていた。八丈絹とは一疋の長さが八丈(約二四メートル)の絹織物のことだ。同国茜部荘《あかなべのしょう》(岐阜市茜部)からも五〇町の田地に対して絹一〇〇疋、畠三〇町に対して真綿一〇〇〇両を納めることになっていた。尾張国枳豆志荘《きずしのしょう》(愛知県武豊町《たけとよちょう》)からは八丈絹二九疋余り、同国安食荘《あじきのしょう》(名古屋市北区)からは絹糸六七両ほどを納めることになっていた。

北陸地方にも絹を年貢とする荘園は多く、丹後国三ケ荘《さんかのしょう》は六丈絹二六〇疋、越後国豊田荘《とよたのしょう》(新潟県新発田《しばた》市)は町別五両の真綿を納めていた。伊勢神宮の御厨《みくりや》を書き上げた注文によると、絹を年貢として納めた荘園は美濃と尾張に濃密に分布し、そのほかに東海道の伊勢・遠江国、東国の武蔵・下野・常陸国、山陰の丹後・若狭・伯耆《ほうき》・但馬国、北陸の越前・越中国から納められている。

麻布を年貢として納める荘園も多かった。麻布は苧《からむし》か大麻から作られ、白布、細布、美布などの種類があった。遠江国初倉荘《はつくらのしょう》(静岡県焼津《やいづ》・島田《しまだ》市)は領家の高野山には米一九八〇石を納めたが、本家の宝荘厳院には四丈白布三三〇反(反は疋の半分)、六丈細美布を一四反四丈納めた。越前国牛原南荘《うしがはらみなみのしょう》は白布五〇反と麻布五〇反を納めた。下総国相馬《そうま》御厨(茨城県取手《とりで》市)は四丈布を五〇七反、二丈布を一二七切納めた。先の伊勢神宮の注文によると、白布を納めた御厨は東海地方の尾張・遠江・駿河国、東国の相模・武蔵・上野・下野・武蔵・下総・安房国、信濃国、日本海側の越中・丹後・能登国に分布している。

瀬戸内海の島々では塩を年貢とする荘園が多く、伊予国弓削島荘では、大名に三反二四〇歩と塩浜二〇〇歩、小名に二反二四〇歩と塩浜一五〇歩が割り当てられ、年貢として大名に大俵に納めた塩一七俵、小名に一二俵半が課されている。

不純物の少ない真砂《まさ》砂鉄を産する中国地方の山間部では、鉄を年貢として納める荘園が分布していた。備中国新見荘では吉野《よしの》村のみが二七三両(反別五両)の鉄年貢を納めている。伊豆国も砂鉄を産し、伊勢神宮に鉄を年貢として納めている。また山陰地方の但馬国には、紙を年貢にしている荘園が多かった。

荘園の公事

年貢以外の雑税を公事と呼ぶ。公事とは荘園領主や荘官が必要とする細々とした物品や労務を提供することで、名や在家ごとに課された。これには荘園領主の年中行事に必要な物品、荘官の直営地を耕作する労務の提供、荘官の供応や食事の世話などがあった。

たとえば若狭国太良荘の末武名《すえたけみょう》は、荘園に下ってきた預所を接待する三日厨《みっかくりや》のために白米と黒米を納め、一年の耕作地を割り当てる勧農の際の厨、地頭に味噌《みそ》・塩・魚などの食材を届ける百日房仕役《ひゃくにちぼうじやく》を務め、佃を耕作する労役のかわりに大豆を納めた。領主の東寺には、夏に繰り綿を納め、京都で一五日間務める永夫《ながふ》一人を差し出し、五節句の際には銭一六七文を納め、また折敷《おしき》（食事を載せる盆）・合子《ごうす》（蓋《ふた》付きの椀《わん》）・皿などの食器、花紙（露草の汁を染みこませた紙で、水に浸して染料として使う）などを納めた。ほかに四節句ごとに雑菓子、盆供《ぼんく》（盆に供える供物）、薦《こも》、椎《しい》の実などを負担している。菓子とは果物のことだ。

肥後国人吉荘の経徳常楽名は、花紙と同じ移花《うつしばな》が三枚半、黄皮《きがわ》（橘《たちばな》の実の皮）三連を八枚、続松《ついまつ》（松明のこと）六八把、白箸《しらはし》を六八膳、桑一七六本にかかる絹布四疋六丈、真綿四六六枚、白苧を一二両、染革六枚半を地頭に納めている。

丹波国大山荘は、領主の東寺に在家苧三〇組・移花紙一五枚のほか、栃《とち》・甘栗・生栗・串柿《くしがき》・野老《ところ》・平茸《ひらたけ》・干蕨《ほしわらび》・蒟蒻《こんにゃく》・胡桃《くるみ》・牛蒡《ごぼう》などのさまざまな山野の産品や、桶《おけ》・足桶・杓《しゃく》・折敷などの手工業製品、餅や節句ごとの菓子などの食品を納めている。伊予国弓削島荘は年貢塩のほかに牡蠣《かき》・和布《わかめ》・苧・簾《すだれ》を公事として納めた。

こうした定められた公事のほかに、荘園領主の求めによる臨時の公事も課されることがあり、荘官を任命する際には「恒例・臨時御公事」を勤めるよう命じられた。一一九四（建久五）年に上総国橘木社《たちばなしゃ》（千葉県茂原市）では、上皇から臨時の公事が課された際の取り決めが定められている。

荘園領主の消費

荘園に課された年貢や公事は、領主が年間に消費する物品を計画的に割り当てたものだった。八条院領の安楽寿院本御塔では、月ごとの経費を各荘園で分担して負担していた。正月〜三月は播磨国石作《いしつくりの》荘《しょう》の年貢一八〇石、四月は讃岐国富田荘年貢一〇〇石、五〜九月は讃岐国多度荘と豊後国長野荘二二七石、一〇月は長野荘、一一月と一二月は阿波国名東《みょうどうの》荘《しょう》（徳島県徳島市）という具合だ。また美濃国粟野荘《あわののしょう》から納められた八丈絹は、春秋二季の懺法会《ざんぼうえ》に招く僧と、鳥羽上皇の菩提を弔う三昧僧《さんまいそう》に支給された。上野国土井出荘《つちいでのしょう》（群馬県片《かた》品村《しな》）から納められた上質な細布は三昧僧の夏衣服料に、並の白布は三昧僧や下役の預・承《しょう》仕《じ》・花摘《はなつみ》などの俸禄《ほうろく》になった。但馬国水谷社から納められた弘紙《ひろがみ》は寺院の明障子《あかりしょうじ》や懺法会の布施に使われ、出雲国佐陀社《いずものくにさだしゃ》（島根県松江市）から納められた筵《むしろ》からは畳が作られた。諸荘園から納められた薦一三五枚や炭一二六籠《かご》、一四四〇把もの続松も消費された。

もう一つの大規模荘園群の長講堂領でも、長講堂の年中行事や六条御所の運営に必要な物品や労役を七六ヵ所の荘園・末寺の公事に割り当てていた（「建久三年長講堂所領目録」）。御《み》簾《す》・呉座《ござ》・畳は正月三日の行事に合わせて納められたほか、畳は四月と一〇月の衣替えの際にも進上された。麻布は彼岸会に招く僧への布施になり、正月三日や三月の御八講《みはっこう》（法華経八巻を講義し賛嘆《さんだん》する法会）の際には地面を舗装する白砂が進上された。以上の物品はほとんどの荘園が負担している。また毎日の食材である「御菜《おさい》」の進上を東は信濃国から西は肥後国まで三〇ヵ所の荘園に割り当て、毎月同じ日に同じ荘園から食材が届けられるようにしていた。

地域性が表われる品目もある。七月七日と九月九日の節句に振る舞われる菓子（果物）は丹波・丹後国の荘園が負担している。当地の名産の瓜《うり》だろうか。白鉢（白瓷鉢《はくじはち》）・酒瓶・酢瓶は窯業《ようぎょう》生産が盛んだった尾張・美濃国の荘園から、木製食器の合子・盤・鉢は木地師《きじし》（ろくろを用いる木工職人）の活動が盛んだった北陸道の越前・加賀国と山陰道の丹後・伯耆国の荘園から納められた。御所を夜通し照らした一万九〇〇〇把にも上る続松は山陰道の丹波国、山陽道の播磨・美作・備後・安芸・周防《すおう》・長門国、南海道の紀伊・阿波・伊予国の荘園に割り当てられた。この地域には松山が広がっていたのだろう。鉄製の斗納鍋《とのうなべ》（一斗が入る大鍋）と鉄輪《かなわ》（鍋をかける三本足の台）は北陸道の能登国、山陰道の伯耆国、山陽道の播磨・美作・安芸国の荘園が負担している。中世の能登国は製鉄が盛んで、石川県輪島《わじま》市門前《もんぜん》町《まち》には飯川谷《いがわだに》遺跡という大規模な中世の製鉄遺跡がある。中国地方も古来より製鉄が盛んな地域だ。

兵士や人夫の徴発もあった。六条御所には正面の四足門《しそくもん》・西洞院《にしのとういん》北門・六条門・楊梅小《やまももこう》路門《じもん》・油小路門《あぶらのこうじもん》の五つの門があり、各地の荘園から交代で門番を務めた。一つの門で延べ一〇〇〇人前後、合計で延べ五二六五人が動員されている。御所の中で雑用を務める仕丁《しちょう》も月替わりで徴発されており、合計で延べ二四四二人に上る。その他の人夫も合わせると、長講堂領全体で年間延べ九〇〇〇人以上の兵士・人夫が奉仕した。これに加えて京都に近い山城・大和・摂津・丹波国の荘園は、年中行事や行幸、歳末の掃除などのために臨時に召される人夫を差し出す義務があった。

こうした荘園領主が徴収した物品や労務は、前代までは国司が任国から徴収した物品のなかから貴族や寺社に封物として納めたものが多かった。しかし荘園を持つことで、荘園領主が必要とする物品が国衙を経由せずに納入され、必要ならば臨時の徴発もできた。中世荘園の経済構造は、すでに摂関期に諸国で発達していた特産物の採集・加工や手工業製品の生産を前提としながら、それを権門の間で分割し、現地を直接に掌握したものと言える。

流通と倉庫・運送業の発達

すでに摂関期には受領《ずりょう》が徴収した官物や臨時雑役を京都に送る官製の流通機構が発達していたが、中世にはこの流通機構のなかに商業的な請負業者が成長した。荘園は領主の私領だから、年貢をどんな手段で送ろうと自由だったからだ。

問《とい》や問丸《といまる》は、瀬戸内海や北陸地方などの海運路の重要港津《こうしん》、都市、宿場町などに居住し、荘園の年貢・公事の保管・運送・中継・売買などに従事した倉庫・運送業者だ。一二世紀には山城国の桂《かつら》に「戸居男《といおとこ》」、淀津《よどつ》に「問男」、木津《きづ》に「問」の存在が確認できる。彼らは荘園領主から問職に任命され、一種の荘官として年貢の運送に関わったが、次第に複数の荘園の問職を兼任して規模を拡大していった。

鎌倉時代には年貢物が陸揚げされる淀川・木津川沿岸の淀津・鳥羽・木津、琵琶湖《びわこ》の大津《おおつ》・坂本《さかもと》、日本海の敦賀《つるが》・小浜《おばま》、瀬戸内海の兵庫《ひょうご》などに多くの問丸が活動するようになった。荘園年貢の運送・保管だけでなく商品の取扱いも増え、問丸は商品の中継や卸売り販売にも従事するようになった。こうなると、次章で述べる代銭納による年貢公事物の商品化も目前だ。

荘園の市場

荘園には市場が開かれた。市場は荘域内の陸上交通の要地や水運との接点に立地し、荘官や荘民、周辺の住民、京都方面から訪れた商人との間でさまざまな商取引が行われた。市場は常設のものではなく、鎌倉時代前半には月に三度の三斎市《さんさいいち》が多かったが、後期には月に六度の六斎市も開かれるようになった。

備中国新見荘には三日市庭《みつかいちば》（由世市庭《ゆらいちば》）と二日市庭（上市《かみいち》）の二つの市があった。三日市は三のつく日（三日、一三日、二三日）に開かれる市、二日市は二のつく日に開かれる市だ。

図８　一遍聖絵（模写）　備前福岡市の場面．
国立国会図書館デジタルコレクション

三日市は高梁川が北から東に大きく曲がる場所の中州にあり、高梁川から瀬戸内海に続く舟運と直結していた。室町時代には七軒の市場屋敷があり、各三二〜一〇〇文の銭が徴収されている。二日市庭は次章で述べる下地中分の後に地頭方に開かれた新しい市で、これも高梁川沿いにあったとみられる。

　時宗《じしゅう》の開祖、一遍上人の生涯を描いた絵巻物、「一遍上人絵伝（一遍聖絵《ひじりえ》）」には、一二七八（弘安《こうあん》元）年の冬、一遍が子息妻女を出家させられた武士と備前国福《ふく》岡荘《おかのしょう》（岡山県瀬戸内市）の市場で問答する場面があり、当時の荘園市場の様子が生き生きと描かれている（図８）。この市場は吉井川《よしいがわ》の河口近くにあったとみられ、絵巻にも接岸する川舟が描かれている。市には五つの小屋がけがあり、一つは米や魚鳥、一つは反物と履き物、一つは酒や腰袋（腰につける物入れ）など、一つは備前焼の大瓶、また一つは刀剣などを販売していた。さし銭（銭一〇〇文を紐《ひも》でくくったもの）を数える女商人、流しで琵琶を弾く男性、干し魚を天秤棒《てんびんぼう》に提げた行商人、物乞いをする男性、幼子の手を引く女性、遊ぶ子どもなど、荘園市場に集うさまざまな人びとの様子が描かれていて見飽きない。

また「一遍上人絵伝」には、市日ではない信濃国佐久《さく》郡伴野市《とものいち》（長野県佐久市）の様子も描かれている。この市にも五つの小屋がけがあるが、背面のよしずが取り払われて吹きさらしとなり、物乞いの住み家となって、野犬やカラスが群れていた。こうした寂しい光景も中世荘園の風景の一つだったのだ。

4　信仰世界と荘園絵図

荘園の信仰世界

日本の中世は武の時代であるとともに宗教の時代でもあった。御願寺の建立にみられる通り、上皇や貴族は密教や浄土教の寺院を次々と建立し、荘厳にして華麗な法会を遂行するのに莫大な富を費やした。神仏の習合も進み、八幡神は出家した八幡大菩薩として衆生《しゅじょう》（すべての生き物）を救済するとされた。菅原道真を祀った北野天神社《きたのてんじんしゃ》の祭神も、天満大菩薩《てんまだいぼさつ》として観音菩薩《かんのんぼさつ》の化身とされた。武家も神仏を厚く信仰した。源頼朝は、石清水八幡宮の神前で元服して八幡太郎と呼ばれた父祖の義家にちなんで、鎌倉に鶴岡八幡宮寺《つるがおかはちまんぐうじ》を建立し武家の守護神とした。

荘園領主によって支配された中世荘園もまた、宗教色が色濃い世界だった。領域型荘園が立荘されると、荘園領主に縁が深い神社が勧請《かんじょう》され、荘園の鎮守社とされることが多かった。たとえば摂関家領や春日社領なら春日社、賀茂社領だと賀茂社、熊野詣でを繰り返した上皇の所領だと熊野社という具合だ。石清水八幡宮領の荘園は、別宮《べつぐう》と呼ばれる八幡宮の分社が主体で、それに田畠が付属するという形をとった。

荘園領主が代わっても鎮守社が代わることはなく、既存の神社が荘園の鎮守となることもあった。荘園の鎮守社には、祭礼の費用などをまかなう神田が設定され、祭祀は下司などの荘官によって運営されて、荘民全体の信仰を集めた。

荘園が設立される以前から土地の人びとに信仰されてきた神社や、有力な住人によって建立された寺院もあった。中世荘園の設立によって、これらの社寺も荘園の領域に取り込まれ、仏神田や免田が与えられ、祭祀の費用も荘園領主が負担した。

播磨国矢野荘には、惣鎮守の大避宮《おおさけのみや》、下地中分後の地頭方の鎮守社となった天満神社、荘の北方の上村の鎮守の岩蔵《いわくら》神社、南方の雨内《あまうち》という新開地の鎮守として伊垣《いかき》神社という四つの鎮守社が鎮座していた。大避宮には二町七反の神田と一町二反の講田《こうでん》、天満宮には神田五反、岩蔵社に神田五反弱が設定されていた。天満宮の饗《あえ》や流鏑馬《やぶさめ》の費用も経費として計上されていた。また荘官や有力名主によって建立されたとみられる光明寺《こうみょうじ》、生龍寺《しょうりゅうじ》、若狭《わかさ》寺《でら》、福寿寺《ふくじゅじ》、三野寺《みのでら》、福勝寺《ふくしょうじ》、安養寺《あんようじ》、熊蔵寺《くまくらでら》などの寺院があり、それぞれに寺田が設定されていた。時代が下るほど、こうした寺院や鎮守社の数は増えていった。

荘園の設立の核になった在地領主の一族や、のちに荘官の地位を引き継いだ地頭の一族の氏神や氏寺もあった。たとえば安芸国三入荘《みいるのしょう》（広島市安佐北《あさきた》区）の地頭の熊谷《くまがい》氏は、屋敷の内に祀った崇道《すどう》天皇（桓武天皇の同母弟、早良《さわら》親王の追号）、氏寺・氏神と思われる新宮《しんぐう》・今宮《いまみや》・山田別所《やまだべっしょ》・若王子宮《にゃくおうじのみや》での祭祀・修法《しゅほう》を行った。その上で荘官として、荘園全体の鎮守である八幡宮・大歳神《おおとしのかみ》の神事の遂行にも関わっている。

中世荘園を描いた絵図には、荘内の寺社が朱塗りの立派な建物として描かれていることが多い。粗末な荘民の家屋が点在する中で、寺院や神社の鳥居と社殿はひときわ目立つランドマークだったのだ。

荘園絵図とは

中世の荘園の世界を実感する手掛かりになるのが荘園絵図だ。これは荘園設立時の境界画定、隣荘との境界争い、荘内の境界問題、下地中分の境界画定など、さまざまな理由で作成された。荘官として図師が置かれている荘園も少なくなかった。

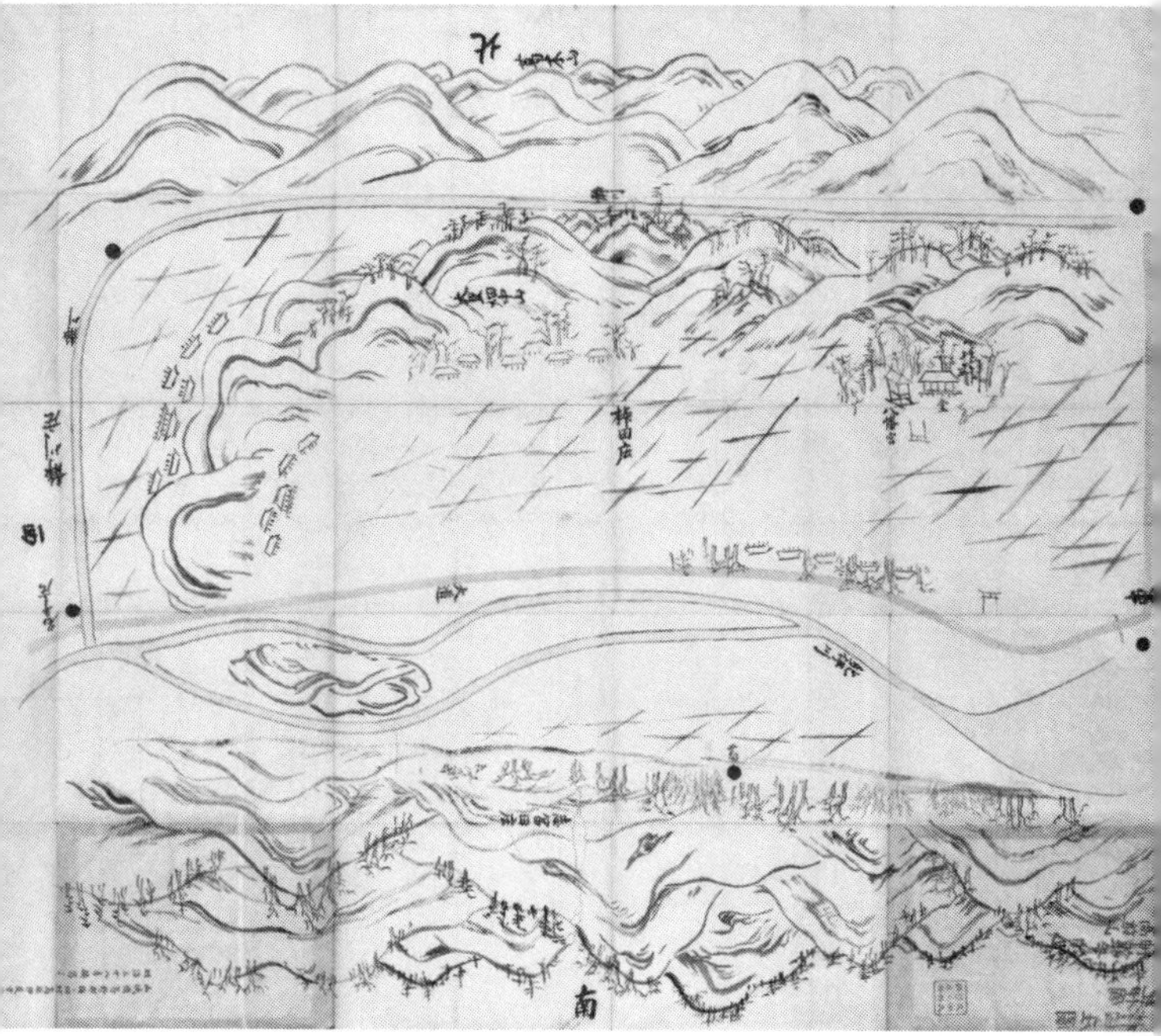

図9　紀伊国桛田荘絵図（模写）　東京大学史料編纂所蔵

紀伊国桛田荘《かせだのしょう》（和歌山県かつらぎ町《ちょう》笠田《かせだ》）は後白河上皇が建立した蓮華王院領の荘園で、神護寺の再興に奔走した文覚上人の強い要請によって同寺に寄進された。桛田荘絵図（図9）は右上に荘鎮守の宝来山《ほうらいさん》神社、山沿いと街道沿いに百姓の住家、中央に田畠を描く。その回りを荘の東北から西南に流れる静川《しずかわ》と、南部に流れる紀ノ川《きのかわ》を描いている。絵図の五ヵ所に記された黒丸は荘園の境界を示す榜示《ぼうじ》で、木札が立てられたり大石が埋められた。この絵図で重要なのは、榜示が静川と紀ノ川の対岸側に描かれていることで、静川の水は桛田荘のものであること、紀ノ川にできた中州も桛田荘に属することを主張している。中州も畠地や田地として利用できたのだ。

ちなみに桛田荘の故地には文覚井《もんがくい》という用水が引かれている（一一三頁参照）。この用水は絵図の右上、荘の東北の静川から取水し、山を越えて宝来山神社の下に出て荘園の田地を潤すものだ。どうやって山を越えるかというと、標高の高い静川のはるか上流から長い水路を引いて山の谷間を通しているからだ。文覚井が本当に文覚の時代に引かれたものかについては議論があるが、ちょっと普通の人には思いつかない、なんとも不思議な用水路なのだ。

尾張国富田荘絵図

尾張国富田荘《とみたのしょう》（名古屋市中川区）は、一一世紀後半に成立したとみられる摂関家領の荘園で、鎌倉幕府の成立とともに置かれた地頭職が一二八三（弘安六）年に執権北条時宗《ときむね》によって円覚寺《えんがくじ》に寄進された。この寺に伝わる富田荘絵図（図10）は、庄内川《しょうないがわ》が伊勢湾に注ぐところに設立された広大な荘園の姿を描いている。

この絵図で重要なのは、各所に連続した堤防が描かれており、この荘園が遠浅の海を堤防で仕切って田地を広げていった様子がわかることだ。絵図の右下部には中央の川から海に伸びる堤防が描かれており、未開の干潟《ひがた》との間を区切っている。左下部にも川の堤防から連続

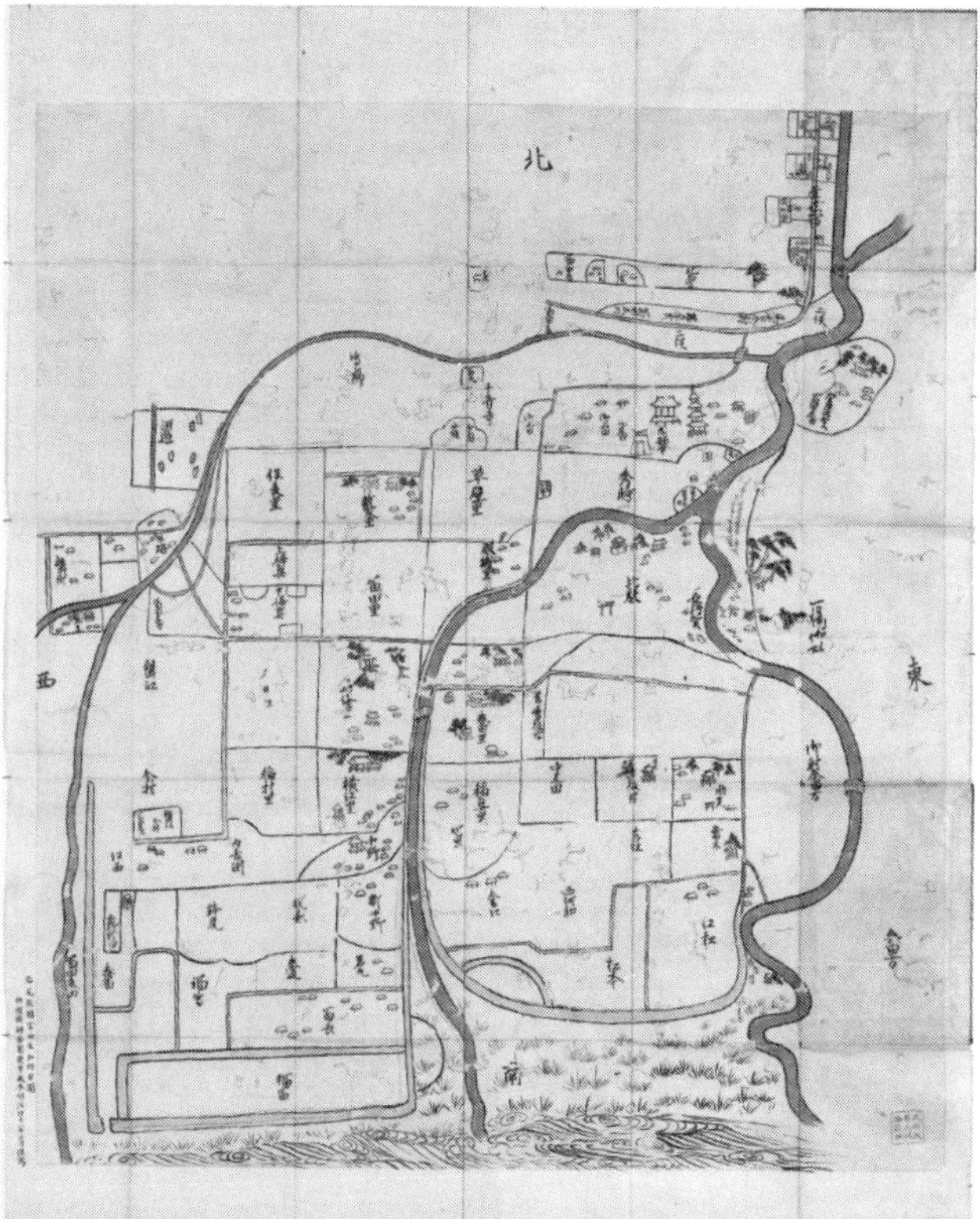

図10　尾張国富田荘絵図（模写）　東京大学史料編纂所蔵

して海に伸びる堤防が描かれ、その内側にも堤防で方形に区画された場所（富長・福富）がある。干潟に堤防を築いて田地を開き、さらにその外側に堤防を築いて田地を増やしていった跡なのだ。開発のすべてが順調ではなかったようで、左下端には破堤らしき跡も見える。

また微高地には荘民の屋敷が立地し、四重の塔が立つ成願寺《じょうがんじ》をはじめ、各所に寺院と神社が森に囲まれて建っていた様子もわかる。「海道記《かいどうき》」など鎌倉時代の紀行文に登場する萱津宿《かやづのしゅく》も描かれ、富田荘へ続く道には橋が架けられている。絵図に記された「春田《はるた》」「戸田《とだ》（富田）」「長須賀《ながすか》」「助光《すけみつ》」「蟹江《かにえ》」「榎津《えのきづ》」「服部《はっとり》」などの地名はいまでも現地に残っており、成願寺のあった場所には「千手堂」の地名と、成願寺の子院だった自性院《じしょういん》が残っている。

和泉国日根荘絵図

和泉国日根荘は、一二三四（文暦元）年に設立された九条家領の荘園だ。日根荘絵図（図11）は扇状地に立地した荘園の開発のあり方をよく示している。絵図の最上部に描かれた寺院は、荘官を務めた源盛長《もりなが》が氏寺として建立した無辺光院《むへんこういん》で、荘務を執る政所もここにあったとみられる。この寺の隣には八王子《はちおうじ》神社が鎮座し、道端に湯屋が設けられているのは興味深い。

絵図の右上方に森に囲まれて鎮座する神社は大井関《おおいぜき》明神、その下は溝口《みぞぐち》大明神で、絵図の右側に流れる樫井川《かしいがわ》から引いた用水の起点にあった。この用水は絵図の右側の「本在家《ほんざいけ》」の

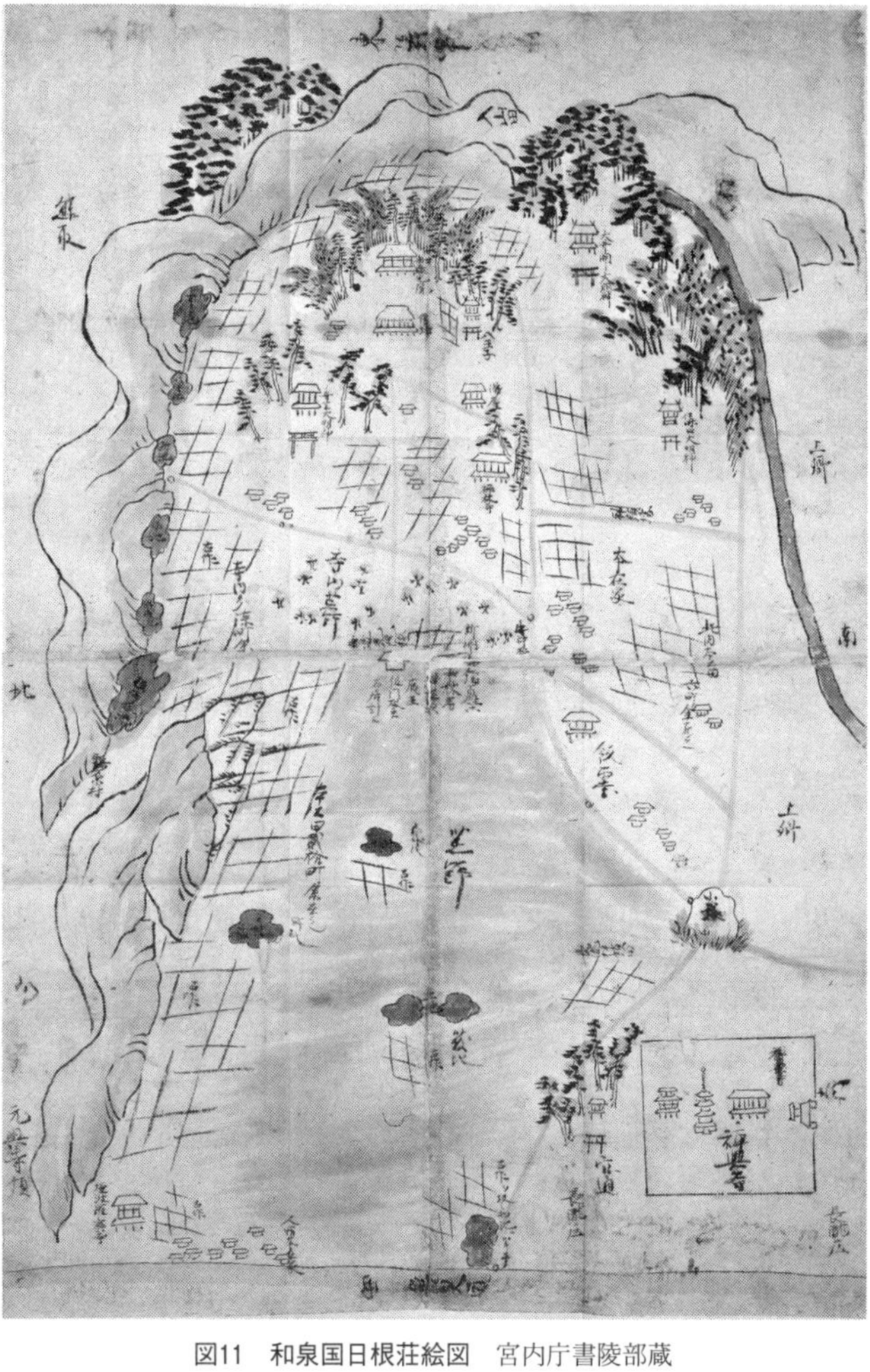

図11　和泉国日根荘絵図　宮内庁書陵部蔵

田地を潤した。絵図の左側の田地はやや高い場所にあって用水の水をあまり使えないため、絵図の左端に描かれている山裾の溜池によって灌漑された。この溜池に樫井川の上流から引いた水も入れるなど、巧妙な水利系統が築かれている。

絵図の中央下部には「荒野」や「寺内荒野」が描かれており、その数ヵ所に池が造られて小規模な田地が開かれているが、まだ多くの開発の余地があった。この絵図は河川に設けた井堰からの用水灌漑と溜池灌漑とを組み合わせた中世荘園の典型的な姿を示している。

第七章　鎌倉後期の転換

1　職の一円化

地頭請

一三世紀後半からの鎌倉時代後期には、中世の荘園制にいくつかの重大な変化が訪れた。鎌倉幕府は公領の郡郷司職や荘園の下司職《げししき》を、上位の領主が持つ任免権を無視して、地頭職として御家人に給与したが、知行国主・国司や本家《ほんけ》・領家《りょうけ》の領主権は否定せず、地頭は年貢・公事《くじ》を納入する義務を引き継いだ。とはいっても荘官の任免権を失った本家・領家の立場は弱くなり、荘園支配をめぐって地頭と領家の紛争が頻発するようになった。

この問題の解決方法は大きく分けて二つあった。一つは領家が地頭に荘郷の支配の全権を委任し、そのかわり地頭に一定額の年貢・公事物の納入を義務づける地頭請《じとううけ》で、もう一つは領家と地頭で支配領域を分割し、相互に干渉せずにそれぞれの領域を支配する下地中分《したじちゅうぶん》だった。

地頭請は東国では幕府成立の当初から行われていたが、そのほかの地域では、一二四〇(仁治《にんじ》元)年に越後国奥山荘《おくやまのしょう》(新潟県胎内《たいない》市)で地頭が年貢一〇〇石と御服綿一〇〇〇両を納めるかわりに、預所の立ち入りを停止《ちょうじ》する請所契約が結ばれたのが早い例だ。承久の乱で新補地頭が補任されると、領家と地頭との間の紛争が頻発して幕府の法廷に持ち込まれ、判決にかわる和与《わよ》(現代の法廷での和解にあたる)として請所契約がよく結ばれた。たとえば備後国地毗荘本郷《じびのしょうほんごう》(広島県庄原《しょうばら》市)は、本家は蓮華王院、領家は安井宮《やすいのみや》の荘園だったが、承久の乱による新補地頭として山内首藤《やまのうちすどう》氏がおり、領家との間で紛争が起こって六波羅探題の法廷に持ち込まれ、一三〇八(延慶《えんきょう》元)年に和与が行われた。和与の内容は、荘園の支配は地頭に任せて今後は領家の使者の立ち入りを停止するかわりに、作物の出来不出来にかかわらず毎年四五貫文を納めること、ただし「天下一同の大損亡《だいそんもう》」(日本全体の大凶作)の場合には領家から検使を下して調査することだった。地頭がこの定めを守らなかった場合は、請所を停止することも定められた。

下地中分

しかし地頭請は、領家が荘務権(荘園の検注、勧農、年貢収納などを行う実質的な支配権)を放棄するのに等しく、荘務権を握った地頭に契約通り年貢を納め続けることを期待できるかは疑問だった。そこで少しでも荘務権を確保したい領家は、支配領域を地頭と分割し、相互に干渉しないことを取り決める下地中分を選んだ。

下地中分の早い例としては、一二五八（正嘉《しょうか》二）年に伯耆国東郷荘《とうごうのしょう》（鳥取県湯梨浜町《ゆりはまちょう》）で領家の松尾《まつお》大社と地頭の東郷氏との間で下地中分が行われ、幕府の保証のもとに田畠《たはた》と山野を領家と地頭との間でほぼ等分に分割し、詳細な絵図を作成している（図12）。この絵図は南を上に描かれ、中央には東郷池が描かれて北は日本海に接する。南部の田地・山野を東西に、北西部の田地を南北に、北東部の牧場を南北に分割したことがわかる。備中国新見荘でも一二七三（文永一〇）年に地頭と領家との間でほぼ半々の下地中分が行われている。

鎌倉幕府は一二九三（永仁元）年に下地中分を新補地頭以外の地頭にも拡大すると定め、領家と地頭の争いの解決に下地中分を積極的に採用した。東寺領丹波国大山荘には承久の乱による新補地頭として中沢《なかざわ》氏が入り、一二四一（仁治二）年には年貢米二〇〇石、夏畠地子麦一〇石などを納める地頭請所になった。しかし年貢未進が続いたために東寺は幕府の法廷に訴え、一二九四（永仁二）年に幕府の命令で下地分割が行われて、請料年貢に相当する田地二五町、畠地五町および山林若干を領家の東寺に引き渡すことになった。ただし領家方に引き渡された場所は、谷戸田の一印谷《いちいんだに》、隣の荘園から水を分けてもらう必要があった西田井《にしたい》村で、あまり条件の良い場所ではなかった。

播磨国矢野荘例名《れいみょう》でも一二九九（正安元）年に領家の藤原範親《のりちか》と地頭の海老名氏との間で

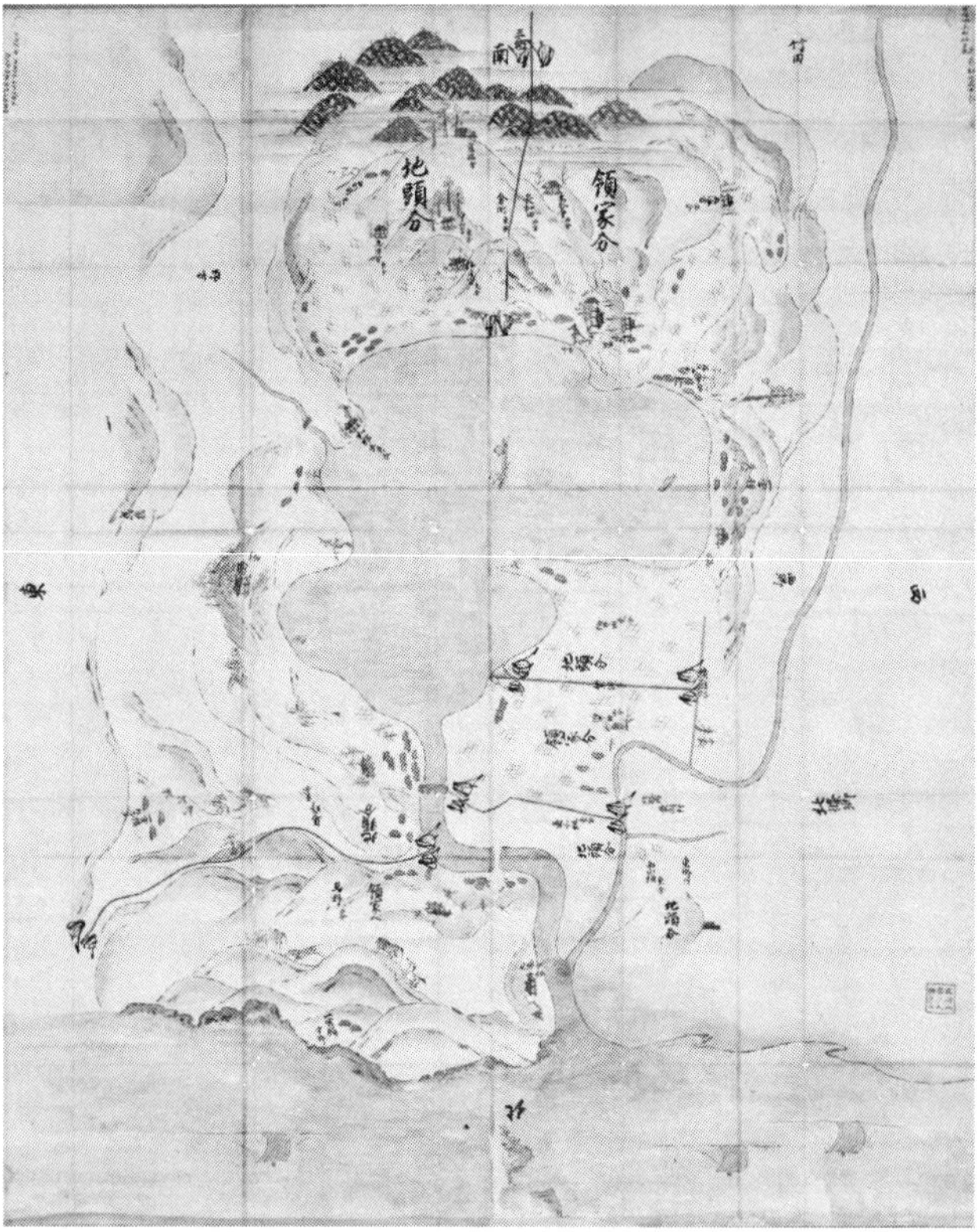

図12　伯耆国東郷荘下地中分図（模写）　東京大学史料編纂所蔵

下地中分が行われ、田畠と山野をほぼ等分に分割したが、浦方の帰属に争いが残った。東寺領伊予国弓削島荘でも一三〇三（嘉元《かげん》元）年に下地中分が行われ、田畠・山林・塩浜等を領家が三分の二、地頭が三分の一を取ることが決まった。

下地中分が行われた場合、領家方と地頭方は支配の面では別の荘園になったと考えてよい。ただし先に両者が収取する年貢・公事物の量を決めてから名を両方に割り振るから、割り切れずに両方に年貢を納める名も出てくる。荘園の祭祀は分割後も従来通り行われ、播磨国矢野荘では地頭方に属する天満宮で行われる流鏑馬《やぶさめ》の費用を領家方も負担している。下地中分はあくまで年貢・公事の収取や検断などの支配の面に限られ、荘民の生活には大きな影響はなかったようだ。

本家と領家の争い

本家と領家の間でも領主権をめぐる争いが起こり、領家―地頭間と同じく、多くは下位の領家優位で決着した。たとえば最勝光院領の一三二五（正中《しょうちゅう》二）年の帳簿によると、二三ヵ所の荘園の大半で領家からの年貢納入が滞っている。越前国志比荘《しひのしょう》（福井県永平寺町《えいへいじちょう》）の領家は嵯峨《さが》中納言だったが、本来は本家の最勝光院に年貢綿一〇〇〇両、国絹一〇〇〇疋などを納めるべきところ、近年は綿六六〇両に減っている。播磨国桑原荘本郷の領家は山科《やましな》中将入道で、本年貢が五〇石の荘園だったが、近年は一五石分の一五貫文に減り、さらに一二七八（弘安元）年からは地頭の非法のためと称して一〇貫文に減った。肥前国松浦荘《まつらのしょう》（佐賀県唐津市《からつ》）の領家は菅三位《かんざんみ》と呼ばれた貴族で、本年貢五〇石だったが三〇貫文に減り、一二七〇（文永七）年からは元寇《げんこう》のためと称してすべて未進となり、一二八〇（弘安三）年に一五貫文が納められたものの再度の元寇があった翌年から年貢納入は途絶えた。領家から本家への未進は、地頭・荘官から領家への未進の連鎖でもあるが、鎌倉時代の本家に院政期のような強大な権力はなく、領家の離反を押しとどめるのは難しかった。

鎌倉幕府にならって整備された公家《くげ》の裁判制度も、領家の権利を保護する方向に働いた。裁判制度の整備は「良い政治」という本来の意味での徳政《とくせい》の一環として行われ、本家と領家の間の争いは所職を本来の持ち主に返すという原則で裁かれた。裁判では本家による恣意的な領家のすげ替えを禁止し、おおむね文書に記された相伝の道理に基づいて領家職の帰属を決めた。この結果、地頭職の設置によって領家が人事権を失ったように、本家も領家の人事権を失っていった。

ただし本家ー領家間の争いで常に領家が勝ったわけではない。最勝光院が一三二六（嘉《か》暦《りゃく》元）年に後醍醐《ごだいご》天皇から東寺に寄進されると、東寺は最勝光院が本家として領する所領の荘務権の確保に乗り出した。備中国新見荘は本家には油五石などを納めるに過ぎず、領家の小槻《おづき》家が大半の年貢を収取していたが、東寺は荘官の公文の一族の間で争いがあるのを利用して、小槻家が任じた公文とは別の公文を任命した。この公文が現地の勢力争いで勝ったことで東寺は荘務権を握り、年貢銭三七〇貫文にも及ぶ領家職の権益を確保した。小槻家は荘務から排除されて、東寺に納められた年貢の七分の一を受け取るのみとなった。

本家と領家が同じ土俵で荘務権を争う事態は、本家というものの変質を表わしている。本家は荘園領主権の最上位にあり、誰かから補任され、誰かに義務を負う立場ではないから、正確には職《しき》ではない。しかし本家から領家や荘官が自立していくと、本家が領主権を維持するには荘務を直接に握ることをせまられ、することは領家と変わらなくなって、本家職という呼び方も現われる。こうした荘務権をめぐる争いに勝利し、荘園を実質的に支配した荘園領主のことを本所《ほんじょ》という。

職の重層性の解消

鎌倉時代後期には地頭などの荘官が領家から自立し、領家も本家から自立する（または本家が領家を排除する）事態が進行し、一つの荘園に三層の領主権があった状態が崩れ、一つの荘園の領域を一つの領主が支配するようになった。この事態のことを「職の一円化」という。この動きによって、天皇家・摂関家の本家を頂点として、貴族や寺社の領家、在地領主の荘官へとピラミッド型に展開した「職の体系」は崩れていった。

鎌倉幕府が健在な間はこの支配体制の動揺はそれほど表面化しなかった。幕府は、職の一円化をめぐって生じた争いを裁判によって解決し、ともすれば実力によって権益を拡大しようとする地頭を抑えて領家や本家の権益を保護した。本家と領家の争いは貴族社会のなかで起こったが、これに対しても幕府は、表面上は中立な立場を保ちつつ、隠然たる決定権を行使して暴発を防いだ。

しかしこれはうわべだけの平和だった。新見荘で見た通り、三層の領主のどれが荘務権を掌握するかは、現地で荘務の実務を握る公文などの荘官を掌握することが重要だった。現地ではその荘官の地位をめぐって荘内外の有力者同士が争っていた。鎌倉時代後期の社会は、職の一円化によって生じたストレスを抱えたままだったのだ。

職の一円化の結果、一つの領主によって支配されることになった荘園の領域のことを一円領という。幕府御家人が支配する一円領は武家一円領（武家領）、貴族や寺社が支配する一円領は寺社本所一円領（寺社本所領）だ。武家領は幕府からの軍役を負担し、寺社本所領は軍役を負担しないことで区別され、この区分は荘園か公領かの区別よりも重要になった。そのため鎌倉時代後期からの荘園制を「寺社本所一円領・武家領体制」と呼ぶこともある。

2　飢饉からの復興

寛喜の飢饉

前章で述べた通り、鎌倉時代の荘郷では新田開発が進み、農業の集約化もはかられて生産

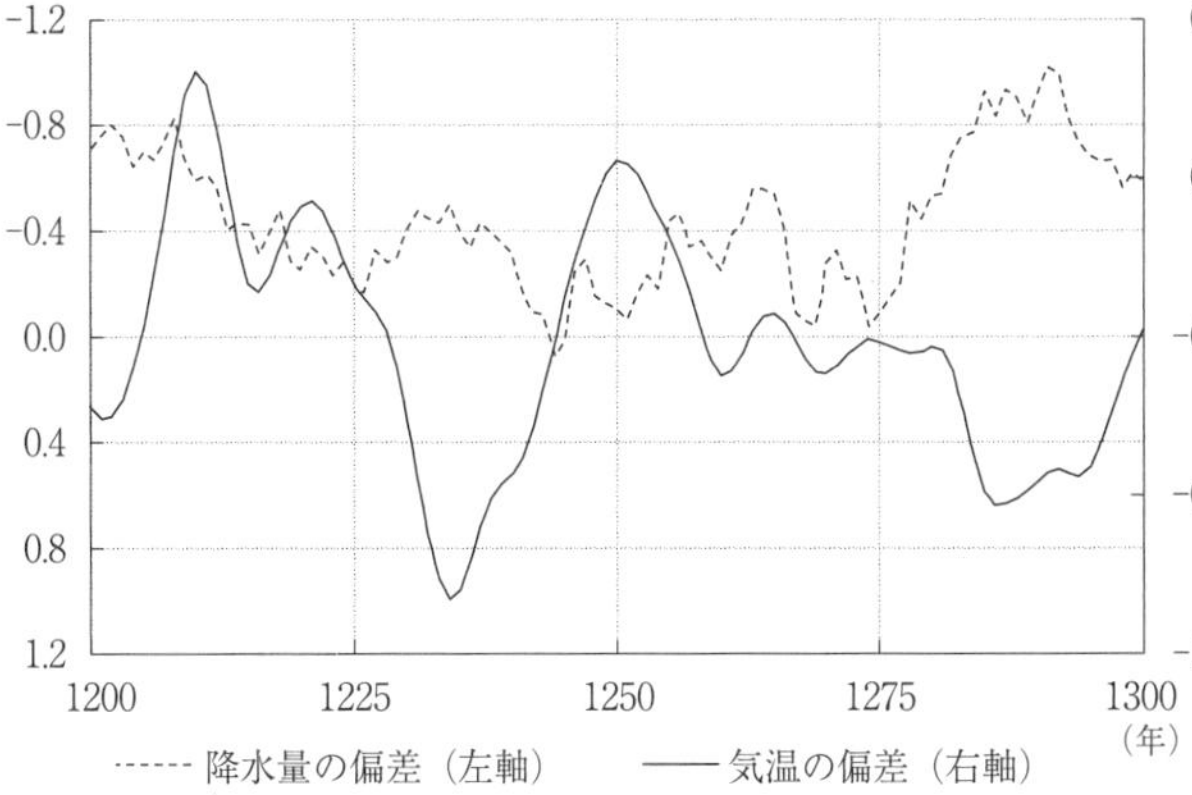

図13　13世紀の気候

力は向上していった（一三九頁参照）。しかし農業はお天道様次第で、異常気象が襲えば生産力向上の努力などあっという間に消し飛んでしまう。鎌倉時代の人びとを襲ったこの事態が一二三〇～三二（寛喜二～四）年の寛喜の飢饉、一二五八～六〇（正嘉二～四）年の正嘉の飢饉だ（図13）。

一二三〇年の夏は異常な冷夏になった。六月九日（新暦七月二七日）には中部地方から関東地方にかけて雪が降り、美濃国生津荘《なまづのしょう》では二寸（約六センチメートル）積もり、信濃国では大雪になり、武蔵国金子《かねこ》郷でもみぞれが降った。京都に住む藤原定家も、寒さで綿入りの衣を取り出して着た。七月一六日（新暦九月一日）には諸国に霜が降りてほとんど冬のようだった。八月八日（同九月二三日）には台風が襲って収穫間近の稲に打撃を与えた。

大凶作が決定的になると人びとの間に不安が広

まった。一〇月に定家は庭の植木を掘り捨てて麦畑を作らせている。明年六月に収穫できる麦は、米が尽きる端境期を乗り切る貴重な食料になるのだ。ところが冬になると逆に異常な暖冬になった。定家は諸国で麦が熟して人びとが食用にしているという噂《うわさ》を耳にし、一一月二一日（新暦翌年一月二日）には実際に麦の穂が出ているのを目撃し、まるで三月（新暦四月）のようだと驚いている。早熟した麦は実が入らない遅れ穂になってしまい、人びとは貴重なつなぎの食料を失った。

米は尽き、麦も実らなかった翌一二三一（寛喜三）年六月には、道路や河原に餓死者の死体が満ちた。七月には疫病が流行して身分の上下なく人びとが死んだ。定家が領家職を与えられていた伊勢国小阿射賀《こあざか》御厨では、六月二〇日から七月上旬までの間に六二人の荘民が死亡し、荘民は死穢《しえ》（死のけがれ）をはばかって上洛しなくなった。

秋の収穫期になると飢餓は一息ついたが、旱魃《かんばつ》のため収量ははかばかしくなかった。深刻なのは畠に蒔く麦の種子の不足で、麦三斗を米一石二斗で買うという価格の逆転現象が起こった。通常は米の価格は麦の二〜三倍だ。翌一二三二年は四月に貞永と改元されたが、飢饉は依然として止《や》まず、五月には河原に餓死者が満ち、六月にかけてインフルエンザと思われる咳病《がいびょう》が流行した。一二四六（寛元四）年の紀伊国阿弖河荘《あてがわのしょう》（和歌山県清水町《しみずちょう》）では、名主が逃亡したり死亡したりして消滅した名が二一ヵ所にも及んでいる。

PAGES 2k Network（二七頁参照）がまとめた東アジアの夏季平均気温を見ると、一二三一年は九〇年ぶりの低温、三二年は一一二年ぶり、三三年は西暦八〇〇年以来の最低気温、三四年にはこれを更新して現代に至る一二〇〇年間の最低気温を記録している。その後も低温が続き、一二三〇年並みに戻るのは一二三八年になってからだ。この時期の東アジアの各国は大変なことになっていたはずだ。異常気象の原因は、エルニーニョ現象によるとも言われているが、よくわかっていない。

正嘉の飢饉

寛喜の飢饉から二十数年後の一二五八（正嘉二）年には、再び異常低温による正嘉の飢饉にみまわれた。この異常気象は、前年の七〜一〇月の間にインドネシアのリンジャニ火山群サマラス山で起きた大噴火の噴煙が太陽光線を遮《さえぎ》ったのが原因と考えられている。このときも六月が二月や三月のような天候で冬のような寒気が訪れ、八月には幾度も台風が襲った。この年の五穀は実らず、翌一二五九（正元《しょうげん》元）年には深刻な飢饉と疫病にみまわれた。京都では春から冬に至るまで死人が道路に満ち、伊予国弓削島荘の雑掌《ざっしょう》（預所に相当）は飢饉のため年貢納入の免除を願い出ている。

飢饉は翌年も続き、七月に日蓮《にちれん》が前執権の北条時頼《ときより》に提出した「立正安国論《りっしょうあんこくろん》」には、天変地異や飢饉・疫病が天下に満ち、牛馬はたおれ、人の骸骨《がいこつ》は道にあふれている、命を失った者はすでに過半に及び、この惨状を悲しまない者は誰一人としていないと記されている。

正嘉の飢饉は、寛喜の大飢饉からようやく復興しようとしていた農村に深刻なダメージを与えた。この年に鎌倉幕府は、飢饉によって流浪した農民が山で山芋や野老芋《ところいも》を掘ったり、川や海で魚や海藻《かいそう》など採ることを許し、この行為を地頭が制止しないように命じた。農民は村を捨てて流浪し、山野や河海で食物を採取して食いつながざるを得なかったのだ。

古人骨を分析して弥生時代から江戸時代までの日本人の寿命を推定した研究によると、中世前期の日本人がもっとも短命だったという（長岡朋人「ライフヒストリーを基軸とした、中近世日本人骨の生物考古学的研究」）。この短命には寛喜・正嘉の飢饉が少なからず影響しているだろう。

朝廷・幕府の飢饉への対応

寛喜の飢饉は低温化の度合いと期間からすると日本史上最悪の飢饉だったかもしれず、ほどなくして正嘉の飢饉が襲ったダブルパンチは、聖武天皇の頃に天然痘で人口の三分の一を失って以来の危機だったと考えられる。

この危機に対して、鎌倉幕府も朝廷も真摯《しんし》に対応した。朝廷は一二三二（貞永元）年五月に公家新制四二ヵ条を、鎌倉幕府は同年八月に御成敗式目五一ヵ条を発布した。公家新制では民に救援米を施すこと、山賊海賊の討伐や強盗の取り締まり、道路や橋の清掃、病者や孤児の置き去りの禁止などが定められた。御成敗式目には直接に飢饉に対応する条項はないが、逃散した百姓の財産や妻子を地頭が差し押さえるのを禁じ、飢饉で増える下人の扱いについての条項がある。一二三三（天福《てんぷく》元）年には百姓の地頭への厨《くりや》（食事などの世話）を停止する法令も発布している。

深刻な飢饉のなかで食い詰めた百姓の一家が生き延びるには、自分自身を売って下人になるか、妻子を売って買い主に養育してもらう選択をせざるを得なかった。寛喜の飢饉の際に鎌倉幕府は、人身売買は違法ではあるが飢饉の間だけは容認されるとして、養った飢人を下人にすることを許可する法令を発布した。ただしこの下人は主人が生きている間は使役できるが、売買はできず、子孫に相続するのも禁じている。さらに幕府は、百姓がこれ以上下人に転落しないように、一二三九（延応《えんおう》元）年四月以降の人身売買を禁止し、もし売買が行われた場合も、売り主が受け取った代価を幕府に納めれば下人は解放されることを定めた。

水田二毛作の普及

この時期に拡大した水田二毛作も、この大飢饉を教訓とした百姓の自己防衛からはじまったのかもしれない。藤原定家が翌年の飢饉を予想して庭をつぶして麦を植えたように、米の不作が予想される場合に稲刈りの跡に麦を植えることは以前から行われていた。しかし寛喜・正嘉の飢饉で大勢の人びとが亡くなり、下人に転落せざるを得なかった事態を経験して、百姓たちは冬に水が落とせる乾田では二毛作を恒常的に行うようになったと考えられる。裏

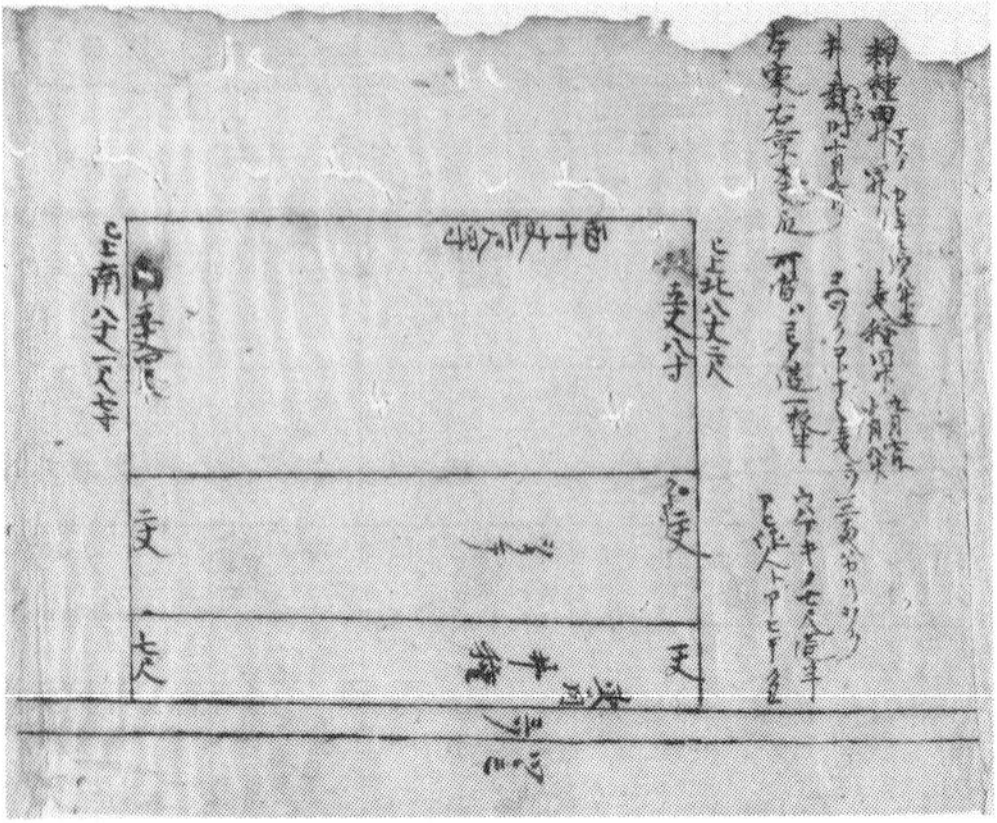

図14　八条朱雀田地差図　京都府立京都学・歴彩館蔵

作に麦を植えれば、収穫期が年に二度になって天候不順へのリスクヘッジになるし、天候に恵まれればそれだけ収入が増えるのだ。

　水田二毛作が行われていたことがわかる早い例は、京都の朱雀大路《すざくおおじ》の一部を農地にした巷所《こうしょ》と呼ばれる場所で一二四四（寛元二）年に売却された土地だ。図14に示した売却の際の付属文書によると、東西一〇丈二尺四寸（約三一メートル）・南北八丈二尺（約二四メートル）余りのこの土地には、稲を作るときは四升の籾を蒔き、麦を作るときは九月に七升、一〇月に八升の種を蒔くと決められている。二回に分けるのは稲の半分が晩稲《おくて》だからだ（東寺百合文書せ函古文書「八条朱雀田地差図」）。

　新たな収入が発生すれば、そこに税をかけようとするのが古今東西の領主の常だが、鎌倉幕府は裏作麦への課税を禁じた。一二六四（文永元）年に幕府は、諸国の百姓が田の稲を刈り取った後、その跡に麦を蒔いたのに対し、領主側が「田麦」と称して年貢を取るのは租税の法として不当であり、今後は田麦の年貢を取ってはならず、田麦はすべて農民のものとすると定めたのだ。麦と大豆の二毛作に対しては両方に年貢がかかっているから田麦の年貢を取っても良さそうなものだが、幕府は先の飢饉を教訓に、百姓のリスクヘッジを推奨したのだろう。

水田二毛作は良いことばかりではない。労働量は増えるし、地力を消耗するから厩肥などの施肥が必須だ。水を落とせない湿田ではできない。先の土地の溝近く一丈分には、薦《こも》や畳の原料となる藺草《いぐさ》を九〜一〇月に植えるよう指示しており、この場所は水はけが悪かったからだろう。また藺草を植える際には肥《こえ》は不要だが、麦には一〜二両ばかりまくと指示しており、裏作麦には施肥が必須だったことがわかる。それでも水田二毛作をすると表作の稲の収量は減ったとみられる。

3　貨幣流通の進展

宋銭の流通拡大

一三世紀後半には、日本の経済史を二分するとも言える出来事が起こった。それは銅銭の大量輸入による本格的な貨幣経済への移行だ。すでに平氏政権の時代に宋からの銅銭の流入は進み、一一七九（治承三）年には「銭の病」が流行しており、人びとの日常生活に渡来銭が浸透しはじめていた（一一四頁参照）。朝廷は一一八七（文治三）年と一一九三（建久四）

年に宋銭停止令を発布したが、この流れを止めることはできなかった。

　もともと東海地方や東国の荘園の年貢品目だった絹や布は現物貨幣としても用いられており、米にも現物貨幣としての性格はあったから、これらが銭貨に置き換わる素地はあった。年貢の貢納を仲介していた問丸などの運輸・倉庫業者にとって、年貢物が銭貨に置き換わることは運送効率や販売の面で利点が大きい。良質な絹も粗悪な絹も年貢では同じ一反だが、商品にすれば良品は高く売れるのだ。実際、良質な絹の産地では年貢絹のすり替えが横行していた。中世の荘園制は私的な契約の連鎖で成り立っていて国が定めた法規に縛られないから、便利なものは広がってゆくのだ。

　なぜ日本の銭でなく中国の銭を求めたかについては議論があるが、良質な銭が大量に入手できたからだろう。宋朝は一〇世紀後半から銅銭の大量鋳造を続けており、一一世紀はじめまでは年三〇万〜一〇〇万貫文、一一世紀の後半には年六〇〇万貫（六〇億枚）にも達したという。この規模の鋳造が二〇〇年も続いたのだから、政府による回収はあるとしても、その蓄積たるや気が遠くなるほどだ。ちなみに平安時代の日本の銅銭鋳造量は年間三五〇〇貫文（三五〇万枚）だった。

　さすがに銭貨流出が問題となり、宋は一一九九年に日本と高麗《こうらい》へ銅銭を持ち出すことを禁じた。高麗で宋銭が流通した形跡はないので、日本への中継貿易の産品として求めたのだろう。当時、中国北部を治めていた金《きん》朝はモンゴルから侵略され、戦費調達のために乱発した紙幣の価値を維持するため、一二一五年に銅銭流通禁止令を出した。この結果、銭が大量に南宋に流入したが、日本にもかなりの量が流入したとみられる。一二四二（仁治三）年には鎌倉幕府と関係の深い公家の西園寺公経《さいおんじきんつね》が仕立てた貿易船が一〇万貫文の銭を輸入したという。この時期から土地売買に銭が使われる割合が以前の二倍に増加し、山城国では土地売券の八割を占めるようになる。

年貢絹の代銭納化

宋銭の流通拡大は年貢の代銭納化をもたらした。代銭納はまず、それまで現物貨幣として用いられてきた麻布や絹布を銭に置き換えることからはじまった。一二六三（弘長三）年に鎌倉幕府は、麻布の年貢は銭で納めるよう命じている。一方で一二三九（延応元）年には、陸奥国《むつのくに》の百姓らが年貢の絹布に代えて銭貨での納入を求めるのを抑えるため、陸奥に下る商人が銭を持ち込むのを禁じている（鎌倉幕府追加法九九条）。荘園領主は価値の高い絹布については現物を求めていたが、絹布を商品として扱う流通が発達し、年貢の貢納と競合するようになっていたのだ。

一二四〇（仁治元）年に越後国奥山荘では、年貢米や御服綿を銭で納める場合は、米一石あたり六〇〇文、綿一両あたり八〇〇文と定めている。美濃国茜部荘《あかなべのしょう》では一二六五（文永二）年から年貢絹の部分的な代銭納が行われていたが、現物を要求する東大寺に対し、地頭側は全面的な代銭納を主張して幕府の法廷に持ち込まれた。地頭はこれまで荘民が納めた米を売った代銭で絹綿を購入して年貢を納めてきたが、近年は絹綿の価格が高騰し、米の代銭ではまかなえなくなったと主張した。すでに米の売買が銭で行われており、良質の絹布の産地である美濃国では価格が高騰していたのだ。

銅銭の大量輸入

モンゴル帝国は一二三四年に金朝を滅ぼし、一二七一年にはフビライが元朝を建国した。元は一二七九年に南宋も滅ぼして中国を統一した。モンゴルは金の貨幣制度を引き継いで交鈔《こうしょう》と呼ばれる紙幣を発行しており、一二七七年には紙幣の流通を促進するため江南地方での銅銭の使用を禁じた。やむなく人びとは銭を商船に売り払ったり、什器《じゅうき》に鋳直したりしたという。

中国で不要になった銅銭を満載した商船は、日本、安南《あんなん》（ベトナム）、ジャワなどを目指した。一三二三年、その商船のうちの一隻が不幸にも朝鮮半島南西の全羅道新安《ぜんらどうしんあん》沖で沈没した。現代の歴史学者・考古学者にとっては幸運なことに、この船は一九七五（昭和五〇）年に海底で発見され、新安沈船《しんあんちんせん》として、当時の貿易を知る貴重な資料になった。

新安沈船は京都の東福寺《とうふくじ》や博多《はかた》の筥崎宮《はこざきぐう》・承天寺《じょうてんじ》の再建費用を調達するために派遣され、中国の寧波《ニンポー》での交易を終えての帰路で沈没したと考えられている。船内には陶磁器などの大量の唐物のほか、重量で約二八トン、約八〇〇〇貫文（八〇〇万枚）もの銅銭が積まれていた。日本と中国との間には毎年二〇～三〇隻ほどの商船が往来していたから、それらが新安沈船と同量の銅銭を積んでいたとすると、年間二〇万貫文（二億枚）前後の銭を輸入していたことになる。

年貢米の代銭納化

こうした銅銭輸入の拡大は、米をはじめとする年貢品目全般にわたっての銭納化をもたらした。若狭国太良荘では一二七〇（文永七）年から年貢米の未進分などを代銭で送進していたが、一二九〇（正応三）年には本年貢の一部を銭一五貫文で納めており、一三一七（文保《ぶんぽう》元）年と一二九（元応《げんおう》元）年には米と銭とをほぼ半々にして納めている。その後はしばらく現米のみに戻ったが、一三三三（元弘《げんこう》三）年以降は原則として代銭納が行われている。

播磨国矢野荘では一三四五（貞和《じょうわ》元）年に七六石の年貢米を米銭半々で納めることになり、米三八石・銭三〇貫九〇〇文を納めているが、翌年には大豆・蕎麦・粟を代銭で、米は現物で納めており、その次の年からはすべて代銭納になった。このように米の代銭納は一三世紀末からはじまり、現物納と併用の時期を経て、一四世紀前半には一部の例外を除いて代銭納へ移行した。

畠年貢の麦や大豆、粟・蕎麦などの作物や油・鉄などの産品は、米よりもやや早く代銭納になっている。一三〇八（延慶元）年の豊後国大野荘《おおののしょう》中村惣方《なかむらそうかた》（大分県豊後大野市）では、米一八〇石や布は現物で納められていたが、麦九七石のうち約三分の一を代銭二六貫四五〇文で納めている。丹波国大山荘では、水便が悪い西田井村の百姓が一三一五（正和四）年に代銭納を要求して認められた。備中国新見荘では、鉄年貢を出していた高瀬《たかせ》村が米年貢の他村より早く代銭納に転換している。

　前章で紹介した雑多な公事物も代銭納になった。備中国新見荘の俊宗名《としむねみょう》では、白皮代四五〇文、簾代一〇〇文、移花二枚代一〇〇文、寺兵士役代二〇〇文、狩役代二八〇文、三日厨代二一六文、弓代一〇〇文など、雑多な公事物が代銭で納められるようになった。ただし名主百姓から荘官への代銭納は雑多な公事物にとどまっており、俊宗名では米や麦は現物で納めていた。この米麦を換金して代銭にするのは荘官の役割だった。

年貢代銭納の影響

　年貢の代銭納化は、荘園領主にとっては都市生活での貨幣需要にこたえ、問・問丸にとっては年貢物運送の効率化と商品化の利益があり、また荘官にとっては年貢物送進の利便性と換金利益があり、百姓にとっては雑多な公事物の調達や人夫役から解放されるという、四者の利益が一致することで進んだと考えられる。しかし、こうした利便性を取って年貢・公事物を銭に置き換えたことは、荘園領主と荘民との関係に少なからぬ心理的な変化を引き起こしたはずだ。

少し時代をさかのぼるが、藤原頼通が平等院を建立して荘園が寄進されたときのこと、頼通は各荘園で収穫された米を少しずつ長櫃《ながびつ》のふたに並べて、その上に「○○荘の米」と書いた小さな札を立てさせて品質を比べ、河内国玉櫛荘《たまくしのしょう》（大阪府東大阪市）の米がもっとも優れていると評価した。年貢が現物で納められていればこうした品評会ができたが、代銭納化すれば、どの荘園からも銭の束が届くだけだ。荘園領主のもとに兵士役として百姓が上洛すれば領主と顔を合わせることもあっただろうが、代銭納化すればそれもなくなる。三日厨とは、預所が荘園に下った際に、百姓が三日の間接待する役だが、これは預所と百姓との間に人的なつながりを育《はぐく》む機会でもあった。

現物納の時代にはあった、領主が届いた年貢米の出来に一喜一憂し、預所と百姓との間に宴《うたげ》の記憶が残っているようなウェットなつながりが代銭納化によって失われ、ドライな銭金のやり取りに還元されてしまうのだ。これはこの後の荘園制の変容を考える上で、無視できない変化だろう。

港湾都市の発達

年貢の代銭納化により、各地で年貢・公事物を集積し、京都へ積み出す拠点となる港湾都市が成長した。瀬戸内海に注ぐ芦田川《あしだがわ》河口の中州に草戸千軒《くさどせんげん》（広島県福山市）という港町があった。千軒と名の付くぐらいだから、にぎわった町だったのだ。草戸千軒遺跡では一三世紀中頃に集落が成立し、一三世紀後半から一四世紀初頭に道路や溝で区画された町へと発展した。遺跡からは備前焼・常滑焼《とこなめやき》の大瓶、漆器や漆の塗具、刀子《とうす》や包丁の柄、中国渡来の青白磁、朝鮮・安南渡来の白磁などが出土している。「一遍上人絵伝」にも描かれている高下駄や羽子板、まじないに使った人形も出ている。また「白米三斗」「二二貫三百」「つの郷《(津之)》」「さかへ《(堺)》」などと書かれた荷札や木簡《もっかん》(木札のこと)も大量に出土していて、芦田川の水運によって運ばれてくる物資の集散・加工・販売と、瀬戸内海運との接続の機能を果たしていたことがわかる。

また広島県の尾道《おのみち》は、備後国大田荘の設立に伴い、荘から三〇キロメートルほど離れた瀬戸内海沿岸の尾道村が年貢物を保管して積み出す倉敷地になったことから発展した港湾都市だ。一三世紀後半には港町の「尾道浦」として史料に現われるようになり、一二七〇(文永七)年までには津料の徴収がはじまった。一三一九(元応元)年には「船津の便により富裕な家が建ち並ぶ」と言われるまでに至り、守護からその利権を狙《ねら》われた。

また当時の日本の領域の最北端に近い津軽《つがる》の十三湊《とさみなと》も、一三世紀はじめに成立したのち、一三世紀後半から一四世紀にかけて柵や塀で区画された町域を拡大している。これらの港湾都市の発達は、銅銭の流通拡大、年貢の代銭納化と軌を一にしている。

有徳人の成長

こうした港湾都市などを拠点として活動し、年貢の収納や年貢物の売買によって莫大な富を蓄える人たちが現われた。当時、彼らは福徳のある人という意味で有徳人《うとくにん》と呼ばれた。その一例として、高野山領備後国大田荘の荘官で、倉敷地の尾道浦を拠点として活動した和泉法眼淵信《ほうげんえんしん》を紹介しよう。淵信は同荘の桑原方の預所を約二〇年にわたって務め、一二九七（永仁五）年からは大田方の預所を兼ねることになった。大田方の百姓・荘官はこれに反発し、一三〇〇（正安二）年に彼の解任を高野山に訴えた。

この訴えによると、淵信は民をいたわらず、少々の未進のかたに百姓の牛馬を質に取った。高野山領の預所は高潔な僧侶が務めるはずなのに、淵信は体裁こそ僧侶だが妻帯して家族を持ち、息子を預所の代官に任じ、数百人の手下を抱え、数十人の女性を朝夕に召し使っていた。彼はもう八〇歳にもなろうという老人なのだが、尾道浦を出入りする際には輿《こし》を五〜六張《はり》も重ね、騎馬の女性数十騎と家来百余騎を伴い、二〇〇〜三〇〇人余りが前後左右に付き従うという豪勢な行列をなし、人が近づいてこようものなら容赦なく打ち据え、その様子は一国の守護にも及ばないほどだったという。まるで伝奇小説に出てくるような人物だが、実在したのだ。

淵信の莫大な富は、大田荘ほか数荘の荘官となって荘園年貢を収納するかたわら年貢を着服し、年貢換金の差益も得て、そこから得た銭貨を備後国内外の荘園に貸し付けることで蓄積された。年貢米を銭に換金する際には和市《わし》という相場を荘園領主に報告するが、相場の値を偽ったり、換金時期や市場を巧みに選べば荘官は差益を得られるのだ。年貢として集められた物品の加工・販売でも利益を得たはずだ。年貢の代銭納化は、荘官・金融業・手工業を一人で兼ねて富を生み出す、これまでになかったビジネスモデルをつくり出したのだ。

淵信が高野山に重用されたのは、彼が大田荘桑原方の預所として高野山とともに地頭三善氏の非法を訴えて勝訴を勝ち取ったからだった。淵信は今で言う弁護士の能力も兼ね備えていた。

4　悪党と鎌倉幕府の動揺

「悪党」とは

鎌倉時代後期に進んだ職《しき》の一円化や貨幣流通の進展のなかから、悪党《あくとう》と呼ばれる人びとが現われてくる。当時の「悪」という言葉には、悪いという意味だけでなく、抜群の能力や気力、体力を持っていて恐るべきという意味もあった。

鎌倉時代後期には荘園間の境界争い、荘園の現地を巻き込んだ本家と領家の争い、領家と荘官・代官との争いなどが頻発し、鎌倉幕府の法廷に持ち込まれたが、訴訟のなかで相手の行為を「悪党」と呼んで非難しあった。

悪党が登場する紛争は大きく分けて四つあった。①職の一円化の動きに乗じて中小の在地領主が勢力を拡大しようとした紛争、②年貢代銭納の普及によって実入りがよい職になった荘園代官の地位をめぐる紛争、③貨幣流通の進展に伴って成長した港湾都市の利権をめぐる紛争、④こうした紛争の当事者に雇われて武力を提供した「ならず者」の集団の乱行だ。

第一の悪党の例として、播磨国矢野荘の寺田《てらだ》悪党が挙げられる。第四章でも触れた寺田氏は、久富名を開発した秦為辰の子孫を称し、矢野荘例名（矢野荘は一一六七年に別名《べつみょう》が分離され、残りが例名と呼ばれた）の公文職を相伝し、巨大な重藤名などを所持する在地領主だった。承久の乱後に関東から海老名氏が地頭として入り、公文の寺田氏もその配下に入ったが、領家と地頭との下地中分が行われると、寺田法念《ほうねん》は自らの名田を領家方に移してそこでの勢力拡大をもくろんだ。

法念は南禅寺《なんぜんじ》領の別名方への勢力拡大もはかり、一三一四（正和三）年に一族と家人、例名代官の山僧（延暦寺の僧侶）、別名の前代官らとともに別名下司の矢野清俊《やののきよとし》を討ち、「都鄙《とひ》名誉の悪党（都と地方で知らない人のない悪党）」と称された。その後、矢野荘の領家職と重藤名は東寺に寄進され、法念は重藤名の引き渡しを拒んで矢野荘を追放されるが、彼は寄進前の領家だった藤原冬綱《ふゆつな》と結んで矢野荘に乱入した。しかし東寺は使節を派遣して現地の有力名主とともに戦い、寺田氏の復帰を阻止している。

寺田悪党は勢力拡大に失敗したが、成功した悪党も多い。伊賀国黒田荘では一二七八（弘安元）年頃に、年貢を未進する下司の大江清定《きよさだ》を東大寺が悪党だとして幕府に訴え、清定は解任された。ところが、代わって下司に補任された大江観俊《あきとし》も同じ行動をとり、東大寺が再び幕府に訴えたにもかかわらず居座って、東大寺の支配は有名無実になってしまった。

代官と悪党

寺田悪党のなかに例名代官や別名の前代官がいたように、この時期には荘園の支配や年貢収納を代行する代官が増えた。代官は領家職や地頭職などの所職の領有者から職権の代行を委託された人びとだった。領家職を持つのは貴族や寺社、地頭職を持つのは御家人という身分の制約があったが、その職権を代行する代官は誰でもよかった。大田荘の淵信が年貢の収納と年貢物の売買によって莫大な財を成したように、年貢の代銭納化によって荘務の代行業は大きな利益を生む業務になっており、山僧や禅僧、日吉社《ひよししゃ》・祇園社などの神人《じにん》、借上《かしあげ》・酒屋《さかや》などの金融業者・商人、近隣の有力住人などさまざまな人びとが参入した。

代官に世襲権はなく、年貢・公事の納入が滞ると容赦なく契約を切られたが、切られた代官の側も簡単には引き下がらず、武力も行使して荘園に居座り、略奪を行う挙に出た。これが悪党の第二のケースだ。

播磨国大部荘《おおべのしょう》（兵庫県小野《おの》市）では、領家の東大寺が讃岐公なる人物を代官に任じたが、彼は楠木正成の先祖とも言われる河内楠木入道らとともに百姓に拷問《ごうもん》を加え、年貢も未進したために解任された。次に垂水《たるみ》左衛門尉繁昌《しげまさ》を代官に任じたが、彼も年貢を納めないため一二九四（永仁二）年に解任を伝えたところ、彼は数百人の悪党を率いて乱入し、年貢・牛馬・資財を奪い、百姓の妻子を召し取り、稲を刈り取る乱暴をはたらいた。

伊予国弓削島荘では、一三〇八（延慶元）年に弁坊承誉《べんのぼうしょうよ》を預所の代官に任じたが、承誉は農繁期に百姓の牛を召し取るなどの非法を行った。一方で承誉は、讃岐国から来襲した悪党数百騎を撃退した功績で正式の預所に任じられる。ところが一三二四（正中元）年に預所を解任されると、承誉は数百人の悪党を率いて討ち入り、新任の預所を追い出して「名誉海賊」と呼ばれたのだ。

港湾都市と悪党

第三のケース、港湾都市の利権をめぐる悪党事件も頻発した。尾道浦では一三二〇（元応二）年に守護長井貞重《ながいさだしげ》の代官として円清《えんせい》・高致《たかむね》父子が数百人を率いて尾道に乱入し、神社仏閣数ヵ所と浦の政所《まんどころ》、民家千余軒を焼いた上、預所代の行胤《ぎょういん》らを殺害し、大船数十隻と年貢物以下の資財を奪った悪党として高野山から訴えられた。円清・高致父子の側も預所代行胤の下部らを「当浦名誉悪党」であるとして連行している。つまり円清・高致は守護方、行胤は高野山方に付いて尾道浦の利権を争っていたのだ。

いまの神戸港にあたる大輪田泊は、平清盛による整備ののち、東大寺を再建した重源《ちょうげん》が大規模な整備事業を実施し、その費用の調達のために寄港船が積む米一石あたり一升《しょう》の升米《まい》の徴収が認められた。この津料を徴収した役所が「兵庫関《ひょうごのせき》」だ。升米の収量は一国の税収に匹敵するほど大きなものになったが、港湾整備という本来の目的から離れて東大寺の利権となっていた。これに反発した大阪湾岸の住人が一三一五（正和四）年に兵庫関を襲撃した。この悪党を率いたのは、借上を営む山僧の治部卿律師良慶《じぶのきょうりっしりょうけい》で、兵庫だけでなく淀・尼崎《あまがさき》・西宮《にしのみや》・打出《うちで》などの広い範囲から九〇余名が加わった。

瀬戸内海運と淀川水運の結節点だった尼崎でも、一三二九（元徳《げんとく》元）年に鴨社領長洲《ながす》御厨の番頭、江三入道教性《ごうさんにゅうどうきょうしょう》らが東大寺領長洲荘に乱入し、代官の澄承僧都《ちょうしょうそうず》を殺害した。教性は兵庫関悪党にも加わっており、京都三条高倉《さんじょうたかくら》では放火殺害事件も起こしていた。殺害された澄承も、かつて兵庫関の代官に任じられたが年貢を納めず、下鴨社領の長洲・大物《だいもつ》・尼崎の御厨や、浄土寺領杭瀬荘《くいせのしょう》に乱入して悪党と訴えられた人物でもあった。彼らは広い人的ネットワークに裏付けられた武力を持ち、裁判を戦う法廷技術も駆使しながら、港湾都市の利権や、湾岸や河口の新田開発をめぐって争いを繰り広げていたのだ。

異類異形の悪党

こうした争いでは双方が助っ人を雇い入れたから、恩賞の約束や金銭と引き替えに武力を提供する、ならず者の集団が育った。鎌倉時代末期の播磨国の事情を記した『峯相記《みねあいき》』によると、悪党が横行しはじめたのは正安・乾元《けんげん》（一二九九〜一三〇三）の頃で、普段は博打打ちや盗賊を生業《なりわい》とし、一〇〜二〇人の集団をなして、合戦の一方に味方して城に籠《こ》もったり寄せ手に加わったりしたが、雇い主を裏切ることを何とも思わない輩《やから》だった。当時の紛争では「数百人の悪党を率い」という表現がよく出てくるが、その集団の末端を構成したのが彼らで、悪党の第四のケースだ。

当時の人びとから見れば、彼らはまともな人間とは思えない異類異形の風体をしていた。柿色の衣をまとい、烏帽子《えぼし》を付けず、袴《はかま》もはかず、菅笠《すげがさ》をかぶって覆面を付け、矢を入れた粗末な籠を背負い、柄《つか》や鞘《さや》のはげた大刀を腰にはき、槍《やり》や棒を持って鎧《よろい》は着けない軽装だった。当時は百姓から貴族に至るまで頭に烏帽子を付けるのは成年男子の象徴で、成人の儀式のことを烏帽子着《えぼしぎ》と言ったほどだ。烏帽子を付けないのは出家した僧侶と、死体処理などを担当した非人ぐらいだ。柿色の衣も非人の象徴と言われており、悪党たちは自らを非人に擬したのかもしれない。しかし悪党にはけっこう身分が高い人物も参加していて、笠をかぶって覆面を付けたのは面が割れるのを防ぐためだろう。

悪党は貨幣経済の浸透の波に乗って富を蓄え、目的のためなら武力の行使をいとわず、破天荒な風体をして既成の秩序から逸脱し、朝廷と武家が協調していた鎌倉時代の体制を根底からかき乱す存在だった。中世国家の治安警察部門を担当すると自認する鎌倉幕府は、荘園領主からの訴えに応じ、六波羅探題に命じて彼らを召し捕ったが、かえって新興勢力を敵に回すことになり、鎌倉時代末には悪党らの主敵は鎌倉幕府になってしまった。

北条氏の独裁と反発

一三世紀末には鎌倉幕府にも不安定要素が現われた。それは、元寇を契機として進んだ執権北条氏による幕府政治の独裁化だ。

元を建国したフビライは朝貢を求める度々の使節を無視した日本に対し、一二七四(文永一一)年に軍を送り、博多から上陸して内陸に攻め入ったが、予想外の抵抗にあって撤退した(文永の役)。時の執権、北条時宗は、御家人に異国警固番役を課すとともに、博多湾岸に石積みの防塁を築くことを決め、九州の住人を武家領・寺社本所領を問わず築造工事に動員した。元軍は一二八一(弘安四)年に再び襲来したが、日本軍は石築地《いしついじ》を活用して上陸を阻止し、転々と停泊地を移す元軍の船団を執拗《しつよう》に攻撃しているうち、新暦八月下旬に襲った台風で大半の船が沈み、元軍は多くの兵卒を玄界灘《げんかいなだ》に面した鷹島《たかしま》(長崎県松浦市《まつうら》)に残したまま引き揚げた(弘安の役)。

日本は元寇を撃退したが、功労者の北条時宗は一二八四(弘安七)年に若くして急死してしまう。そして元寇のために集中させた権力の争奪をめぐり、翌年には北条氏嫡流の当主の得宗《とくそう》に仕える御内人《みうちびと》と、将軍と主従関係を結んだ御家人との対立により霜月騒動《しもつき》が起こった。この戦いに御内人の側が勝利したことで北条氏の独裁体制が確立し、幕府の重職と守護職の多くを北条氏一門が占めるようになった。この状態を得宗専制と呼ぶ。

北条氏の権力は盤石と思われたが、北条氏はそれまでも和田《わだ》合戦（一二一三年）、宝治《ほうじ》合戦（一二四七年）、そして霜月騒動と他氏の排斥を続け、事件に連座した御家人の所領を奪ってきた。たとえば毛利《もうり》氏は宝治合戦に連座して本領の毛利荘を奪われ、この事件に関わらなかった越後国の一族が残った。一族の内紛に乗じて所領を奪われることもあり、肥後国人吉荘の地頭職を所持していた相良《さがら》氏は、内紛によって人吉荘の北半分を北条氏に奪われた。北条氏のこうした行為は、所領を奪われた一族の怨念と、次はわが身と恐れる御家人の不安を生み出した。

御家人たちは元寇で奮戦したが、この戦いで新たな領地や賠償金が取れたわけではなく、幕府は彼らに十分な恩賞で報いることはできなかった。貨幣経済の浸透により、所領を質に入れて困窮する御家人も増えており、幕府は一二九七（永仁五）年に永仁の徳政令を発布し、所領の取り戻しを命じて救済をはかったものの、効果は乏しかった。こうした窮乏の一方で、富み栄える北条氏の姿は、御家人たちの不満をあおった。

第八章　南北朝・室町時代の荘園制

1　建武の新政と南北朝の内乱

鎌倉幕府の滅亡

畿内近国で悪党が暴れ回っていた一三一八（文保二）年三月、後醍醐天皇が即位した。当時の朝廷は鎌倉幕府の仲介によって、持明院統《じみょういんとう》と大覚寺統《だいかくじとう》という二つの皇統が交代で皇位につく両統迭立《りょうとうてつりつ》が行われており、後醍醐天皇は大覚寺統の中継ぎの天皇として立てられた「期限付きの天皇」だった。天皇はこの状況に反発して倒幕の志を抱き、一三三一（元弘元）年八月に宮中を脱出して山城国と大和国の国境の笠置山《かさぎやま》に立て籠もった。

河内国赤坂《あかさか》村を本拠としていた楠木《くすのき》正成《まさしげ》もこれに呼応して挙兵した。正成の父と推測される河内楠木入道は播磨国大部荘の悪党の一人で、正成と赤坂城に立て籠もった平野将監《ひらのしょうげん》入道は長洲荘悪党の一員だった。正成自身も和泉国若松荘《わかまつのしょう》（大阪府堺市）を不法に占拠して年貢を奪った悪党だった（「天龍寺《てんりゅうじ》文書」）。笠置山が陥落し天皇が捕らえられたのちも、正成らは赤坂城に立て籠もり、鎌倉幕府が派遣した大軍を一ヵ月にわたって翻弄した。

後醍醐天皇は隠岐島に流されていたが、一三三三（元弘三）年閏二月に島を脱出して伯耆国船上山《せんじょうさん》に立て籠もると、楠木正成や播磨国の赤松円心《あかまつえんしん》らは再び挙兵し、それぞれの城郭に立て籠もった。幕府は再び大軍を派遣したが、軍勢に加わっていた有力御家人の足利高氏《たかうじ》（のち尊氏と改名）が幕府を見限り、赤松攻めの軍勢を丹波国で反転させて、五月に京都の六波羅探題を攻め落とした。この報が九州に伝わると、少弐《しょうに》氏や大友《おおとも》氏によって鎮西探題《ちんぜいたんだい》が攻め落とされ、幕府の本拠の鎌倉にも新田義貞の軍勢が攻め入り、得宗の北条高時《たかとき》らは自刃して鎌倉幕府は滅びた。

建武の新政

京都に帰還した後醍醐天皇は、持明院統の光厳《こうごん》天皇の即位を無効とし、「朕《ちん》が新儀《しんぎ》は未来の先例たるべし（私の新しい政策は次代の先例になる）」（「梅松論《ばいしょうろん》」）と称して、先例にとらわれない新しい政治をはじめた。これを建武の新政と呼ぶ。

建武の新政は、天皇がすべてを支配するという原則のもとに進められた。後醍醐天皇は院政を否定し、摂政・関白も置かなかった。のちに征夷大将軍は置いたが実権はなく、御家人制は廃止された（吉田賢司「建武政権の御家人制「廃止」」）。将軍の家来ではなく、天皇が直接に武士を掌握するためだ。地方には国司と守護とを併置したが、守護も天皇が任命した。武士に対する恩賞給付も、天皇が直接に発給する綸旨《りんじ》という文書によって行った。

後醍醐天皇は北条氏の所領を没収した上、北条氏に不当に奪われた所領の回復を認める旧領回復令を出した。これによって所領の取り戻しを求める人びとが証文を携えて京都に殺到し、京都の二条河原に張り出された「二条河原落書」に、「本領ハナル、訴訟人文書入タル細葛《ほそつづら》」と描写された。訴訟を扱う雑訴決断所《ざっそけつだんしょ》が設置されたが、早々に拡充をせまられて職員が足りず、「器用ノ堪否沙汰《たんぷさた》モナク　モル、人ナキ決断所（適格審査もなく誰でも入った決断所）」と風刺された。

御家人制が廃止されたため、御家人が務める地頭という制度もなくなり、地頭職は単なる職《しき》の名称に過ぎなくなった。本家《ほんけ》が天皇家・摂関家という制約もなくなり、寺社や貴族が地頭職や本家職を所有することも、武士が領家職《りょうけしき》や本家職を所有することも普通になった。これらの所職は互いに上下関係を持たない土地の支配権として同質化し、鎌倉時代後期から進んだ「職の一円化」が完成した。本家、領家、荘官がピラミッド型に組織された「職の体系」は崩れ、各々《おのおの》の所職の領有を天皇が直接に認定する形になったのだ。

後醍醐天皇は流通にも関心が深く、一三三〇（元徳二）年の飢饉の際には米価を定めて高騰を抑え、関所の新設を禁じて流通の円滑化をはかっている。新政では乾坤通宝《けんこんつうほう》という貨幣の発行も計画され、紙幣の発行も考慮されたが、実現しなかった。

室町幕府の成立と南北朝の分裂

後醍醐天皇の政策は、半世紀後にその大半を足利義満《よしみつ》が実現したとも言え、先見の明はあったのだが、やはり当時の現実とはかけ離れたところがあった。特に軍権まで天皇が握るのには無理があり、そこから新政のほころびが生まれた。

一三三五（建武二）年七月、北条高時の遺児時行《ときゆき》が信濃国の諏訪で挙兵した。時行の軍勢は新政に不満を持つ武士たちの支持を得て大勢力となり、たちまち鎌倉を陥落させた（中先代《なかせんだい》の乱）。足利尊氏は時行討伐の許可と征夷大将軍への任命を天皇に求めたが拒否され、勅許を得ないまま出兵して時行の軍を破り、鎌倉を奪還した。

尊氏は軍功を上げた武士たちに恩賞を与えようとするが、その権限を天皇から否定され、やむなく無断で恩賞を給付した。天皇はこれを反逆とみなし、新田義貞が率いる討伐軍を送った。尊氏らはこれを破って京都に攻め上るが、奥州から尊氏軍を追撃してきた北畠顕家《きたばたけあきいえ》に敗れ、海路、九州まで落ち延びた。尊氏らは九州で態勢を整え、先に廃位された光厳上皇を戴《いただ》いて再び上洛し、後醍醐天皇を廃位して政権を掌握した。一三三六（建武三）年一一月には今後の施政方針となる「建武式目」を発布し、新たな武家政権である室町幕府が誕生した。

ところが一二月末には後醍醐天皇が京都を脱出して吉野に逃れ、我こそは正統な天皇であると宣言した。南北朝の分裂である。当初の南朝の勢力は小さなもので、大勢に影響はないと思われたが、室町幕府のほうが観応《かんのう》の擾乱《じょうらん》という争いで分裂してしまった。これは尊氏の弟の直義《ただよし》と、尊氏の執事の高師直《こうのもろなお》との間の対立から起こり、隠退させられた直義が一三五〇（観応元）年に南朝を戴いて挙兵し尊氏・師直軍を破ったが、尊氏は南朝と和して再戦し、直義は敗れて一三五二（文和《ぶんな》元）年二月に死去した。

ところが翌閏二月に南朝方は和議を破って京都に攻め入り、北朝の廃帝や皇太子らを連れ去った。直義の養子の足利直冬《ただふゆ》をはじめ、旧直義方の武将も南朝方に加わり、室町幕府は絶体絶命の危機を迎えた。室町幕府は後光厳《ごこうごん》天皇を神器なしで即位させてこの切所《せっしょ》を乗り切ったが、その後も幕府内の政争に敗れた武将が南朝に降《くだ》る危機に何度もみまわれた。

守護権力の拡大

南北朝の内乱は源平の争乱よりもはるかに長期にわたり、どこかの決戦で片が付いたわけではなく、双方の勢力圏の境界で一進一退の攻防が続いた。室町幕府はこの戦いを勝ち抜くため、前線で戦う守護の権限を拡大し、より多くの軍勢を集め、兵粮などの補給物資を確保する便宜をはかった。

御家人制は廃止され、守護の管国内に所領を持つすべての武家は、守護が課した軍役に従う義務があった。この武家のことを国人《こくじん》という。十分な軍勢が提供できないと守護に対する敵対行為とみなされ、所領が没収されることもあった。

持久戦では兵粮の確保が重要であり、守護とその配下の武士たちは、貴族や寺社の所領を不法に占拠して兵粮を調達した。室町幕府はこの行為を抑えようとしたが、一三五二年に南朝方が勢いに乗った際には背に腹は代えられず、半済令《はんぜいれい》という命令を発した。これは守護が寺社本所《ほんじょ》領の年貢の半分を兵粮として徴収することを認めたもので、守護はさらにこの権限を配下の武士に分け与えた。これを半済給人《はんぜいきゅうにん》と呼び、兵粮米の徴収という権限を越えて、その土地の支配権まで奪うこともあった。

兵粮米のほかにも守護は、馬の飼料や、矢の材料になる竹、暖を取る炭、山城を構築する材木や人夫などを寺社本所領から徴発した。これを守護役《しゅごやく》という。守護役を徴収しにやってくる守護使の接待や、徴収を命令する守護代（守護の下で一国をまとめる役職）・守護奉行人（守護に仕える役人）への付け届けも重い負担になった。

幕府は土地の紛争を実力行使によって解決することを禁じ、その取り締まりを守護に命じた。守護は罪人や謀反人の所職を没収して闕所《けっしょ》（所有者のいない土地）とし、それを配下の武士に預け置いた。所職を正式に恩賞として給付するのは将軍の権限だったが、守護が一時的に預けることはできたのだ。

守護は幕府の決定の強制執行も担当した。鎌倉時代後期から裁判の決定に対して刃向かう行為が多発したため、鎌倉幕府は御家人を二人一組で派遣し、時には武力も用いて決定事項を執行した。この執行を使節遵行《しせつじゅんぎょう》という。室町幕府はこの制度を拡充し、恩賞の給付や裁判の裁決を決定すると、守護に対して遵行を命じることが通例になった。

守護は国衙《こくが》機構も吸収した。鎌倉時代には在庁官人の大半が御家人になったが、国衙の機能自体は依然として知行国主（八五〜八六頁参照）の指揮下にあった。しかし南北朝時代になると国衙の機能も守護権力に吸収された。たとえば播磨国では留守所（六五頁参照）の長の「国衙眼代《がんだい》」と守護赤松氏が任じる守護代が併存していたが、一三九二（明徳《めいとく》三）年には国衙眼代も守護が任命している。国衙の機能を守護に奪われた知行国主は、公領を荘園と同質の所領として支配するだけになった。

荘園・公領の所職、半済地、闕所地、後述する守護請所《しゅごうけしょ》（二二八〜二二九頁参照）などから成る守護領は、守護の経済基盤となり、配下の武士にあてがう給所にもなった。国人の一部は守護から給所をあてがわれ、守護と主従の関係を結んで被官《ひかん》になった。守護被官は守護の軍事力の中核となり、守護代や守護奉行人などの管国支配の幹部に登用された。

遠隔地所領の喪失

守護が管国の支配権を強めた結果、領主のいる場所から遠くにある荘園の支配は困難になった。鎌倉時代までは所職を所有していれば、東国や九州などの遠隔地からも荘園領主のもとに年貢が送られてきた。東国武士も承久の乱の勝利で西国に地頭職を獲得し、一族を移住させたり代官を派遣して支配していた。しかし内乱が激化すると、領主が現地に不在の荘郷は、当地の守護や配下の国人によって占拠され、武力を持たない寺社本所領や、兵力を十分に提供できない武家領の押領が多発した。

東寺に寄進された最勝光院領では、寄進の時点で八荘が領家の未進で支配の実を失っており、あとの一二荘のうち、備前国福岡荘では現地の地頭代が年貢を納めず、東寺の使者の立ち入りを拒否している。地頭請になっていた越前国志比荘からは年貢はまったく上納されず、東寺は地頭に対し下地中分を要求したが拒否された。残りの荘園もほぼ同じ状態で、東寺が支配できるのは、すでに田畠《たはた》と化していた最勝光院の敷地だけというありさまだった（のちに四荘は回復）。

遠隔地所領の支配が困難になったのは武家も同じだった。武蔵国埼西《きさい》郡成田《なりた》郷（埼玉県熊谷《くまがや》市）を本拠とする成田氏は、承久の乱の勲功で獲得した播磨国須富荘《すとみのしょう》（兵庫県加西市）の地頭職も所持していたが、地頭代の円岡《つぶらおか》新三郎が南朝方に属した疑いによって播磨国守護の赤松円心から没収されてしまった（のちに回復）。備後国の国人の山内首藤《やまのうちすどう》氏は、本拠の地毗荘本郷地頭職に加えて、本貫の地である相模国早河荘《はやかわのしょう》、信濃国下平田《しもひらた》郷地頭職、摂津国富島荘《とみしまのしょう》地頭職などを所有していたが、相模国と信濃国の所領は南北朝内乱のなかで押領されてしまった。安芸国の国人の熊谷氏も、本貫の地だった武蔵国木田見《きたみ》郷地頭職を木田見孫太郎から押領されている。現地の勢力が熊谷氏の支配を排除したのだ。

このように、南北朝・室町期の荘郷の支配権を維持するには、文書に記された所職の権利を主張するだけでは不十分で、所職のある国の守護権力からの承認も必要になった。守護は交代することもあるから、そのたびに新守護との関係を結び直す必要があった。将軍の安堵状を得ておくと守護の行動を制約できたが、それでも完全ではなかった。鎌倉時代には「職の体系」に鎌倉幕府の主従制のくさびが打ち込まれたが、南北朝時代には守護権力という横の串が差し込まれたのだ。

守護権力の限界

南北朝時代に権限を拡大し、管国の支配力を強めた守護を守護大名という。しかし守護大名は地方を独立国家のように治める権力ではなかった。この時代の守護の任免権は将軍にあり、将軍の意向によって交代させられることも多かった。守護が国人を動員できるのは守護職に任じられているからで、一部の被官を除く国人は守護家の家臣になったわけではない。守護が別人に交代すれば、大半の国人は新任の守護に従うのだ。

有力な守護大名は複数の国の守護職を兼任したが、兼任する国々は地理的に離れていることが多かった。斯波《しば》氏は東海地方の尾張・遠江国、北陸地方の越前・加賀国《かがのくに》、奥州の陸奥・出羽国などの守護を務めた。細川《ほそかわ》氏は中国地方の備中・丹波・摂津国、四国の讃岐・土佐国など、畠山《はたけやま》氏は北陸の越中・能登国、畿内の河内・紀伊国、一色《いっしき》氏は日本海側の丹後・若狭国と東海道の三河・伊勢国などの守護を務めている。

また守護大名は手出しできない勢力を管国内に抱えていた。まず奉公衆《ほうこうしゅう》と呼ばれる将軍直属の武家がおり、五つの番に編成されて、地方に所領を持ちながら交代で上洛して将軍に近侍した。奉公衆の所領には守護の役は賦課できず、幕府からの役も守護を通さずに直接納入する特権が与えられていた。のちに毛利氏の重臣となる小早川《こばやかわ》氏はこの奉公衆の一員だ。また守護の管国内には幕府の直轄領である御料所《ごりょうしょ》や、幕府奉行人の所領、他の守護大名が領する荘郷もあり、支配に干渉することはもちろん、役を賦課することも難しかった。幕府はこうした守護を牽制する勢力を意図的に配置して、権力の拡大を抑制したのだ。

2　室町幕府と荘園制

内乱の終息と守護在京制

観応の擾乱（一三五〇～五二年）で泥沼化した南北朝の内乱も、一三六三（貞治《じょうじ》二）年には南朝方の有力武将だった山名時氏《やまなときうじ》と大内弘世《ひろよ》が帰順して室町幕府の優位が確実になった。一三六七年に父義詮《よしあきら》から将軍職を継いだ足利義満は、有力な守護大名の土岐康行《ときやすゆき》、山名氏《うじ》清《きよ》、大内義弘《よしひろ》を相次いで討ち、強大化した守護権力を抑制する方向に舵《かじ》を切った。

そこで採用された施策が、守護大名を常時在京させて将軍の手元に置く守護在京制の導入だ。南朝と北朝の実力が拮抗《きっこう》していた頃は前線に張り付く守護が多かったが、義詮政権の末期に諸国の守護は将軍の命を受けて上洛し、京都に館を構えて常住するようになった。幕府に帰順した山名時氏は一三六四（貞治三）年八月に上洛し、三条油小路《あぶらこうじ》に邸宅を構えた。播磨国守護の赤松則祐《そくゆう》は翌六五年五月に大勢の家臣を引き連れて上洛し、矢野荘には京都で働く京上夫《きょうじょうふ》が課されるようなった。失脚して越前に蟄居《ちっきょ》していた斯波義将《よしまさ》も一三六七年九月に許されて上洛し、同じ頃に細川頼之《よりゆき》も四国から上洛して、幼い将軍義満を補佐する管領《かんれい》に就任した。ただし鎌倉府の管轄下にある関東と、九州の守護については在京奉公の対象から外された。

在京した守護は、管国に自らの代理として守護代を置き、守護家の有力な被官を任じた。たとえば斯波氏は越前国で被官となった織田《おだ》氏を尾張国の守護代に任じ、細川氏は讃岐国で被官となった安富《やすとみ》氏を備中国の守護代に任じている。

守護大名は、将軍を補佐する管領、京都の市政と治安維持を担当する侍所《さむらいどころ》などの幕府の重職を兼任した。京都には貴族や僧侶、神官も住んでおり、守護大名とその配下は彼らとも交わりを持った。将軍家も守護家も家督争いを避けるため、子弟の多くを寺院に入れ、そのなかにはのちに還俗《げんぞく》（僧侶から俗人に戻ること）して家を継ぐ者も少なくなかった。足利義教《よしのり》は三五歳で将軍に就任するまでは延暦寺の僧侶であり、今川義元《いまがわよしもと》の前半生は京都の建仁寺《けんにんじ》や妙心寺《みょうしんじ》で学んだ禅僧だった。

守護の在京は、公家や寺社が地方の所領支配について守護権力と直接に折衝する道を開いた。日頃のつき合いがある公家や寺社に頼まれては無下にもできない。先に見た東寺の最勝光院領のうち、備中国新見荘、周防国美和荘《みわのしょう》、遠江国村櫛荘《むらくしのしょう》、同国原田荘《はらだのしょう》細谷《ほそや》郷は支配が回復している。

守護の在京は、地方を治める守護権力の当主を在京させて、京都に集住する領主たちの世界に組み入れることになった。家臣団の一部も在京し、在京活動に要する米銭が管国から送られた。京都の人口は増加し、諸国から物資も銭も集まり、室町幕府の首都である京都は空前の繁栄をみせた。

応安の半済令

南北朝内乱の激化によって荘園の押領が横行し、特に寺社本所領の押領は激しかったが、一三六三(貞治二)年の大内氏と山名氏の帰順によって戦乱が終息に向かうと、二代将軍の足利義詮は寺社本所領を回復し、貴族や寺社が担っていた儀式や学問、修法などの機能の再興をはかろうとした。義詮は一三六七年末に三八歳の若さで亡くなってしまうが、その遺志は義満に受け継がれた。

翌一三六八(応安《おうあん》元)年六月に将軍義満は応安の半済令を発布した。この法令は、寺社領と禁裏《きんり》御領(天皇家領のこと)、殿下渡領(摂関家当主の所領)を特別に保護し、半済を禁じて全体を返還すること、そのほかの本所領については半分を返還すること、今後は新たな半済は行わないことなどを定めた。また将軍が命令しても現地で遵行が行われない恐れがあったが、幕府は各国の守護代を京都に召し出して遵行の徹底を命じた。内乱中に行われた半済を追認して恒久化した側面もあるが、この法令の眼目は寺社領・天皇家領・殿下渡領の押領と半済の解消を狙ったものだった。

この法令が文字通り実施されたわけではないが、東寺領の丹波国大山荘、若狭国太良荘などで半済が停止《ちょうじ》されている。また仙洞御領《せんとうごりょう》（上皇の所領）の出雲国横田荘《よこたのしょう》を押領していた山名満幸《みつゆき》は、四ヵ国の守護職を解任されて追放される処罰を受けた。下国した満幸は山名氏惣領《そうりょう》の氏清のもとに行き、義満が山名一族を滅ぼそうとしていると挙兵を説いて、一三九一（明徳二）年の明徳の乱が勃発した。山名氏はこの戦いで敗れ、一一ヵ国の守護職を三ヵ国に減らされてしまった。

荘園制は滅びたのか？

南北朝内乱のもとで寺社本所領の押領や半済が行われたため、荘園制は南北朝内乱によって滅びたとされたことがある。戦後の日本中世史学では、王朝貴族と宗教勢力が地方を支配する荘園制が、在地領主層を束ねた封建領主制によって克服されると想定した。南北朝時代には、荘園を押領した国人が守護と主従関係を結ぶことで、守護が一国を排他的に支配する地域的封建制を確立し、室町幕府はそうした守護大名の連合政権と捉えられた。

しかし、この捉え方は実態と反しているところが多い。守護大名が一国を排他的に支配する権力ではなかったことは先に見た通りだ。また守護在京制によって守護大名が京都の領主社会に組み入れられ、「職《しき》の体系」とはまた別の形ではあるが、京都に集住する諸領主層が地方の所領を支配する体制が再建された。

この時代には武家が帰依した禅寺や八幡宮の荘園も増えている。足利尊氏が後醍醐天皇の菩提を弔うために建立した天龍寺には、一三八二（永徳《えいとく》二）年に丹波国六人部荘《むとべのしょう》（京都府福《ふく》知山《ちやま》市）、加賀国横江荘《よこえのしょう》（石川県白山《はくさん》市）など一八の国にわたる三一ヵ所の荘園から米二四〇二石、銭五七二一貫五〇〇文が納められている。米一石＝一貫文、銭一文一〇〇円で換算すると、年八億円に上る収入だ。また足利将軍家歴代の墓所となった等持院《とうじいん》や、足利義満によって高さ一〇〇メートルを超える七重大塔が建てられた相国寺《しょうこくじ》なども、莫大な所領を持つ荘園領主となった。石庭で有名な龍安寺《りょうあんじ》も細川氏が建立した寺だ。

五山派禅寺の人事権を将軍が握っていることから、これらを武家領のうちに勘定することもあるが、寺領であることには変わりない。武家が崇敬する石清水八幡宮や、鎌倉の鶴岡八幡宮にも多くの荘園が寄進された。

地域社会が荘園や公領の郡郷保に分かれ、支配の単位になっていることも鎌倉時代までと同じで、守護の役も荘園や郡郷保を単位に課されている。年貢・公事《くじ》を収取する権限が領家職、地頭職、郡郷司職などの所職に由来していることも変わりない。所職を持つ領主の多くが京都に集住し、地方から年貢・公事が上納されていることも前代と同じだ。南北朝・室町時代の荘園は鎌倉時代までと異なっているところも多いが、南北朝時代に荘園制が滅びたわけではない。

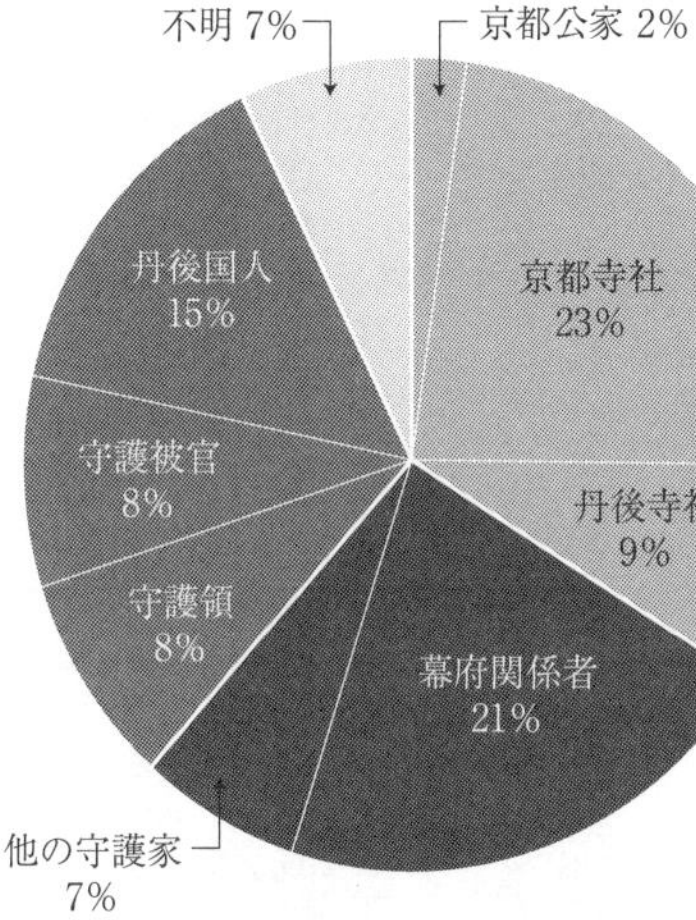

図15　丹後国荘郷の領主別構成割合

散在する武家領

室町幕府は直轄領である御料所を各地に持ち、幕府に仕える奉行人も同様だった。守護家も守護を務めた国に限らず、各地に所領を持っていた。たとえば丹後国は四三四〇町余の田地があり、守護は一色氏が務めていたが、一四六〇（寛正《かんしょう》元）年頃の帳簿に記された荘郷の領主を性格別に分類したグラフが図15だ。京都の貴族や寺社の所領が全体の二五％あり、丹後国内の寺社領が九％で、寺社本所領は合わせて三四％あった。

武家領では幕府御料所と奉公衆・奉行人ら

の所領が二一%あり、細川讃岐守が領する丹後国最大の所領である加佐《かさ》郡田辺《たなべ》郷（田地二〇〇町）など、一色氏以外の守護家の所領が七%あった。一方で、一色氏の守護領と守護被官の所領が全体の一六%、丹後国の国人の所領は一五%だったから、守護一色氏が直接指揮できる武家の所領は全体の三割に限られていた。

畠山氏が守護を務める越中国には斯波氏の所領が四一ヵ所あり、開発が進んだ射水川《いみずがわ》流域に集中していた。これは一三六八（応安元）年に斯波氏が越中国守護として南朝方の桃井《もものい》直《ただ》常《つね》を討った際に取得したとみられるが、守護が代わってもこの所領を知行（領有し支配すること）し続けたのだ。守護が松田《まつだ》氏から赤松氏に代わった備前国でも、細川氏の所領が小豆《しょうど》島《しま》・児嶋《こじま》の一二ヵ所、足利義満の側室西御所《にしごしょ》高橋殿《たかはしどの》の所領が一五ヵ所あり、前守護の松田氏の所領もあった。

国人領主の形成

鎌倉時代に地頭を務めたような地方の武家領主は、南北朝・室町時代に国人領主へと変貌《へんぼう》を遂げた。国人とは、御家人制が廃止された建武政権以降において、地頭職などの所職を引き続き所有し、守護の軍事動員に応じ、守護の指揮のもとで治安維持や使節遵行にたずさわった武家のことだ。

鎌倉時代との違いは所職の場所の集中にある。鎌倉時代の東国武士は西国にも地頭職を持つなど、諸国に分散した所職を持っていたが、南北朝内乱によって遠隔地の所領支配が困難になると、国人は分散した所領のいずれかに本拠を定め、遠隔地の所領を放棄するようになる。

相模国早河荘（神奈川県小田原市）出身の山内首藤氏は、一二〇四（元久《げんきゅう》元）年頃に鎌倉幕府から蓮華王院領備後国地毗荘本郷（広島県庄原市）の地頭に任じられた。室町幕府になっても山内氏は足利尊氏・直義から本領の地毗荘本郷地頭職ほかの安堵を受けるが、南北朝内乱で東国にあった地頭職を失ってしまった。

そのかわりに山内首藤氏は、地毗荘本郷地頭職に加えて、同荘七郷の領家職の代官を請け負って地毗荘全体に支配権を及ぼすようになる。また山内氏は守護の今川氏から地毗荘の近隣にある三上《みかみ》郡高《たか》郷（広島県庄原市高町）の地頭職や長江荘《ながえのしょう》半分を兵粮料所として預け置かれた。守護が山名氏に代わると、備後国信敷荘《しのおのしょう》東方《ひがしかた》（庄原市）や、地毗荘内福田十名、地毗荘内残田分などを給与されている。

こうして山内首藤氏は、①将軍から安堵された本領の備後国地毗荘本郷地頭職、②領家と契約した地毗荘領家職の代官、③守護から預けられた高郷地頭職などの給地という三類型の所職を持つことになった。これらの所職を集積することにより、山内首藤氏は複数の所職に分かれていた地毗荘周辺の支配を一つに統合し、個々の荘園所職を越えた領域を支配する領主へと成長した。これが国人領主だ。ただしこの支配権はあくまで荘園の所職から構成されており、領家から代官職を解任されたり、守護から給地を召し上げられる可能性もあった。山内首藤氏の領域支配はなお流動的だった。

東国と西国

鎌倉幕府の本拠地であり、鎌倉時代には半独立国の状態だった東国はどうなったのだろうか。鎌倉幕府の滅亡により、執権北条氏が東国に持っていた莫大な所領は建武政権によって没収され、その多くは討幕に功績のあった武家に恩賞として与えられた。もっともそのなかには、かつて北条氏がその武家から奪った所領も含まれていたが。

建武政権は鎌倉将軍府を置き、成良《なりよし》親王を奉じて東国を統治しようとしたが、これは北条高時の遺児、時行の挙兵によって崩壊した。この反乱を収拾した足利尊氏は、嫡男の義詮に関東を任せたが、観応の擾乱で再び鎌倉に下って東国を鎮圧し、帰京する際に義詮の弟基氏《もとうじ》に東国を任せた。これが鎌倉公方のはじまりだ。室町幕府の将軍に管領という補佐役が付いたように、鎌倉公方にも関東管領《かんとうかんれい》と呼ばれる補佐役が付き、尊氏の母の実家である上杉《うえすぎ》氏が世襲した。鎌倉公方を長とする鎌倉府の管轄国は東国一〇ヵ国（相模・武蔵・安房・上総・下総・常陸・上野・下野・伊豆・甲斐）を基本とし、一三九二（明徳三）年以降は陸奥・出羽国も加わった。

鎌倉府のはじまりは軍事的な組織で、行政機構を持たなかったが、東国の領主の求めに応じて引付《ひきつけ》などの裁判組織を整備し、官僚の奉行人、直轄軍の奉公衆などの体制を整えていった。南北朝内乱が終息すると、京都の幕府と同様に、鎌倉府が管轄する国の守護が鎌倉に住む在倉制《ざいそうせい》が適用された。また鎌倉には武家が崇敬する建長寺《けんちょうじ》、円覚寺《えんがくじ》などの禅寺と鶴岡八幡宮があり、鎌倉公方から所領が寄進された。京都の幕府の小型版が鎌倉にもできたのだ。

鎌倉府が体制を整えるにつれ、西国の領主が東国に持つ所領の支配が困難になり、東国の領主も西国の所領支配が困難になった。そのため東西の領主が所領を交換する相博《そうはく》が行われた。たとえば一三六六（貞治五）年には京都の天龍寺領の武蔵国津田《つだ》郷と鎌倉の建長寺領の但馬国鎌田荘《かまたのしょう》が相博され、一三九〇年代半ばには鎌倉の円覚寺領の尾張国富田荘と伊勢道《みち》貞《さだ》の所領の上総国堀代《ほりしろ》・上《かみ》郷・大崎《おおさき》郷が、一四〇六（応永一三）年には関東管領上杉憲定《のりさだ》領の三河国吉良荘《きらのしょう》家武名《いえたけみょう》と幕府政所執事《まんどころしつじ》（幕府の財政をつかさどる長）の伊勢貞行《さだゆき》領の相模国野比《のび》村とが相博された。こうして東西の遠隔地所領の整理が行われ、東国と西国はブロック化していったのだ。

3　南北朝・室町時代の荘園経営

成長する村落

南北朝・室町時代にも荘や郡郷保という所領の単位は維持され、その内部が名に分けられて、名主が耕作と徴税を請け負った構造も変わらなかった。これもまたこの時代に荘園制が続いていたことの証《あかし》だ。しかし、その内実は徐々に変わっていった。それは百姓たちが結成した村落結合の成長だ。

一三〜一四世紀の農村社会では集村化が進行していた。屋敷が転々と立地していた状態から、村落のなかで場所を決めて家屋を集中的に建てるようになったのだ。その理由は、農地の量的拡大が限界に達したため、集落内の土地を高度に利用するためだったと考えられている。つまり水田にできる場所はできる限り水田にし、畠地にできる場所は畠地にして、残った場所で住むのに適したところに家屋を集中させたのだ。そうした場所には今も家が建っていることが多く、めったに発掘調査が行われないから、西日本では一四世紀以降の集落遺跡は発掘ではほとんど検出されなくなる。ただし関東では一四世紀に栄えた集落が廃絶したのち、違う場所に集落ができることも多いようだ。また地形条件によっては集村化が難しかったり、メリットが少ない場所もあり、すべての場所で集村化したわけではない。

集村化は農作業のあり方にも影響を与えたと考えられる。従来は名ごとに屋敷地があり、その周囲に名の田畠が付属していることが多かったが、集村化すると名の田畠は複雑に入り組むようになる。その結果、農作業は名単位ではなく村落として取り組むようになり、農民同士の結びつきは強くなったはずだ。名の制度は依然として続いたが、経営の実態から離れ、所有と徴税の単位としての役割に限られるようになっていった。

村落の成長は百姓の農業経営の安定にも役立った。本来、荘郷の領主には、春に百姓に耕作する田地を割り付け、種子・農料や農具、牛馬を貸し与えて耕作を援助する勧農という仕事があった。しかし耕地が安定し、名主職が相続され、牛馬や鉄製農具を百姓自らで持つようになり、村落での助け合いも機能するようになると、百姓の経営は領主から自立していった。そうなると領主や荘官の仕事は、村落を越えた問題の処理や、外部からの侵入に対する防衛、役を課してくる守護権力との折衝、そして徴税に限られるようになった。

横の連帯によって力を強めた百姓たちは、名主職の所有権への侵害、水害・旱害による年貢の減免、代官の非法、新たな課役賦課などに対して集団で領主と交渉するようになった。若狭国太良荘では、七〇年余り相伝してきた名田を召し上げられた同僚の名主を守り、「今日は人の上たりといへども、明日はまた身の上たるものか（今日は他人のことだけれども明日は自分の身に降りかかる）」と称して集団で領主に訴えた。播磨国矢野荘例名《れいみょう》領家方では惣鎮守の大避宮で、名主らによる十三日講という集会を毎月開いており、一揆《いっき》のもとになるとして荘園領主から会合の停止を命じられている。

南北朝・室町時代には、荘園領主や荘官が耕作の指示や援助を行わなくても、百姓の力だけで農業生産を安定して継続できるようになってきた。その結果、領主に対する百姓の政治的立場も強くなったのだ。

割符による送金

南北朝時代には年貢の代銭納が普及し、京都が求める大量の商品が地方から送られた。その構造を利用して銭を運ばずに送金するシステムが割符《さいふ》だ。年貢・公事の代銭納は現物を運ぶよりはましだが、たとえば東寺領播磨国矢野荘の年貢約二五〇貫文（約二五〇〇万円）の銭二五万枚の重さは約一トンに及び、運ぶのに馬一〇頭は必要だった（実際には何回にも分けて運ばれた）。二五〇〇万円をすべて百円玉で払うようなものだ。割符は京都のほか堺《さかい》、兵庫、坂本などの港湾都市の商人が発行し、いくつか種類があったようだが、その一つのしくみは次の通りだ（図16）。

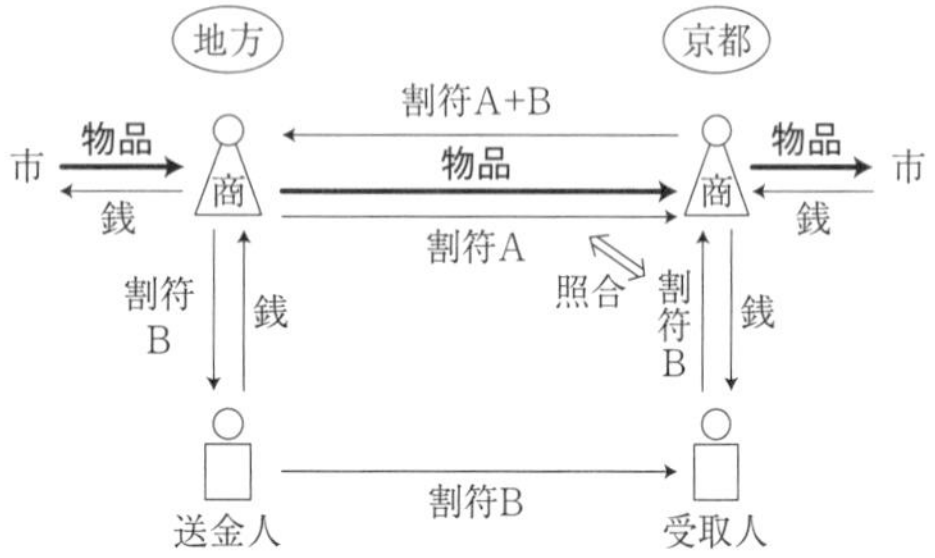

図16　割符の図解

　京都の商人が一枚一〇貫文（約一〇〇万円）を単位に割符を振り出し、京都と地方を往還する商人に渡す。割符は二つに切れるようになっており、地方に下った商人は片方の割符B券と引き替えに送金人から一〇貫文を受け取り、その銭でその土地の米麦や特産品などを仕入れ、荷にもう片方の割符A券を付けて京都まで運ぶ。一方、銭の受取人は送金人から送られた割符B券を京商人のもとに持参し、支払日を指定した裏書《うらがき》をもらう。京商人は支払日までに荷が届けば、A券とB券とを照合して受取人に銭を支払い、届かなければまた別の支払日を指定した。いつまでも荷が届かなければ、その割符は換金不能な違割符《ちがいさいふ》になった。

この種の割符は商人が銭を持参しなくても地方での仕入れが可能で、地方から年貢を納めるのに銭を送らなくて済んだ。仕入れた荷を京都で売りさばくと利益が出るから、送金手数料も不要だった。室町時代の京都と地方との価格差は大きく、一四三五（永享七）年に東寺で使われた下行枡《げぎょうます》で米一石を計った価格では、播磨国矢野荘で五四九文のところ、京都では一〇二〇文と二倍近くになった。

現代の価値で一枚一〇〇万円にも上る金銭を託すわけだから、割符を取り扱うことができるのは信用ある商人に限られ、人びともどの商人に信用と実績があるかを知っていたはずだ。割符は京都と地方の間を頻繁に往還している商人の存在を前提とした、商人の信用に基づくしくみでもあった。

代官請負とは

南北朝・室町時代の荘園支配には代官請負がよく採用された。代官は所職の権限を領主に代わって代行し、荘郷の経営を請け負い、契約した額の年貢銭を納める職《しょく》（世襲権はないので職《しき》ではない）だった。代官契約には期間を定める場合と定めない場合があったが、年貢銭の納入が滞ると契約期間中でも解任された。

荘園代官に登用される人員は大きく分けて三種類ある。①領主の組織内の人員――寺社本所領なら寺院の下級僧侶、貴族の家司《けいし》など、武家領なら惣領の庶子や被官など。これを直務《じきむ》代官と呼ぶ。②僧侶や商人――山僧や禅僧、山伏、酒屋や土倉《どそう》など。③武家代官――荘園近隣の国人、守護や守護代、守護被官、幕府奉行人などだ。代官が別の代官（又代官《まただいかん》）に再委託することも珍しくなかった。

①の領主の組織内から代官を採用すると、領主を裏切って未進や押領を行う危険が小さく、その人員に代官の収入を与えられるというメリットがあるが、代官を兼任することで組織内での本業が疎《おろそ》かになること、荘園経営の専門家ではないので業務に必要な財力や人脈に欠けがちなデメリットがあった。②山僧・禅僧や商人には財力があって多額の任料を納めた上に年貢の先払いも可能で、押領や百姓の一揆に対しても幕府や守護との人脈があって対処できる場合もあった。一方で雇い主への忠誠心は薄く、契約の一年目にはきちんと年貢を払っても、二年目から未進にして利益の確保に走り、解任されても人脈を使って居座られる危険があった。その危険を避けるため、契約の際に年貢未進があったら代納する請人《うけにん》を立てるようになった。③武家を代官に任じた場合は、その武力と人脈を頼りにできたが、未進が積み重なっても解任は難しく、そのまま押領されて二度と返ってこない危険があった。

代官の権限についても二種類あった。荘園領主が荘務権を手放さず、散《さん》（算）用状《ようじょう》という詳細な帳簿を作って領主の監査を受ける場合と、代官に定額の年貢の納入を義務づけるかわりに荘務を全面的に委任し、帳簿の提出も不要とする場合だ。遠隔地の所領や、領主に荘務を担う力がない場合は後者が選ばれた。

直務代官祐尊

南北朝時代に活躍した直務代官の例として、東寺領播磨国矢野荘領家方の代官、祐尊《ゆうそん》法眼を紹介しよう。祐尊は仁和寺の学僧に仕える下級の僧侶で、父も荘園の訴訟や年貢徴収にあたる雑掌を務めていた。祐尊は父が担当していた荘園の一つ、遠江国原田荘（静岡県掛川《かけがわ》市）で生まれたとみられ、主人の弘雅《こうが》法印が東寺の学衆《がくしゅう》（法会を行う組織の一つ）に加わった関係で、一三五二（文和元）年に二四歳で矢野荘領家方の代官として派遣された。

当時は観応の擾乱が終わった直後で、矢野荘は存亡の危機に立たされていた。寺田悪党が侵入した危機は、公文の藤原清胤《きよたね》と有力名主の実円《じつえん》の活躍によって防いだものの、この清胤が直義方についていたため公文職と重藤名が謀反人跡として没収されてしまった。寺田氏と結んだ近隣の国人、飽間《あくま》氏も侵入してきたが、祐尊は一時的に別の国人を代官に立てて危機を回避し、守護赤松則祐の側室の七々局《なのつぼね》や守護奉行人に取り入って、一三五九（延文《えんぶん》四）年に重藤名、一三七四（応安七）年に公文職の回復を実現した。

祐尊は守護から課される守護役に積極的に応じ、不満を抱く百姓に対して、守護役の経費の半分を年貢から控除して懐柔した。守護奉行人に対する節季の贈答、七々局の接待などに費やした多額の経費も年貢から支出した。祐尊はこうした行為を荘園領主の東寺に無断で行ったが、東寺は追認するしかなかった。祐尊は自分の権益確保にも熱心で、代官の地位を利用して所持する名田を増やし、その名田からは守護役を出さなかった。

それでも南北朝内乱がもっとも激しかった時期に矢野荘が東寺領として存続できたのは、祐尊の縦横無尽の活躍によるところが大きい。彼は守護権力が拡大し、百姓の村落結合も強くなった現地の状況に適応し、代官としての勤めを果たしたのだ。しかし祐尊は、次章（二三一頁）で述べる荘家《しょうけ》の一揆によって矢野荘を追われることになる。

禅僧代官

この時代に増えたのは禅僧の代官だ。室町幕府は天龍寺、相国寺などの禅寺を新たに建立し、鎌倉時代に建立された南禅寺、東福寺なども統制下に置いて、五山十刹《ござんじっさつ》の制によって禅僧の人事権を掌握した。これらの禅寺は、将軍や守護大名などから寄進を受けて数多くの荘園を持つようになった。

巨大な荘園領主となった五山派の禅寺は、その経営にあたる人員も寺内で養成した。禅寺には宋の寺院制度にならい、教学にたずさわる西班衆《さいばんしゅう》と、寺の経理や管財を担当する東班《とうばん》衆《しゅう》に分かれていた。東班衆は都聞《つうぶん》・都官《つうかん》を長として、その下に都寺《つうす》（都主）、監査にあたる監寺《かんす》（監司）、米銭を出納する副寺《ふうす》（副司）・納所《なっしょ》、庶務を担当する維那《いのう》、経蔵を管理する蔵《ぞう》主《す》、食膳を担当する典座《てんぞ》などの役職についた。これらの僧の一部は荘園の代官に任じられ、「荘主《しょうす》」と呼ばれた。

　禅僧のほかの人事と同じく、五山領荘園の荘主は室町幕府の将軍に人事権があった。たとえば一四二八（正長《しょうちょう》元）年に相国寺林光院《りんこういん》領尾張国犬山荘《いぬやまのしょう》（愛知県犬山市）の荘主を選んだ時は、将軍の側近僧の蔭凉軒主《いんりょうけんしゅ》が伺いを立て、将軍は能力のある者を選べと命じて、乾《けん》嘉《か》都寺が選ばれた。乾嘉は将軍にお目通りして三〇貫文（約三〇〇万円）を献上している。

　将軍足利義持は一四一九（応永二六）年に相国寺の規則を作り、都聞は荘園を領しない、荘主は五年を限って再任を許さないと定めた。寺務に専念すべき都聞が荘園経営にたずさわり、荘主を長く務めることが問題になっていたことがわかる。しかし一四三七（永享九）年に相国寺の祝公《しゅくこう》都聞が林光院領美濃国鵜飼荘《うかいのしょう》（岐阜市北部）の荘主に、等持院の等寿《とうじゅ》都官が加賀国の万寿寺《まんじゅじ》領四ヵ所の荘主に任命されているなど、この規則は守られなかったようだ。

　また五山派禅寺の東班衆は、寺外の荘園領主と契約して、その所領の代官に任じられることも多かった。たとえば東寺は一四〇六（応永一三）年に遠江国原田荘細谷郷の代官に正《しょう》脈院《みゃくいん》の永哲《えいてつ》蔵主、一四一三（応永二〇）年には若狭国太良荘の代官に相国寺の乾嘉副寺を任じ、一四二八（正長元）年まで在任した。先の乾嘉都寺と同一人物だろう。

　公家領でも万里小路《までのこうじ》家領尾張国六師荘《むつしのしょう》（愛知県北名古屋市）では、一四三九（永享一一）年に相国寺春熙軒《しゅんきけん》の景勲《けいくん》都聞が代官に任じられ、景勲は承寛《しょうかん》監寺を又代官として現地に派遣した。ところが承寛が百姓から排斥されてしまったため、万里小路家は景勲の代官職を解任したが、その際に土倉から五〇貫文を借りて景勲に渡している。万里小路家は景勲から年貢の先払いを受けており、代官を辞めさせると返さねばならなかったのだ。山科家領備中国水《み》田《た》郷でも相国寺の昌盛《しょうせい》都聞が代官に、承祁《しょうけ》副寺が又代官に任じられ、年貢の一部の三〇貫文が納められると、山科家はそのうち一三貫文を相国寺からの借銭の返済に回している。室町時代の公家領では、借銭を家領の年貢で返済することが常態化していた。

この時代に禅僧代官が活躍したのは、五山派の禅寺が将軍や守護大名からの崇敬を受け、守護家の子弟が入寺するなど人脈があって保護を期待できたこと、武家代官のように解任しても実力で居座るようなことはないだろうこと、禅寺では蓄積した銭を低利で貸し出す祠堂《しどう》銭《せん》も運営しており、禅僧代官は多額の銭を低利で調達できたことによる。

また五山派の禅寺は留学僧を派遣して大陸と密接に交流しており、禅僧は仏教全般に加えて朱子学《しゅしがく》などの学問を学び、高度な教養と実務能力を兼ね備えていた。一四二四（応永三一）年に醍醐寺が灌頂院《かんじょういん》を造営する際、寺内に担当できる人員がいないため相国寺に依頼し、総奉行に梵榮《ぼんえい》都聞、小奉行に監寺・副寺が就任している。東班衆はいまでいう建築コンサルタントのような仕事もしていたのだ。

土倉や酒屋も荘園代官を請け負った。土倉は顧客から質物を預かって金銭を貸し、酒屋も同様の金融業を兼業していた。室町幕府は一三九三（明徳四）年から京都とその周辺の土倉・酒屋に対する課税をはじめ、年間六〇〇〇貫文（約六億円）を納めることを条件に諸役を免除した（朝廷の造酒司《ぞうしゅし》への役を除く）。南北朝内乱の過程で味方の武将に多くの所領を配分しなければならず、直轄領が少なかった室町幕府にとって、土倉・酒屋役は貴重な財源になった。幕府は有力な土倉を集めた納銭方《のうせんかた》を組織し、土倉・酒屋役の徴収を担わせた。有力な土倉の多くは延暦寺の山僧が経営していた。

荘園領主にとって土倉は、多額の任料を納めて年貢の先納にも対応できる利点があり、土倉も領主に銭を貸し付け、荘園の年貢で返済させることで利益を得た。たとえば東寺領丹波国大山荘では、一四〇八（応永一五）年に丹波国守護代の被官の稲毛公辰《いなげきみたつ》を代官に任じたが百姓が逃散したため、一四二六（応永三三）年に酒屋の中西明重《なかにしあきしげ》を代官に任じたが、それも二年で解任し、土倉の土屋宗玄《つちやそうげん》を代官に任じた。宗玄は一〇年契約で年四〇貫文の年貢納入を約し、任料四貫二〇〇文と年貢の先納分二〇貫文を納め、菱河荘《ひしかわのしょう》祥雲庵《しょううんあん》の住持を請人に立てて、未進があれば祥雲庵の所領を差し押さえてよいことも約束した。また大山荘の東寺の領有について争いがあった場合は、納めた銭に利分を付けて返却する特約を設けた。

ところが前代官の中西明重が解任に納得せずに居座ったため、宗玄は稲毛公辰を又代官に任じて追い出す挙に出た。これに百姓が反発したため宗玄は一年で解任され、元の中西明重に戻っている。酒屋・土倉・武家・禅僧がともに関わった代官請負の実態がうかがえる。

土倉や酒屋が荘園領主に先に金銭を貸し付け、所領から年貢を収取して元利を回収することもよく行われた。中西明重は一四三二（永享四）年に山城国小泉《こいずみ》御厨《みくりや》の領主の任清《にんせい》法印から一三年分の年貢収取権を買い、また梶井門跡領近江国甘呂《かんろ》・八坂《やさか》を借物のかたに差し押さえている（「御前落居記録」）。山僧の安養春澄《あんようしゅんちょう》は丹後国守護の一色義直《よしなお》に銭を貸して同国久美荘《くみのしょう》の代官に任じられたが、応仁《おうにん》の乱中に回収できなかった分の収取の再開を一四八〇（文明《ぶんめい》一二）年に幕府に訴えている（「政所《まんどころ》賦銘引付」）。室町時代の土倉・酒屋が築いた巨万の富は、荘園所職を質物に取った代官請負によってもたらされた部分も大きかったのだ。

守護請

守護請は、地方で大きな権力を振るった守護に荘園の代官を任せるものだ。ほかの武家からの侵略を防げるという点では最強だが、未進があっても解任が困難という、一筋縄ではいかない代官だった。守護請は実際には守護や守護代の被官が荘園に派遣されたが、彼らが現地の百姓と対立して一揆を引き起こしがちなことも問題だった。

東寺領では周防国美和荘（山口県光《ひかり》市）で守護請が行われた。美和荘は南北朝の内乱で周防国守護の大内弘世が南朝に与《くみ》したため音信不通となったが、息子の義弘が室町幕府に帰順すると一三八三（永徳三）年に寺社領の返付を決め、東寺は直務代官を現地に派遣したが年貢の収納はうまくいかなかった。そこで東寺は大内義弘から推薦された被官の沓屋帯刀成《くつのやたてわきなり》重《しげ》と年貢四〇貫文の納入を定めた一〇年間の請負契約を結び、請人を大内氏重臣の杉《すぎ》豊後守と京都在住の僧祐禅《ゆうぜん》、又代官には成重の弟の祐円《ゆうえん》入道を任じている。

万里小路家領の美作国《みまさかのくに》国衙領（岡山県）も守護赤松氏の請所になっており、もとは年貢二〇〇貫文だったが一四二八（正長元）年には一五〇貫文に減っていた。一四四一（嘉吉《かきつ》元）年の嘉吉の乱で赤松氏が没落するとこの請負契約も解除され、万里小路家は相国寺の乾《けん》正《せい》都寺を代官に任じたが、新守護になった山名氏は守護請を望み、禅僧代官を受け入れなかった。同家領尾張国六師荘は守護代織田氏の請所で、その被官の御厨野《みくりの》氏が又代官を務めたが、百姓と対立したため一四三一（永享三）年に相国寺の正融《しょうゆう》副寺が代官に起用された。しかし織田氏は代官の解任をなかなか承諾せず、万里小路家の使節は御厨野氏の妨害にあって召し籠められてしまった。

代官請負と荘園制

室町時代の荘園では、現地で守護や国人が支配を拡大しようとしてはいたものの、禅僧や土倉・酒屋による代官請負も広く行われ、複雑な代官契約の連鎖によって荘園支配が行われていた。組織外の人員を代官に登用することは、荘園領主にとって荘園経営の「外注」だった。外注化は担い手の集約でもあり、五山派禅寺の東班衆のような荘園経営専門のコンサルタント集団が生まれ、金融業と荘園経営との相乗効果で土倉や酒屋は巨額の利益を上げた。

しかし禅僧や土倉・酒屋が代官として活躍できたのは、室町幕府によって取引の秩序が維持され、守護権力によって地域の治安が維持されていたからだ。また代官や荘官がいちいち指示や援助をしなくても、村落での助け合いのもとに百姓が農作物を作っていたからだ。こうした社会基盤のもとで、年貢の徴収権を与える所職が、あたかも利得を生む証券のようにやり取りされていたのが室町時代の荘園制だった。

代官請負制は中世荘園制の最終段階に現われた支配形態で、それ自体は合理的な面があり、室町時代の経済は繁栄を誇った。しかし荘園経営の外注化による領主権の空洞化、弱体化を招き、社会を不安定にしていったのだ。

第九章　荘園制の動揺と解体

1　蜂起する百姓

荘家の一揆

百姓の農業経営の安定と村落の発達により、百姓たちの力は強まった。一方で守護権力の拡大により守護からの役が課され、欲深い代官が強引な年貢・公事物《くじもつ》の取り立てを行った。こうした課税の強化に対して百姓たちは、代官や荘官を訴えて一揆逃散し、彼らを解任に追い込み、意に沿わぬ代官の赴任を阻止した。その手段は百姓たちが集団で示し合わせて荘園から逃れ、山野や近隣にひそんで田畠《たはた》の耕作を拒否することで、現代のストライキにあたる。耕す人がいなければ荘園は無収入になるから、領主への打撃は大きかった。これを荘家《しょうけ》の一揆という。

播磨国矢野荘では一三七七（永和《えいわ》三）年正月に一揆逃散が起こった。前章で述べた通り、矢野荘には直務代官祐尊が東寺から派遣されていたが、百姓らは守護権力にすり寄る祐尊によって負担させられた守護課役や、彼の荘内での権益の追求、村落結合のリーダー格だった実円・実長《じっちょう》父子への弾圧などに反発して祐尊の代官解任を求め、一味神水《いちみしんすい》して逃散したのだ。一味神水とは、この時代に人びとが一致団結してことに当たる際、寺社の境内《けいだい》などに集まり、誓いの内容と誓いを見届ける神仏の名前を書いた起請文《きしょうもん》を焼いて神仏に捧《ささ》げ、その灰を水に混ぜて回し飲む儀式で、誓いに反した際は神仏の罰を受けると考えられていた。逃散は脱落者が出ると効果が弱まるので、百姓たちは一致団結を誓ったのだ。

この一揆逃散に対して代官祐尊は、それまで培ってきた守護権力との人脈を活用し、近隣の国人《こくじん》に百姓の責め出しと張本人（首謀者）の逮捕を依頼するとともに、百姓らが寄合をしていた場に数十人の悪党を率いて乱入した。そして百姓らを河原に連行して脅迫し、なおも抵抗する百姓を牢屋《ろうや》に閉じ込める挙に出た。百姓の帰還と耕作の開始を第一に考えていた東寺は、この事実を知って驚き、祐尊の代官を解任して京都に召還した。

祐尊が解任されたあとしばらくして、一三八〇（康暦《こうりゃく》二）年に明済《みょうさい》法眼が代官に任じられた。祐尊が権力者に取り入る能力に長《た》けていたのに対し、明済は東寺の近くにある土倉の共同経営者になり抜群の財力を持っていた。この明済に対しても矢野荘の百姓らは代官の解任を訴え、一三九三（明徳四）年末に一揆逃散を敢行した。百姓が訴えたのは、明済が荘内に一一ヵ所もの名《みょう》を持ちながら守護役を務めないこと、年貢を代銭で受け取らないことなどだった。明済が多くの名を持っていたのは、名主職を担保に百姓に高利貸をしていたからだ。年貢を代銭で受け取らないのは、米で受け取って換金の利益を得るためだった。

この一揆逃散に対しては東寺の対応が敏速で、近隣の国人らに宛てた守護の命令書を京都で取得して明済に送った。一方の百姓側も明済が富裕であることを守護方に吹き込み、富裕税である有徳銭《うとくせん》を課するよう差し向けた。これが功を奏したのか、明済は東寺に知らせずに百姓側と和睦《わぼく》したが、この和睦も破れて一三九六（応永三）年には荘政所《しょうのまんどころ》が放火され、守護方の使節が入って張本人の検断を行う事態となった。その責任を取って明済は弟子を代官として荘に残し、京都に帰任している。

高野山領紀伊国鞆淵荘では一四一八（応永二五）年に下司《げし》による夫役の徴発を訴えて百姓が一揆逃散した。いったんは和睦したものの五年後に再燃し、今度は下司と公文を訴えて一揆逃散した。百姓が訴えた内容は、不当な課役、糺明《きゅうめい》なき処罰、牛の徴発、牛殺しの罪を着せる、金銭を積み立てる頼母子《たのもし》への加入強制、土地の強奪、商品代金の未納など多岐にわたった。領主の高野山は公文の非法を停止《ちょうじ》させ、京上夫を除く下司の非法も停止させた。鞆淵荘の下司が京上夫の賦課にこだわったのは、下司職を持つため守護の命で在京奉公しなければならないからだった。

南北朝内乱のもとで兵粮の運搬や山城の構築などに使役された守護役は、平和な時代には守護の在京生活のために使役される京上夫などに転化した。百姓の負担は変わらないどころ

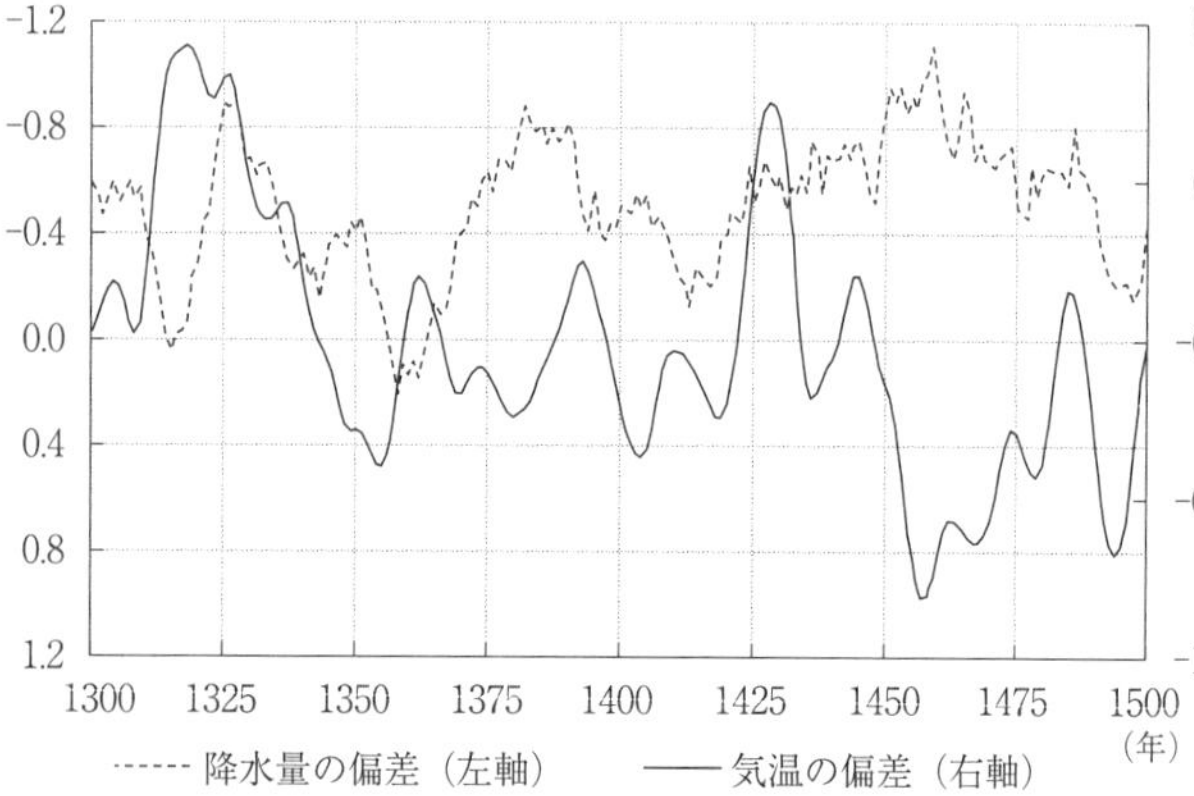

図17　14〜15世紀の気候

か、移動の負担を考えたらむしろ重くなっていたのだ。

変化の激しい気候

南北朝・室町時代の気候は気温・降水量ともにアップダウンが激しいところに特徴があった（図17）。鎌倉時代後期からの気候を見ると、一三世紀末は低温多雨だったが、一四世紀に入ってから気温は上昇を続け、一三一〇年代は高温少雨となった。ところが一三三〇（元徳二）年頃からまた低温化が進み、一三四〇年代半ばからは多雨も重なった。播磨国矢野荘では一三四九年、五〇年、五三年に大洪水にみまわれ、山城国上野荘でも一三五〇年、五四年、五六年に洪水が襲い、一四〇年ぶりに桂川《かつらがわ》の河道が変わった。木曽川の河岸に立地した尾張国大成荘《おおなりのしょう》（愛知県愛西《あいさい》市）では、一三五七（延文二）年頃に洪水が多発し、堤防が決壊している。この厳しい時期が南北朝内乱のもっとも激しい時期に重なるのは興味深い。

室町時代に入った一四〇〇年代からは一転して少雨傾向になり、各地で旱魃《かんばつ》にみまわれた。矢野荘では一四〇八（応永一五）年と一五年、一四一八〜二〇年の三年連続で大旱魃にみまわれている。大山荘では一四〇七年の旱魃で不作になった西田井村の年貢を負担させられそうになった一印谷村の百姓が逃散した。備中国新見荘でも一四一八年の大旱魃の翌年に百姓が逃散している。

桂川の右岸に立地する山城国上久世・下久世荘（京都市南区）でも一四一七（応永二四）年から水不足に悩まされており、翌一八年には用水の途中にある堰《せき》が下流の荘園によって切り崩され、水が奪われる事件が起きた。下流の荘園も水に困っていたのだ。荘民は一四一八年に荘園領主の東寺から用水整備の費用として九石五斗の井料《いりょう》を下されて修補したが、翌年には不作で三〇石の年貢が減免された。

応永の飢饉

打ち続く旱魃の結果、一四二〇（応永二七）年から翌年にかけて応永の飢饉が起こった。この年の春から夏は異常な少雨で、新暦四月は五日、新暦五月は三日しか雨が降らなかった。平均では一〇日降るはずだ。新暦六月こそ一〇日の降雨があったが、新暦七月は七日、新暦八月は四日しか降らなかった。朝廷は何度も祈雨奉幣《きうほうへい》（京都とその近郊の神社に雨乞いの捧げ物をすること）を行い、相国寺をはじめ諸寺院でも祈雨の祈禱《きとう》が行われたが効果はなかった。七月には天下飢饉を理由として祇園祭も中止された。

あちこちの荘園で用水をめぐる争いが起こった。伏見宮《ふしみのみや》家領の山城国伏見荘《ふしみのしょう》（京都市伏見区）では、領主の伏見宮貞成《さだふさ》が関白九条満教《みつのり》に頼んで、その所領の東九条荘《ひがしくじょうのしょう》から用水を分けてもらう約束を取り付けた。しかし伏見荘民が出向いたところ、深草郷《ふかくさ》（京都市伏見区）の郷民らが甲冑《かっちゅう》を着けて分水の場所に陣取り彼らを追い返した。実は深草郷も東九条荘に分水を依頼していたのだ。上久世・下久世荘では三月末に荘民が東寺のもとに集団で陳情し、一二石五斗の井料を下されて用水を整備したが、一八石の年貢が免除された。

連日の雨乞いが効き過ぎたわけでもあるまいが、新暦九月上旬からは一転して雨が降り続き、台風も襲った。この年の稲の収穫は絶望的となり、連年の天候不順で備蓄も少なかったため、年が明けると深刻な飢餓が襲った。

この時代、富も物資も京都に集まることを知っていた人びとは、飢えると京都を目指した。京都の通りには物乞いが充満し、餓死者は数知れなかった。室町幕府は諸大名に食料の炊き出しを命じたが、極度の飢餓状態で急に食べたために亡くなる者も続出した。衛生状態の悪化により、新暦三月には疫病が流行しはじめた。疫病は貴賤《きせん》を問わず人びとを襲い、内大臣大炊御門宗氏《おおいみかどむねうじ》、権大納言中山満親《なかやまみつちか》らの公家たちまでが命を落としている。

一四三〇年前後の異常気象

旱魃が続いた反動か、一四二三（応永三〇）年からは一転して多雨傾向になり、各地で洪水が頻発した。一四二七年は、はじめ旱魃で新暦五月末〜六月はじめには雨乞いの祈禱が行われたが、新暦六月中旬から降り続いた大雨により、上久世・下久世荘では東西二本の用水に土砂が流下して白い河原のようになった。翌年三月末に荘民は東寺に列参し、今度の水害は五〇年、一〇〇年もなかった大水害だと訴えた結果、四〇石の年貢が減免された。用水補修のための井料も翌年三月に一二石、翌々年に一四石が下された。ところが一四二九（永享元）年の新暦九月末、桂川に再び大洪水が襲い、山城国上野荘では荘域全体が壊滅し、土砂に覆われた白河原になってしまった。翌一四三〇年にも新暦九月末の大洪水で桂川の堤防が決壊し、上久世荘の東半分が水没して七八石の年貢が免除される前代未聞の事態となった。

一転して一四三三（永享五）年には深刻な旱魃が襲った。播磨国矢野荘では、それまででもっとも多い三分の二の年貢が免除された。紀伊国では紀ノ川から取水する宮井《みやい》用水と六箇《ろっか》井《い》について激しい水争いが起き、守護の畠山氏が乗り出す事態になった。

この時期の気候には異常なことが起きていた。気温が一四二三（応永三〇）年から急上昇をはじめ、一四二七年には約一〇〇年ぶりの高温になったのだ。しかも通常は気温が上がると降水量は減るのに、このときは降水量も増えて一四二九（永享元）年には四〇年ぶりの高水準に達した。日本列島の気候で高温のピークと多雨のピークが重なるのは珍しい。高温多

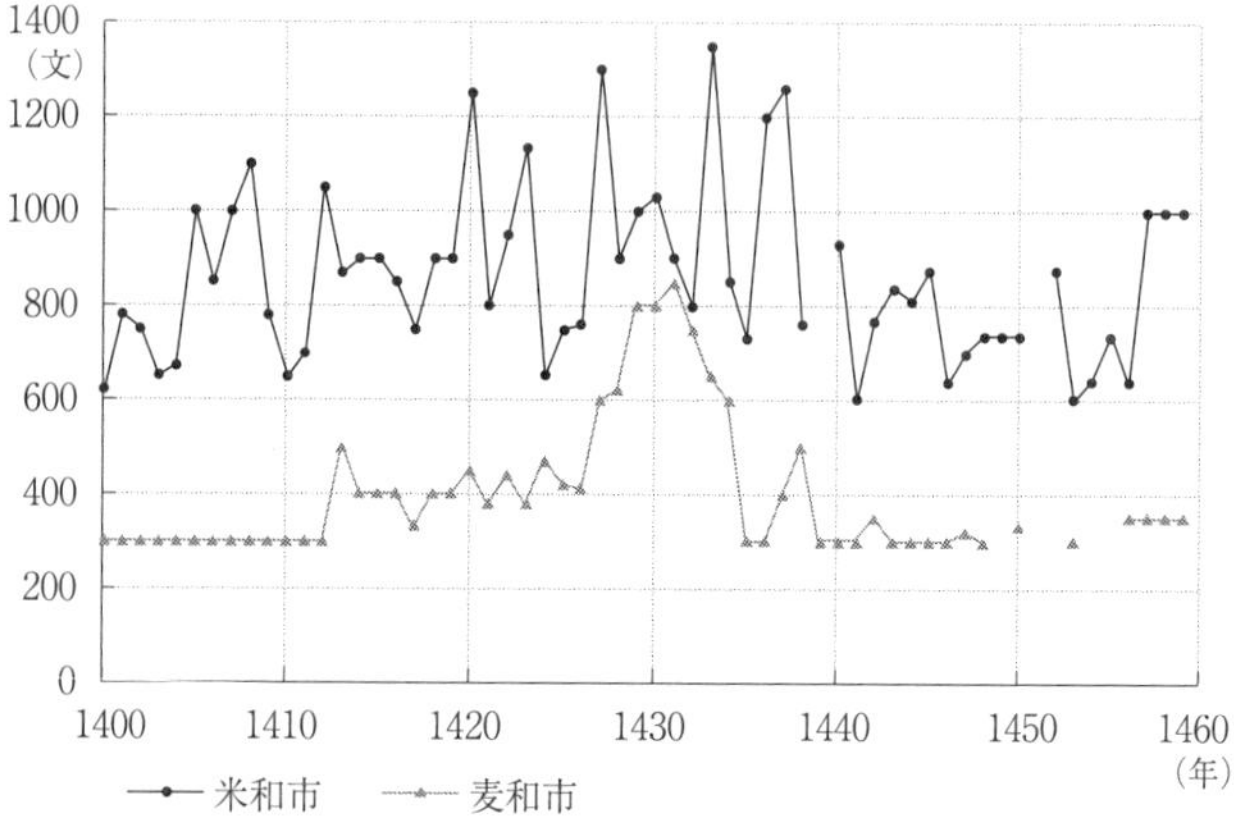

図18　15世紀の播磨国矢野荘の米麦和市

湿の気候では集中豪雨が起こりやすく、豪雨による洪水は一気に大量の土砂を流下し、農地と用水路を損壊したはずだ。一四三二年からは気温・降水量ともに下がりはじめるが、翌三三年には七〇年ぶりの少雨となり、大旱魃が起きている。

この時期の農業生産に異常なことが起きていたのは物価からもわかる（図18）。播磨国矢野荘の年貢米の換金相場である和市は、応永の飢饉が生じた一四二〇（応永二七）年に一石あたり一二五〇文を付けた後に二四年には六五〇文まで下げたが、二七年には飢饉の年を上回る一三〇〇文に上がり、一四三三（永享五）年には一三五〇文と、記録が残る一一五年間での最高値を付けた。麦の価格も同じように上がり、一四二七年に六〇年ぶりに六〇〇文を付けた後、二九年、三〇年に八〇〇文、三一年には最高値の八五〇文を付けた。大豆も一四三〇年に八〇年ぶりに八〇〇文の高値を記録した。

この時期の水旱害の被害を大きくしたのは、室町時代の建築ラッシュによる山林の破壊も影響しているかもしれない。足利義満は建立した相国寺に一〇〇メートルを超える七重大塔を建て、それが落雷で焼け落ちると再建し、それも焼け落ちると金閣《きんかく》のある北山第《きたやまだい》に再建した。三度も大塔を建てるのに費やした木材は莫大な量だろう。播磨国矢野荘からは、この大塔や北山第の造営をはじめ、赤松氏の菩提寺の宝林寺《ほうりんじ》など播磨国内の寺院の建造にも材木を拠出しており、一四一〇（応永一七）年には荘内の上村天神《うえむらてんじん》・荒神《こうじん》の霊木まで伐採している。京都近郊の山城国久多荘《くたのしょう》（京都市左京区）では一四五九（長禄《ちょうろく》三）年に「近年事、山をことごとく切《きり》つくし候《そうろう》て、御材木更《さら》にもって御座なく候」と言われており、材木にするような木は京都周辺に残っていなかった（「久多荘文書」）。薪炭《しんたん》生産のための樹木伐採も進んだだろう。こうした伐採の進行によって洪水で山が崩れて土砂を流下し、保水力の低下で旱魃の被害を大きくした可能性は高い。

正長の土一揆

足利義満に続いて室町幕府の安定期を築いた四代将軍足利義持は、子の義量《よしかず》の早世後の後継者を定めないまま一四二八（正長元）年に死去し、将軍職は義持の兄弟四人のなかから仏門に入っていた義教がくじ引きで選ばれた。新将軍義教にとって不幸なことに、この年は先に述べた異常気象の最中にあり、「日本開闢《かいびゃく》以来、土民蜂起これ初めなり」（『大乗院日記目録』）と言われた正長の土一揆《つちいっき》が勃発した。

この土一揆は八月に近江国から起こり、九月には京都近郊に広がり、一一月には伊賀・伊勢・大和・紀伊・和泉・河内国に及んだ。播磨国矢野荘にも土一揆は波及し、守護の赤松氏は土一揆討伐のための兵粮と人夫役を賦課し、張本人を捜索した。土一揆に加わった者たちは、徳政と号して酒屋・土倉・寺院を襲い、借書を焼いて質物を取り返した。そのため土一揆は徳政一揆とも呼ばれる。

人びとが過激な行動に出た背景には物価高があった。土一揆の前年、一四二七（応永三四）年の矢野荘での米価は、その前年の七六〇〇文から倍近い一三〇〇〇文に値上がりしており、京都ではもっと上がったはずだ。麦も大豆も値上がりしており、農産物以外の物価も上がっただろう。この物価高に対して庶民はなけなしの所持品を質に入れて銭を借り入れるしかなかった。一四二八年の米価も九〇〇〇文と高く、いよいよ返せる見込みがなくなったとき、金融業を営む酒屋や土倉を集団で襲ったのだ。

幕府から徳政令は発布されなかったが、独自に徳政を行った地域もあった。大和国東部にある春日社領神戸《かんべ》四箇郷《しかん》（奈良市柳生町《やぎゅうちょう》）では、すべての債務の消滅が宣言され、天然痘よけを祈願した疱瘡地蔵《ほうそうじぞう》が彫られた巨石に「正長元年より前の負債は神戸四箇郷には存在しない」という意味の字句が刻まれている。河内国でも二一年以内に売買された田畠を取り戻す徳政が行われたという。

年が明けると、土一揆はさらに過激化した。播磨国では土民が再び蜂起して国中の侍を攻め、荘園代官だけでなく守護方の軍兵まで討ち死にし、あるいは追い落とされた（「薩戒《さっかい》記《き》」）。丹波国大山荘では百姓らが政所を焼き、武家代官の家来を討った。大和国宇陀郡でも、榛原《はいばら》の刀禰《とね》兄弟に率いられた土一揆との合戦で伊賀国守護が戦死した。翌年に奈良を襲撃した土一揆は、奈良所在の寺領荘園に納める年貢の一括免除を要求して受け入れられた。土民らは荘園代官と守護権力とが癒着した支配体制に対し、真っ向から反旗をひるがえしたのだ。

嘉吉の乱と土一揆

正長の土一揆の混乱のなかで将軍職に就任した足利義教は、金銭貸借に関する法令を発布し、裁判制度を整えるなどの施策を打ち出したが、前代から引き継いだ重臣たちが亡くなると専横をきわめ、些細《ささい》なことでも自分に意見した者に重罰を科して「万人恐怖」と言われるようになった。播磨国など三国の守護を務めていた赤松満祐《みつすけ》は、義教が赤松氏を滅ぼそうとしているという噂を信じ、一四四一（嘉吉元）年六月に義教が自邸を訪れた機を捉えて暗殺した。これが嘉吉の乱だ。

将軍暗殺という権力の空白を突いて、八月には近江国で再び土一揆が蜂起した。八月末には京都近郊で蜂起した土一揆が徳政と号して市中に攻め入り、東寺、清水寺《きよみずでら》、東福寺、北野《きたの》太秦寺《うずまさでら》、西八条などを占拠して京都に出入りする交通路を封鎖した。今回の土一揆は前回とは違い規律を保って行動し、室町幕府に徳政令の発布をせまった。

将軍不在の幕府は土一揆の勢いに屈して九月に徳政令を発布した。御家人の保護に限られた永仁の徳政令とは違い、借りた人の身分を問わずに債務を消滅させたのだ（神物と祠堂銭の借入れを除く）。

土一揆の動きは諸国に波及した。一四五六（康正《こうしょう》二）年正月には遠江国引間《ひくま》（静岡県浜松市）の土倉が襲われる土一揆が勃発する。この土倉には蒲御厨《かばのみくりや》の百姓が種籾と食米を質に入れていたという。困窮した百姓は、種籾や食米まで質に入れざるを得なかったのだ。一四五四（享徳《きょうとく》三）年には播磨国の赤穂郡代が尺師浦《しゃくしのうら》の百姓を殺害したことで「郡中土一揆」が蜂起している。農業環境の悪化により、百姓と土倉、百姓と守護権力の対峙はますます先鋭化していった。

2　寛正の飢饉と応仁の乱

復興の努力

一四三〇年代から、これまでにない多額の年貢減免を百姓から求められた荘園領主は、百姓が言う田地の荒廃が本当かどうか確かめようとした。

播磨国矢野荘では大旱魃におそわれた一四三三（永享五）年に百姓が皆損を主張したため、荘園領主の東寺は八五年ぶりに田畠の一筆ごとに収穫可能な得田と不可能な損田を調査する内検《ないけん》を行った。その結果、約半分の年貢が免除された。再び旱魃におそわれた一四四三（嘉吉三）年の内検では八割、四五（文安《ぶんあん》二）年の内検では八割五分の年貢が免除され、農業生産に壊滅的な打撃を受けていたことがわかる。百姓は嘘《うそ》をついてはいなかったのだ。東大寺領播磨国大部荘でも一四三五（永享七）年から内検が復活している。

荘園の荒廃を荘園領主は手をこまねいて見ていたわけではない。一四二九（永享元）年の大洪水で壊滅した山城国上野荘では、従来の用水路が使えなくなったため二〇〇貫文余りを費やして新しい用水を引こうとしたが、下流の荘園の反対などで頓挫《とんざ》した。一四四〇年には近隣の国人の革島貞安《かわしまさだやす》を好条件で代官に任じたが一年で解任された。後任の代官には東寺のなかから玄雅法橋《げんがほっきょう》らが選ばれ、三〇〇貫文余を費やして一四四二（嘉吉二）年に田地が開かれたが、翌一四四三年新暦六月の洪水で無に帰した。それでも東寺は復興をあきらめず、一四四五（文安二）年に玄雅を再び代官に任じて一〇〇貫文余りを投じたが、またしても新暦七月の台風で破損した。

たび重なる開発の失敗で代官玄雅は多額の借金を抱え、東寺に無断で代官職を近隣の梅宮《うめみや》神社の神主、中野賢祐《なかのけんゆう》に売却した。賢祐は自社と松尾大社に話をつけて両社領を通る新たな用水路を引き、堤防を築いて上野荘の復興に成功し、一四五八（長禄二）年には「荘家満作、年貢無為（荘園の田地はすべて耕作され、年貢は問題なく納められている）」と言われるまでになった。しかし玄雅は代官職の売却が露見して罰せられ、賢祐は上野荘の百姓と対立し、一四六一（寛正二）年に突然没落してしまった。

用水不足で長らく皆損に近い状態が続いていた丹波国大山荘西田井村でも、代官の中西明重が守護被官の細田聡正《ほそだとしまさ》に委託して一四四二（嘉吉二）年から再開発が行われ、用水池を新設して六町三反余りの田地を開発している。

荘域に低湿地を抱えていた若狭国太良荘では、一四五七（長禄元）年に守護被官の家来の山内右近大夫《やまのうちうこんだゆう》により、荘の南を流れる大川の堤に埋樋《うずみひ》をくぐらせて湿地の水を排水することで新田を開いている。しかしこの堤防を管理する今富荘は田地と堤が損失したとして埋樋を塞《ふさ》ぐ実力行使に出たため、東寺は守護方に訴え出ている。

上野荘といい、太良荘といい、復興のために新しいことをしようとすると、ほかの荘園の利害に抵触してしまうのだ。地域社会を領域型荘園という独立した小世界で区切った荘園制の限界が見えてきたと言えよう。

寛正の飢饉

一四五〇年代には気温が急降下し、降水量も増加して一四五四〜五五（享徳三〜康正元）年には一六七年ぶりの雨が二年連続で降り、一四五五〜五九（康正元〜長禄三）年にかけては、二二〇年前の寛喜の飢饉のときに次ぐ低温の年が続いた。こうした悪天候が続いた結果、一四五九年から一四六一年にかけて、寛喜の飢饉と並ぶ中世の二大飢饉である寛正の飢饉が発生した。

一四五九（長禄三）年は田植えの時期から夏にかけてなかなか雨が降らず、新暦一〇月はじめには台風が数度襲来した。この年の稲の収穫は惨憺《さんたん》たるもので、矢野荘では九割の年貢が免除された。翌一四六〇年の新暦四月には、京都六条の道端に死んだ我が子を抱いた女の物乞いが慟哭《どうこく》していた。河内国で三年続いて稲が実らず、年貢が納められずに罰せられそうになったので逃げてきたという。

でもこれは飢饉の序曲に過ぎなかった。新暦五月半ばと六月上旬には大雨が降り、収穫間近の麦と田植え直後の稲に打撃を与えた。新暦六月末には寒波が襲い、人びとは冬服を着た。中国地方の中山間部にあたる美作・伯耆・備中国（または備前・備後）では人肉食にまで追い詰められ、備中国新見荘では七月末に武家代官を排斥する荘家の一揆が起こった。新暦七月上旬には大雨が降り、諸国で堤防は決壊し橋は落ちた。近江国では琵琶湖の水があふれて田地をおおい、収穫が絶望となった農民は他国に流浪した。夏には台風や蝗《いなご》の害も受けて、この年の稲も大凶作となり、年末には寛正への改元が行われた。

飢饉の本番は三年目の一四六一（寛正二）年だった。応永の飢饉のときと同じく人びとは京都を目指した。新暦三月はじめには越中出身の願阿弥《がんあみ》という僧によって流民を収容する大きな小屋が建てられ、粟粥《あわがゆ》の炊き出しが行われた。将軍義政《よしまさ》は願阿弥に銭一〇〇貫文を与えて援助したが焼け石に水だった。流民が寝起きした寺院の境内では日に一〇〇人の餓死者が出たが、新たな流民がその倍は流入した。新暦四月中旬には賀茂川の河原に死体が満ち、洛中の死者は八万二〇〇〇人に上った。これはある僧が死人の一人一人に卒塔婆《そとば》を置いた結果なので、正確な数だろう。新暦五月下旬にはようやく麦が実り、飢餓は一息ついたが疫病は続いた。

低温多雨の気候は一四八〇（文明一二）年頃まで続き、人びとはさらに二〇年間も厳しい気候に耐え忍ばねばならなかった。

室町幕府の迷走と応仁の乱

嘉吉の乱で将軍を失った室町幕府は迷走した。乱の翌年、足利義勝《よしかつ》がわずか九歳で元服して将軍に就任したが、その翌年には早世してしまう。後継者に弟の義政が定められたものの、将軍職への就任は六年後の一四四九（宝徳《ほうとく》元）年にまで遅れた。

将軍による統制の弱体化は、管国を排他的に支配したいという守護の欲求を解放し、荘園の押領が再びはじまった。嘉吉の乱を鎮圧して赤松氏の遺領を与えられた山名持豊《もちとよ》（宗全《そうぜん》）は、「播磨・美作・備前等のこと、新守護が勝手に押領してまったく制止が効かない。将軍の命は無きも同然だ」と言われたように、幕府の制止を無視して荘園の押領を進めた。若狭国守護の武田《たけだ》氏は、国中の寺社本所《ほんじょ》領の預所職の知行を認める幕府の許可を得たと称し、荘園の代官職を没収して被官に分け与えた。

成人した足利義政は将軍の権威を回復しようとしたが、一度決定したことを二転三転させて混乱を招いた。諸大名の後継者をめぐる争いが激化しており、なかでも畠山氏の家督（家長の地位）をめぐる義就《よしなり》と政長《まさなが》の争いは深刻だった。一四六七（応仁元）年正月、将軍義政は畠山政長の管領職を罷免《ひめん》し、畠山邸を義就に引き渡すよう命じたが、政長は将軍御所の北東の上御霊社《かみごりょうしゃ》に陣取り、御所を攻撃する構えをとった。将軍義政は義就と政長を一対一で対決させようとしたが、両方に味方する諸大名がそれぞれ集まり、あれよあれよという間に東西の陣に分かれて市街戦をはじめた。これが応仁の乱だ。この大乱は荘園制の核だった京都を主戦場として戦われ、京都に結集していた諸領主と商人の活動に深刻な打撃を与えた。

守護の下国

開戦から一〇年余を経た一四七七（文明九）年には西軍が解散して乱は終結したが、京都での戦闘は終わっても、一つの国に東西両軍が任じた二人の守護がいる状態は解消されず、地方での戦闘は続いた。義政の権威は地に落ち、もはや在京して側近く仕える必要を感じなくなった守護は、次々と管国に下っていった。一四七七年に大内政弘《まさひろ》が国へ下ったのを皮切りに、土岐氏、山名氏、赤松氏、斯波氏が次々と国へ下り、畠山義就と政長も下国して河内国などで死闘を続けた。遅くまで残っていた一色義直も一四八六（文明一八）年に下国して、京都には管領の細川政元《まさもと》と若狭武田氏などを残すのみとなり、室町時代の荘園制を支えていた守護在京制は瓦解《がかい》した。

守護は管国での戦いに勝利するために、新たな財源や家臣への恩賞地を確保しなければならなかった。そこでとられた手段が京都や他国にいる領主の所領に対する半済の賦課や押領だ。守護はもはや幕府に遠慮せず、五山領荘園や幕府御料所、奉公衆・奉行人らの幕府直臣領もその対象となった。たとえば丹後国守護の一色義直は、下国すると直ちに等持院領宮津《みやづの》荘《しょう》に半済を賦課し、常在光寺《じょうざいこうじ》領大石《おおいしのしょう》荘や鹿王院《ろくおういん》領余戸《あまるべのしょう》荘などを押領した。

諸国の守護による御料所の押領に直面した新将軍の足利義尚《よしひさ》は、この事態を打開するため、一四八七（長享《ちょうきょう》元）年に寺社本所領・幕府御料所・直臣領などの押領を続ける近江国守護の六角高頼《ろっかくたかより》に対し、自ら軍勢を率いて討伐に向かった。しかし高頼は甲賀《こうか》郡の山中に逃れて持久戦に引き込み、義尚は一四八九（延徳《えんとく》元）年に陣中で没してしまう。続いて将軍に立った足利義材《よしき》（のちに義尹《よしただ》、義稙《よしたね》と改名）も諸国の守護に幕府直臣領の返還と在京を求め、従わない六角高頼に対して再度の討伐を行ったが、影武者の首を取らされて失敗した。

将軍義尚と義材によって実行された二度の六角征伐は、在京義務を放棄し、寺社本所領・幕府御料所・直臣領の押領を続ける守護の行動に対し、室町幕府がとった最後の抵抗になった。六角高頼討伐に失敗した将軍義材は続いて河内国の畠山基家《もといえ》の討伐に乗り出したが、一四九三（明応《めいおう》二）年、管領細川政元は義材を追放し、足利義澄《よしずみ》を将軍に擁立するクーデターを敢行した。この明応の政変により、室町幕府の権威は決定的な打撃を受けた。

京都の衰退

ところがクーデターを起こした細川政元も一五〇七（永正《えいしょう》四）年に暗殺されてしまい、分裂した細川氏をはじめ、諸勢力が京都をめぐって争奪戦を繰り返した（永正の錯乱《さくらん》）。相次ぐ戦乱により京都の人口は減少し、政治的・経済的な重要性も低下した。これによって荘園制の求心的な経済構造、地方から京都へ向かう物流、京都と地方を往還する商人のネットワークも致命的な打撃をこうむった。

京都の衰退は米価からもうかがえる。京都の東寺で使われた下行枡という枡で計られた米一石の価格は、寛正の飢饉がはじまった一四五九（長禄三）年は一一七六文だったが、三年目の一四六一（寛正二）年には一貫文になり、一四六三年には半値の五二六文に暴落した。これは飢饉による人口減少のためと考えられる。米価は応仁の乱が終わっても上がらず、一六世紀は平均して五四〇文ほどで推移している。これは守護の下国による人口減少と、京都に残っていた領主の窮乏のためと考えられる。

応仁の乱後の荘園

応仁の乱後の守護の下国によって荘園制はほとんど崩壊したが、何百年も続いた制度だから、そう簡単にはなくならなかった。応仁の乱後も武家代官や守護請によって、少額の年貢が納入され続けた荘園は少なくない。東寺は一四七八（文明一〇）年に将軍義尚から寺領の総安堵を受け、乱中に音信不通となっていた丹波国大山荘、播磨国矢野荘、備中国新見荘、摂津国垂水荘《たるみのしょう》、近江国三村荘については、少額ではあるが年貢の進納が再開されている。矢野荘は一五四六（天文《てんぶん》一五）年まで年貢が納められ、備中国新見荘からは代官の新見氏が室町幕府滅亡の翌年の一五七四（天正《てんしょう》二）年まで年貢を納め続けた。最後の年に送られてきた年貢は特産の紙が三〇束（一束は四八〇枚）、銭に換算して五貫四〇〇文だった。

地方の荘園の支配が成り立たず、困窮した荘園領主のなかには、荘園の現地に下る者も現われた。摂関家の一つ、九条家の当主の九条政基《まさもと》は、応仁の乱中の一四七〇（文明二）年に家領の尾張国二宮荘《にのみやのしょう》（愛知県犬山市）に下り、一五〇一（文亀《ぶんき》元）年には和泉国日根荘に下った。もっともこの下向は、政基父子が執事の唐橋在数《からはしありかず》から借用した二〇〇〇貫文の返済をめぐるトラブルから、在数を殺害してしまった事件のほとぼりを冷ますためでもあった。政基は荘内の大木《おおぎ》村の長福寺《ちょうふくじ》に滞在し、荘民の生活を詳細に日記に記している（「政基公旅引付」）。しかし日根荘は次に述べる土豪《どごう》に率いられた惣村の連合体になっており、政基が彼らの運営に口を挟む余地はなかったようだ。政基は日根荘に四年間滞在したのち、翌年には山城国小塩荘《おしおのしょう》（京都府向日市《むこう》）に下っている。

同じ摂関家の一条家も、一条兼良《かねよし》の子の教房《のりふさ》が一四六八（応仁二）年に家領の土佐国幡多荘《はたのしょう》（高知県四万十市《しまんと》など）に下った。一条教房は一二年間当地に在住したが、所領の経営は困難だったようで、京都には贈答品程度しか送られていない。

ところが土佐国に留まった子の一条房家《ふさいえ》が当地の国人たちの支持を集め、守護の細川氏に代わって土佐国を治める事実上の戦国大名にまで成長したのだ（土佐一条家）。一方、摂津国福原に下った房家の兄の政房《まさふさ》は、一四六九（文明元）年に侵入した山名軍の足軽の槍にかかって命を落としている。人の運命とはわからないものだ。

3　消えゆく荘園

名主から土豪へ

中世荘園制では荘内の田畠・屋敷地などを名に分割し、有力百姓を名主に任じてその経営と納税を請け負わせていた。荘民は名主と小百姓から構成され、名主は名田畠を自ら耕作するとともに、小百姓にも耕作させて加地子《かじし》を徴収した。しかし室町時代になると、名の枠組みが有名無実化し、名田畠の耕作を請け負う名主の役割も形骸化して、個々の田畠を耕作する農民が、荘園領主に年貢・公事を、名主には加地子を納入するようになった。加地子も年貢の一種という観念も生まれて、荘園領主に払う年貢は特に公方年貢と呼ばれた。

南北朝・室町時代には名田畠に対する名主の所有権が確立し、名田畠の売買も盛んに行われるようになった。こうして一五世紀には、広く田畠を買い集め、耕作する小百姓から加地子を収取する小領主が生まれた。彼らを土豪や地侍《じざむらい》という。江戸時代以降の地主と違い、土豪は経済的な実力に加えて地域社会での侍身分と認められ、名字を持ったり、「権守《ごんのかみ》」や「大夫《たゆう》」「衛門」といった官途《かんと》（官職）を名乗った。荘園領主から任命される名主とは違い、土豪は室町時代の地域社会が生み出した独自の支配身分だった。

たとえば山城国上久世荘では、一四五九（長禄三）年に土一揆に与《くみ》した荘民がいないことを室町幕府に誓約した際に、康光・忠吉・貞信・宗次・貞俊などの侍風や名主風の名前を名乗る「上久世侍分《さむらいぶん》」が署名した起請文と、与次郎・太郎次郎・三郎五郎などの平百姓《ひらびゃくしょう》の名を名乗る「地下《じげ》分」が署名した起請文が別々に提出されている。下久世荘からも同様に提出された。一方で荘園領主の東寺に対しては、三年後にも「名主沙汰人百姓等」として起請文を提出している。この時期の荘園では名の枠組みが崩れ、実態としては土豪と平百姓の世界になっていたが、荘園領主に対しては依然として名主と小百姓として振る舞っていたのだ。

荘園から惣村へ

荘園のなかの地域的な単位として村があり、名とは違って制度化されたものではなかったが、集村化とともに村が農業経営の合理化や相互扶助に果たす役割は大きくなっていった。室町時代に入り、土豪が成長するのと並行して村落結合もいっそう強まり、畿内近国を中心に「惣《そう》」を名乗る村落が現われる。これが惣村だ。惣とは「すべて」という意味で、惣村は土豪・平百姓を問わず、その村に住むすべての住人を構成員とし、住人の自治による強い集団規制を持った村落のことだ。

惣村が生まれたのは、一四三〇年代から露《あら》わになり寛正の飢饉を引き起こした田畠の荒廃に直面して、村民自らが耕地・用水などの農業基盤を整備し、周辺の山野を含めた環境を管理する必要にせまられたこと、政治の混乱による治安の悪化に対し、集団として自衛する必要にかられたことによると考えられる。

先の上久世荘と同じ一四五九（長禄三）年には、若狭国太良荘からもはじめて「惣百姓《そうびゃくしょう》」を名乗る申状が提出されている。この申状では、若狭国で起こった騒動でほかの荘園の代官は下って警固したのに、ここの領主は代官が下るどころか中間《ちゅうげん》（下級の奉公人）の一人もよこさず、様子はどうかと声もかけなかったのは口惜しい、百姓を人と思っていないのか、今後は使者が下ってきても会わないぞと激しい口調で荘園領主を難じている。現地の安全を守れない荘園領主は百姓から見放されたのだ。

農民が惣という自治集団を結成するにあたり、村人の結集の核となったのは村落の鎮守社寺だった。その祭祀を執り行う村人の組織を宮座といい、そこで寄合を開いて祭祀の段取りを決めたが、同時に農事や村人同士で生じた争いについても話し合われた。成人して宮座に入った村人は、若手の若衆《わかしゅう》、壮年の中老《ちゅうろう》、長老の乙名《おとな》（大人）と年齢に従って昇進してゆき、その過程で祭礼の頭人《とうにん》（総責任者）などの大役を務める義務があった。この組織は村が自衛するときには軍隊組織ともなり、若衆は中老に指揮されて戦った。

一五世紀の荘園にはこうした新たな村落が成長し、かつて荘官が行っていた業務の大半が村落によって担われるようになった。荘園によっては村落が年貢の徴収を請け負うこともあり、百姓請《ひゃくしょううけ》や地下請《じげうけ》という。一四三〇（永享二）年の和泉国日根荘では、荘園の地域区分だった入山田村の下に、土丸《つちまる》・大木《おおぎ》・菖蒲《しょうぶ》・船淵《ふなぶち》という近世村につながる村が現われており、この村別に田数や年貢米が定められ、村に置かれた番頭が年貢を納入する体制ができていた。荘園領主の政基自身が下ってきても、することは特になかったのだ。

荘園は経営や支配の枠組みとしての実態を失い、荘園の名称もいつしか地域から消え、かわりに村や、村の連合である郷が地域の枠組みになっていった。これが近世に引き継がれ、村が年貢の納入を請け負う村請制《むらうけせい》が形成されることになる。

国人領主から国衆へ

前章で述べた国人領主も、一五世紀半ばには荘園を越えた広域な領域を支配する国衆《くにしゅう》へと変化した。国人領主は本拠地に荘園所職を集積して、個々の所職を越えた支配領域を形成したが、それは荘園の代官職や守護からの給地を含む不安定なものだった。しかし一五世紀半ばに室町幕府の統制力が衰えると、国人は代官職や給地としてあてがわれた土地も実力で支配し、周辺の国人と抗争しつつ勢力を拡大して、郡レベルの領域を支配するようになった。この種の領主を国衆という。

信濃国小県郡《ちいさがたぐん》の海野《うんの》氏は海野荘（長野県東御市《とうみし》）の地頭職を持つ国人領主だったが、応仁の乱の頃から西に隣接する上田荘《うえだのしょう》と常田荘《ときだのしょう》に進出し、そこを編入して「海野領」と呼ばれる支配領域を形成した。この進出は、常田荘の向こう側にある村上郷の村上氏と抗争しながら行われた。上田荘には地頭職を持つ太田《おおた》氏がいたが海野氏の家臣になり、海野氏は被官の小宮山《こみやま》氏を上田荘の代官に任じて、荘内の要地に砥石城《といしじょう》を築いた。

海野領が形成された結果、上田荘と常田荘は消滅し、その荘域に展開していた村々も「海野」や「海野之内」を冠して呼ばれるようになった。ここでも荘園は支配の枠組みとしての実態を失い、地域社会から消えたのだ。国衆は戦国大名に束ねられて、その重臣層を形成することになる（平山優『戦国大名と国衆』）。

ここに一二世紀の院政期にはじまった中世荘園制の四〇〇年余りの歴史は終わり、また墾田永年私財法から数えて七五〇年余り続いた荘園の歴史も終わった。

終　章　日本の荘園とは何だったのか

古代の荘園

墾田永年私財法から七五〇年余りにわたる荘園の歴史の旅を終え、この間の荘園の歩みを振り返っておこう。奈良時代、聖武天皇は天然痘の大流行からの復興のため、また仏教振興の財源のため、開墾田の私有を認める墾田永年私財法を発布し、貴族や寺社による荘園が設立された。ただしこの時代の社会の基本的なしくみは律令制であり、墾田や荘園はそれを補完する制度だった。この時代の荘園（初期荘園）は墾田と開発予定地から成り、その経営には現地の郡司の一族が関わった。

九世紀後半には天災が続き、律令制が基盤としていた古代村落が解体し、郡司を務めた古代豪族も力を失うと、摂関期の朝廷は国司に権限を委譲して新たな事態に対処させた。国司（受領《ずりょう》）は国内の耕地を「名《みょう》」に分けて有力農民の田堵《たと》に経営と納税を請け負わせ、また耕地の開発を奨励して、開発者などに保有権を認めた私領、さらに税の減免を認めた免田を認可した。この免田が貴族や寺社に寄進または買収され、開発予定地も付したものが免田型荘園で、その一部は官物を免除される不輸の権、検田使の立ち入りを拒否できる不入の権を持った。しかしこの時代の国の経営の重点はまだ公領にあり、増えすぎた荘園を整理する荘園整理令が何度も発布された。ここまでが中世荘園制の前史にあたる。

中世荘園制の形成

一〇世紀後半から国衙《こくが》の実務の担い手である在庁官人が成長し、一一世紀半ばには彼らに公領の管理・徴税権を与える別名《べつみょう》の制度が導入され、役職の義務と利権を世襲する「職《しき》」の慣行も定着すると、これらを合わせ持つ地方豪族である在地領主（開発領主）が生まれた。

後三条天皇は延久の荘園整理令を発布して荘園を厳しく制限したが、逆に白河上皇は院政を権威づける御願寺の経費をまかなうために領域型荘園を設立した。領域型荘園は在地領主から寄進された免田を核に山野を囲い込み、不輸・不入権が与えられる治外法権的な領域になった。その領主権は、荘園に特権を与えた天皇家・摂関家の本家《ほんけ》、寄進を仲介した貴族の領家《りょうけ》、在地領主が務める荘官の三者が重層して保有した。

鳥羽上皇と後白河上皇も領域型荘園の設立をいっそう進め、八条院領・長講堂領という巨大荘園群が形成されて、荘園制は社会の基幹的な制度になった。知行国制の導入により、公領にも荘園と似た支配機構が成立した。荘園領主は必要とする物品や労役を荘園の年貢・公《く》事《じ》に割り当て、独立した小世界が中央に直結する経済システムが構築された。

平清盛の横暴に怒って挙兵した以仁王の命を受け、源頼朝が関東で兵を挙げ平家の討伐軍を撃退して、敵方の所職を没収し味方に与えた。これは反乱軍としての脱法行為ではあったが、平家が去った後の朝廷は年貢を出すことを条件にこの行為を追認した。頼朝は平家没官領と謀反人跡の所職の任免権を握り、御家人に与えたその所職の名称を地頭職に統一した。鎌倉幕府が承久の乱に勝利した結果、地頭職は著しく増加した。

この地頭制の成立によって、主君に対する家臣の軍事的奉仕の見返りに領地の支配権を与える西欧の封建制に似た制度が日本でも成立した。ただし鎌倉幕府は朝廷と妥協的で、すべての荘園に地頭が置かれたわけではなく、地頭は荘官としての義務を引き継いだので、本家・領家・荘官の支配関係と将軍―地頭御家人の支配関係が併存することになった。

荘園制の変容

地頭は年貢・公事の納入義務を引き継いだものの、次第にそれを怠るようになって紛争が頻発し、地頭と領家の間で支配領域を分割する下地中分《したじちゅうぶん》も行われた。領家と本家との間の紛争も生じ、荘務権を確保した側は本所《ほんじょ》と呼ばれた。こうして鎌倉時代末には荘園領主権の重層性が解体して一領主が一領域を支配する「職《しき》の一円化」が進み、武家が所持して軍役を負担する武家領と、貴族・寺社が所持する寺社本所領とに区分されるようになった。
鎌倉時代には新田開発によって耕地が増加し、牛馬耕の普及などによって農業生産力も向上したが、異常低温による寛喜の飢饉という試練もあった。鎌倉時代末には年貢・公事の代銭納がはじまり、荘園制の経済は大きく転換した。

後醍醐天皇の新政が短命に終わって南北朝の争乱がはじまると、寺社本所領は軍勢による押領に晒《さら》され、年貢の半分を兵粮米とする半済も課された。前線で軍勢を率いる守護の権限が拡大し、荘園支配を維持するには当地の守護の承認も必要になった。

しかし南北朝の争乱を終息させた室町幕府は、東国と九州を除く国々の守護を京都に常駐させる守護在京制を導入し、寺社本所領の一部は回復した。室町幕府は直轄領である御料所を持ち、有力守護家も各地に多くの荘園を所持し、武家が保護した禅寺にも多くの荘園が寄進された。京都の人口は増加し、地方から京都に向かう物流は拡大した。

南北朝・室町時代の荘園では土倉・禅僧・守護などに年貢収納を請け負わせる代官請負が普及したが、次第に領主権の空洞化を招いた。村落結合が成長し、百姓の農業経営の自立度も高まって政治的立場も強くなり、強欲な代官・荘官に対しては一揆逃散して解任に追い込んだ。地方武士の国人は本領を中心に所職を集積し、勢力を拡大した。

一五世紀はじめには旱魃《かんばつ》による応永の飢饉が起こり、続く高温多湿の気候下での気象災害によって諸荘園は甚大な被害を受け、困窮した農民らは正長の土一揆を起こした。一五世紀半ばからは低温多雨の気候が続いて寛正の飢饉にみまわれ、多くの餓死者を出した。

この間に嘉吉の乱で将軍足利義教が暗殺され、守護への統制が緩んで荘園の押領が再燃し、一四六七年からは応仁の乱が勃発して、荘園制の核だった首都京都が焼け野原になった。室町幕府の権威は地に落ち、守護在京制は解体して守護は管国に下国し、幕府御料所や禅寺領までも押領して家臣に分け与えた。

農村では名の枠組みが有名無実化し、田畠を買い集めて加地子《かじし》という地代を収取する土豪が成長し、村人の自治によって運営する惣村も形成された。国人も荘園を越えた広域な領域を支配する国衆へと成長し、経営と支配の単位としての荘園の枠組みは実態を失っていった。

本書では、京都を核とする求心的な経済構造が応仁の乱を契機に崩壊し、惣村・土豪や国衆の成長によって地域における荘園の枠組みが消滅することをもって荘園制の解体と評価した。加地子の中間搾取を否定したとされた太閤検地《たいこうけんち》をもって荘園制の解体とする考え方もあるが、それ以前にマクロな経済構造と経営・支配のしくみとしての荘園制は解体していたと考える。

荘園制の歴史的意義

日本の荘園の歴史、特に院政期以降の中世荘園（領域型荘園）の歴史は、小さな地域の自治権を最大に、国家や地方政府の役割を最小にした場合、何が起きるかという四〇〇年にわたる社会実験と言えるかもしれない。

摂関期までの荘園は公領を補完するもので常に国衙の圧迫を受けていたが、院政期には領域型荘園が設立され、私有される治外法権的な領域を基礎とする中世荘園制が形成された。これは何かと硬直化しがちな官僚制とは対極にある柔軟な体制である反面、柔軟であるがゆえの制御の困難さを抱えた。

中世荘園は耕地と山野を含めた領域を囲い込み、領主が自らの責任で荘園の領域を自由に開発・経営し、その結果を引き受けた結果、山野の資源の活用も含めた農業生産の集約化が進んだ。近年「里山《さとやま》」という、村人が周囲の山野の産物利用を繰り返すことによって、生活に役立つ環境に改変された山野が「自然の持続的利用」「生物多様性保全」の観点から注目されているが、この里山が史料に現われるのが室町時代からなのだ（水野章二『里山の成立』）。

また中世荘園では年貢・公事物の送進手段の自由度も大きくて貨幣流通の浸透を促し、物流の合理化が進んだ。鎌倉時代末からは年貢・公事の代銭納が普及したことで、荘園での農業生産、手工業生産の自由度は増し、地域の風土に応じた特産品が発達した。室町時代は鎌倉時代から耕地面積はほとんど増えていないはずだが、室町時代のほうが豊かに感じるのは、土地の高度利用や物流の合理化、特産品の豊富さのおかげなのだろう。

しかし、耕地や山野の高度利用は、正長の土一揆の頃から表面化した荘園荒廃の要因の一つになった可能性は高い。各々の荘園が野放図《のほうず》に自然を利用するのではなく、過剰利用に至らないように管理するしくみが次の時代に求められた。

荘園の世界に触れる

荘園は中世の農民が暮らした生活と生業の場だったから、その遺跡も田畠・山野や用水路と、そこに付けられた地名が主体だ。中世後期には耕地が安定し、のちの時代に引き継がれたため、近世以降に新田開発が行われた地域を除くと、半世紀ほど前までは中世荘園の痕跡《こんせき》があちこちに残っていた。

しかし一九六三年から農業の機械化のために圃場《ほじょう》整備事業がはじまり、日本の農村の耕地は大きく変貌《へんぼう》した。この事業では従来の田地を掘り返して一〇〇メートル×三〇メートルなどの方形区画に再編し、用排水路も再整備して、トラクターや田植機・コンバインを圃場（耕作する農地）に入れやすくした。

これは我が国の農業生産性向上のため必要な施策だったと思うが、荘園の研究者にとっては残念なことに、圃場整備は中世から引き継いだと思われる田地の形や、その地名、用水系統を改変し、中世荘園への手掛かりを消してしまうことになった。

この問題は当時から認識されており、圃場整備をする前に耕地の形状や地名、用排水の状況を記録して保存する事業が丹波国大山荘や播磨国大部荘などで行われた。なお圃場整備は山間部では困難なため実施されておらず、細かい田地が山の斜面に展開する棚田《たなだ》は中世に由来するものも少なくないと考えられる。

また荘園研究者の働きかけと現地の方々のご理解によって、従来の景観がおおむね維持された場所もある。そのうち「陸奥国骨寺村《ほねでらむら》絵図」が残る「一関本寺《いちのせきほんでら》の農村景観」（岩手県一《いちの》関《せき》市）、第六章で解説した「和泉国日根荘絵図」が残る「日根荘大木《おおぎ》の農村景観」（大阪府泉佐野市）、豊後国田染荘《たしぶのしょう》の故地である「田染荘小崎《おさき》の農村景観」（大分県豊後高田《ぶんごたかだ》市）は、文化庁から重要文化的景観に選定されている。

このほかにも上野国新田荘、加賀国横江荘、伊予国弓削島荘など、荘園の故地が国や自治体の史跡に指定されている場合も多い。県史・市町村史や自治体のウェブサイトなどから情報を得て、訪問されてはいかがだろうか。

あとがき

本書の執筆のお話を橋本雄先生（北海道大学）の推薦により中公新書編集部の上林達也氏からいただいたのは五年以上も前のことになる。自分も荘園を研究してきた一人として、コンパクトな荘園の通史の必要性は痛感しており、すぐにお引き受けした。

わかっていたことではあるが、その執筆は困難をきわめた。自分の力不足は当然としても、一九五〇年代から七〇年代にかけて活躍した日本中世史研究の巨人たち、石母田正、永原慶二、佐藤進一、石井進、網野善彦、戸田芳実、河音能平《かわねよしやす》、坂本賞三、工藤敬一、大山喬平、黒田俊雄、佐藤和彦氏らのお仕事と格闘することになり、特に中世成立期の摂関期・院政期については分厚い研究史があって、一段落進むのに何本もの論文や書籍、典拠史料を繰らねばならなかった。巻末の参考文献リストでは古い研究は省いているが、近年の研究もこれらの巨人たちの肩の上に乗ったものであることは心に留めておいてほしいと思う。

一九八〇年代半ばから研究をはじめた筆者は、先に挙げた方々の大半と面識があるが、すでに亡くなられた方も多い。執筆を進めながら、その方々との会話や、学会で発言されているお姿が思い浮かんだ。近年の荘園史研究にもさまざまな進展があり、特に在地領主の寄進によって成立したと考えられてきた中世荘園の形成に院政の権力が深く関わったことが明らかにされたことは画期的だが、この「立荘論」の主唱者であり、若くして亡くなった川端新氏の姿も思い浮かび、本書が荘園研究を次の世代に手渡す架け橋になればと願う。

執筆に五年も費やしたのは、執筆の困難と怠惰のせいもあるが、中塚武氏が年輪酸素同位体比の研究によって明らかにした降水量の変動が、荘園の歴史とかなり対応することに驚き、総合地球環境学研究所でのプロジェクトに参加して、その研究に注力していたことによる。本書にその成果を盛り込むことができたのは幸いと思う。

なお本書は日本荘園史のすべてを網羅することはできなかった。人びとを主従制的に編成した権門の形成過程や、鎌倉期の貴族社会の変化の問題、朝廷と幕府が織りなす中世国家の編成の問題などは省かせてもらった。叙述のなかで唐突に感じる部分があるかもしれないが、紙幅と筆者の力の限界のためで許していただきたい。網野善彦氏によって切り開かれた非農業民の問題もほとんど取り入れる余裕はなかった。非農業民よりも前に、農業民のほうがわからなくなっているのが現状と思う。また荘園の地域差の問題、九州・東国・奥州の荘園についても、あまり触れることはできなかった。可能であれば他日を期したいと思う。

本書は名城大学人間学部での専門科目「日本社会史」で数年間講義した内容をもとにしている。木曜一限という朝早い時間でありながら出席率も高く、学生はよくついてきてくれた。荘園の現地見学の課題を出したら、三河国星野荘《ほしののしょう》（愛知県豊川市《とよかわ》）についての力作を提出してくれた学生もいた。講義の感想を聞いたら「ずっと同じ制度を安定して続けることは難しいと思いました」とのコメントがあった。確かにその通りだ。講義では学生に聞き慣れない人名を出したり、無意識に専門用語を使ってしまうと混乱することを学んだので、本書では叙述に特に必要のない人名は省き、専門用語は文中で解説するようにした。

昨年度のこの講義は、新型コロナウイルス禍によって遠隔授業となり、講義の内容を録音して聞いてもらった。例年、南北朝・室町時代の内容は駆け足になってしまうが、遠隔講義では各回の時間切れがないため順調に進み、荘園制の終末まできちんと講義できたことは執筆にも役立った。そのかわり、何十年もしていなかった徹夜を何度もするはめになったけれど。

荘園史は長らく学界での流行《はや》りのテーマではなかったが、筆者が荘園についてツイッターでつぶやくと反応が次々と来た。面識がある方に限定しているフェイスブックに進捗《しんちょく》を投稿したら「いいね」が次々と付いた。やはり荘園についての知識が社会には求められていることを知って勇気づけられた。

遅々とした進捗を辛抱強く待ちながら、貴重なアドバイスをくださった上林氏、編集を担当して本書を形にしてくださった並木光晴氏、講義を聞いてくれた学生たち、最初の原稿を読んでくれた妻、リアルでお会いした方々、ネットで出会った方々の励ましのおかげで本書を世に出すことができた。皆さまに深く感謝したいと思う。

私はかつてタイムトラベルに憧《あこが》れた少年だったが、未来には行けないので過去に行くことにした。本書が皆さまの時間旅行の一助になれば幸いである。

二〇二一年七月

伊藤俊一

参考文献

章をまたいで参照したものは初出の章に入れた。

■全体に関わるもの

稲垣泰彦『荘園の世界』(東京大学出版会、一九七三年)
木村茂光『日本中世の歴史1　中世社会の成り立ち』(吉川弘文館、二〇〇九年)
工藤敬一『荘園の人々』(教育社歴史新書、一九七八年)
荘園史研究会編『荘園史研究ハンドブック』(東京堂出版、二〇一三年)
瀬野精一郎編『日本荘園史大辞典』(吉川弘文館、二〇〇三年)
永原慶二『荘園』(吉川弘文館、一九九八年)
永原慶二『永原慶二著作選集1～10』(吉川弘文館、二〇〇七～二〇〇八年)
渡辺尚志・五味文彦編『新体系日本史3　土地所有史』(山川出版社、二〇〇二年)
『講座日本荘園史1～10』(吉川弘文館、一九八九～二〇〇五年)
『日本思想大系21　中世政治社会思想　上』(岩波書店、一九七二年)
『日本思想大系22　中世政治社会思想　下』(岩波書店、一九八一年)

■第一章　律令制と初期荘園

石上英一『古代荘園史料の基礎的研究　上』(塙書房、一九九七年)

何東「班田法における「墾田」規定の再考察―日中律令制の比較研究をめぐって―」（九州法学90号、二〇〇四年）
北村安裕『日本古代の大土地経営と社会』（同成社、二〇一五年）
栄原永遠男「行基と三世一身法」（『日本名僧論集　巻1』吉川弘文館、一九八三年）
篠田達明『病気が変えた日本の歴史』（NHK出版、二〇〇四年）
福原栄太郎「天平九年の疫病流行とその政治的影響について―古代環境とその影響についての予備的考察―」（神戸山手大学環境文化研究所紀要第4号、二〇〇〇年）
福原栄太郎「再び天平九年の疫病流行とその影響について」（橋本政良編『環境歴史学の視座』岩田書院、二〇〇二年）
吉川真司『列島の古代史8　律令体制の展開と列島社会』（岩波書店、二〇〇六年）
吉田孝『律令国家と古代の社会』（岩波書店、一九八三年）
依田亮一「神仏と山川藪沢の開発―鎌倉郡沼濱郷―」（天野努・田中広明編『古代の開発と地域の力』高志書院、二〇一四年）
『福井県史　通史編1　原始・古代』（福井県、一九九三年）
『図説福井県史』（福井県、一九九八年）

■第二章　摂関政治と免田型荘園

天野努・田中広明編『古代の開発と地域の力』（高志書院、二〇一四年）
石母田正『中世的世界の形成』（東京大学出版会、一九五七年、のち岩波文庫に収録）
加藤友康編『日本の時代史6　摂関政治と王朝文化』（吉川弘文館、二〇〇二年）
坂上康俊『日本古代の歴史5　摂関政治と地方社会』（吉川弘文館、二〇一五年）

坂上康俊『日本の歴史5　律令国家の転換と「日本」』（講談社、二〇〇一年、のち講談社学術文庫に収録）
坂本賞三『日本王朝国家体制論』（東京大学出版会、一九七二年）
笹生衛『神と死者の考古学―古代のまつりと信仰―』（吉川弘文館、二〇一五年）
佐藤泰弘『日本中世の黎明』（京都大学学術出版会、二〇〇一年）
佐藤泰弘「平安時代の官物と領主得分」（甲南大学紀要文学編129号、二〇〇二年）
鈴木哲雄『中世日本の開発と百姓』（岩田書院、二〇〇一年）
戸田芳実『日本領主制成立史の研究』（岩波書店、一九六七年）
中塚武・對島あかね・佐野雅規編『気候変動から読みなおす日本史2　古気候の復元と年代論の構築』（臨川書店、二〇二一年）
早川由紀夫「平安時代に起こった八ヶ岳崩壊と千曲川洪水」（歴史地震26号、二〇一一年）
原明芳「信濃における奈良・平安時代の集落展開―松本平東南部、田川流域を中心として―」（『帝京大学山梨文化財研究所研究報告　第7集』帝京大学山梨文化財研究所、一九九六年）
福島正樹『日本中世の歴史2　院政と武士の登場』（吉川弘文館、二〇〇九年）
水野章二「10～12世紀の農業災害と中世社会の形成」（伊藤啓介・田村憲美・水野章二編『気候変動から読みなおす日本史4　気候変動と中世社会』臨川書店、二〇二〇年）
『屋代遺跡群城ノ内遺跡9』（千曲市教育委員会、二〇一三年）

■第三章　中世の胎動

赤松秀亮「美濃国大井荘の中世化と「開発領主」大中臣氏」（海老澤衷編『中世荘園村落の環境歴史学―東大寺領美濃国大井荘の研究―』吉川弘文館、二〇一八年）
上島享『日本中世社会の形成と王権』（名古屋大学出版会、二〇一〇年）

梅村喬『「職」成立過程の研究』（校倉書房、二〇一一年）
大山喬平『日本中世農村史の研究』（岩波書店、一九七八年）
勝山清次『中世年貢制成立史の研究』（塙書房、一九九五年）
木村茂光『日本中世百姓成立史論』（吉川弘文館、二〇一四年）
坂本賞三『藤原頼通の時代』（平凡社、一九九一年）
関幸彦『武士の誕生』（NHKブックス、一九九九年）
橋田正徳「中世的社会の形成―集落・墓地・流通・開発からみた中世前期の社会―」（滋賀県立大学博士論文乙第三三号、二〇一四年）
西谷正浩『日本中世の所有構造』（塙書房、二〇〇六年）
桃崎有一郎『武士の起源を解きあかす―混血する古代、創発される中世―』（ちくま新書、二〇一八年）
『大垣市史通史編　自然・原始～近世』（大垣市、二〇一四年）

■第四章　院政と領域型荘園

海老澤衷編『よみがえる荘園』（勉誠出版、二〇一九年）
小川弘和『中世的九州の形成』（高志書院、二〇一六年）
鎌倉佐保『日本中世荘園制成立史論』（塙書房、二〇〇八年）
川端新『荘園制成立史の研究』（思文閣出版、二〇〇〇年）
鈴木尉元・堀口万吉・小荒井衛「女堀の謎」（地質ニュース415号、一九八九年）
高野陽子「丹波国吉富荘にみる耕地開発と条里関連遺構」（京都府埋蔵文化財論集第7集、二〇一六年）
高橋一樹『中世荘園制と鎌倉幕府』（塙書房、二〇〇四年）
野口華世「「安楽寿院文書」にみる御願寺の構造―「安楽寿院文書」の翻刻とその検討―」（人文学報〈東京

都立大学」357号、二〇〇五年）
野口華世「中世前期の王家と安楽寿院―「女院領」と女院の本質―」（ヒストリア198号、二〇〇六年）
能登健・峰岸純夫『よみがえる中世5　浅間火山灰と中世の東国』（平凡社、一九八九年）
服部英雄「東国の灌漑用水―巨大な記念物、女堀―」（河原純之編『古代史復元10　古代から中世へ』講談社、一九九〇年）
樋口健太郎『中世王権の形成と摂関家』（吉川弘文館、二〇一八年）
美川圭『院政』（中公新書、二〇〇六年）
峰岸純夫『中世　災害・戦乱の社会史』（吉川弘文館、二〇〇一年）
『三重県史通史編　中世』（三重県、二〇二〇年）

■第五章　武家政権と荘園制

網野善彦『日本中世の民衆像』（岩波新書、一九八〇年）
石井進『日本中世国家史の研究』（岩波書店、一九七〇年）
海津一朗「中世社会における「囚人預置」慣行―西国地頭の村預けを中心に―」（日本史研究288号、一九八六年）
川合康『鎌倉幕府成立史の研究』（校倉書房、二〇〇四年）
川合康『日本中世の歴史3　源平の内乱と公武政権』（吉川弘文館、二〇〇九年）
工藤敬一『荘園公領制の成立と内乱』（思文閣出版、一九九二年）
坂井孝一『承久の乱』（中公新書、二〇一八年）
佐藤進一『日本中世史論集』（岩波書店、一九九〇年）
高橋典幸『鎌倉幕府軍制と御家人制』（吉川弘文館、二〇〇八年）

服部英雄「平家物語の時代と農業用水」（石井進編『中世の村落と現代』吉川弘文館、一九九一年）
藤井駿・加原耕作『備中湛井十二箇郷用水史』（湛井十二箇郷組合、一九七六年）
前田英之『平家政権と荘園制』（吉川弘文館、二〇一七年）
元木靖「日本における滞水性低地の開発―クリーク水田地域の比較歴史地理学序説―」（歴史地理39巻1号、一九九七年）

■第六章　中世荘園の世界

磯貝富士男『日本中世奴隷制論』（校倉書房、二〇〇七年）
上村喜久子「「尾張國冨田庄絵図」の主題をめぐって―文書目録と絵図読解―」（愛知県史研究5巻、二〇〇一年）
海津一朗編『紀伊国桛田荘』（同成社、二〇一一年）
苅米一志『荘園社会における宗教構造』（校倉書房、二〇〇四年）
金田章裕『微地形と中世村落』（吉川弘文館、一九九三年）
鈴木哲雄『日本中世の村と百姓』（吉川弘文館、二〇二一年）
鈴木正貴「尾張国冨田荘の考古学的研究―成願寺を中心として―」（愛知県埋蔵文化財センター研究紀要5号、二〇〇四年）
西田友広『荘園のしくみと暮らし―松江の中世を探る―』（松江市歴史まちづくり部史料調査課、二〇二一年）
原田信男『中世の村のかたちと暮らし』（角川選書、二〇〇八年）
前田正明「紀伊国桛田荘の開発と土豪・是吉」（和歌山県立博物館研究紀要23号、二〇一七年）
松本博幸「中世荘園年貢散用システムにおける枡と和市―法隆寺領播磨国鵤荘を例として―」（北大史学49

号、二〇〇九年）
水野章二『里山の成立―中世の環境と資源―』（吉川弘文館、二〇一五年）
『新修泉佐野市史1　通史編』（清文堂出版、二〇〇八年）
『静岡県史通史編2　中世』（静岡県、一九九七年）
『京都大学文学部博物館の古文書　第1輯　長講堂領目録と島田家文書』（思文閣出版、一九八七年）
『輪島市飯川谷製鉄遺跡』（石川県教育委員会・石川県埋蔵文化財センター、二〇〇九年）

第七章　鎌倉後期の転換

赤松秀亮「鎌倉末期播磨国矢野荘の領域構成―重藤名に注目して―」（鎌倉遺文研究35号、二〇一五年）
新井孝重『悪党たちの中世史』（NHKブックス、二〇〇五年）
磯貝富士男『中世の農業と気候』（吉川弘文館、二〇〇二年）
大田由紀夫「12～15世紀初頭東アジアにおける銅銭の流布」（社会経済史学61－2号、一九九五年）
工藤敬一『荘園制社会の基本構造』（校倉書房、二〇〇二年）
熊谷隆之「摂津国長洲荘悪党と公武寺社」（勝山清次編『南都寺院文書の世界』思文閣出版、二〇〇七年）
小泉宜右『悪党』（吉川弘文館、二〇一四年／教育社、一九八一年の復刊）
小林一岳『日本中世の歴史4　元弘と南北朝の動乱』（吉川弘文館、二〇〇九年）
鈴木康之『中世瀬戸内の港町・草戸千軒町遺跡』（新泉社、二〇〇七年）
東野治之『貨幣の日本史』（朝日選書、一九九七年）
長岡朋人「ライフヒストリーを基軸とした、中近世日本人骨の生物考古学的研究」（文部科学省科学研究費助成事業研究成果報告書、二〇二〇年）
西田友広『悪党召し取りの中世』（吉川弘文館、二〇一七年）

似鳥雄一『中世の荘園経営と惣村』（吉川弘文館、二〇一八年）
本郷恵子『蕩尽する中世』（新潮選書、二〇一二年）
松延康隆「銭と貨幣の観念」（『列島の文化史6』日本エディタースクール出版部、一九八九年）
山内晋次『日宋貿易と「硫黄の道」』（日本史リブレット）』（山川出版社、二〇〇九年）

■第八章　南北朝・室町時代の荘園制

伊藤啓介「割符の仕組みと為替・流通・金融」（史林89―3号、二〇〇六年）
伊藤啓介「13・14世紀の流通構造と商業」（日本史研究690号、二〇二〇年）
伊藤俊一『室町期荘園制の研究』（塙書房、二〇一〇年）
伊藤俊一「山城国上野荘の水害と再開発」（日本史研究675号、二〇一八年）
井原今朝男「室町期の代官請負契約と債務保証―山科家領信州五か荘での年貢収取の復活―」（地方史研究協議会編『生活環境の歴史的変遷』雄山閣、二〇〇一年）
今泉淑夫『禅僧たちの室町時代』（吉川弘文館、二〇一〇年）
榎原雅治『日本中世地域社会の構造』（校倉書房、二〇〇〇年）
亀田俊和『観応の擾乱』（中公新書、二〇一七年）
川岡勉『室町幕府と守護権力』（吉川弘文館、二〇〇二年）
酒匂由紀子『室町・戦国期の土倉と酒屋』（吉川弘文館、二〇二〇年）
桜井英治『日本の歴史12　室町人の精神』（講談社、二〇〇一年）
佐藤和彦『南北朝内乱史論』（東京大学出版会、一九七九年）
清水亮「南北朝・室町期の「北関東」武士と京都」（江田郁夫・簗瀬大輔編『中世の北関東と京都』高志書院、二〇二〇年）

須磨千頴『荘園の在地構造と経営』（吉川弘文館、二〇〇五年）
高橋一樹編『室町期荘園制の研究』（国立歴史民俗博物館研究報告104集、二〇〇三年）
竹田和夫『五山と中世の社会』（同成社、二〇〇七年）
新田英治「室町時代の公家領における代官請負」（宝月圭吾先生還暦記念会編『日本社会経済史研究　古代・中世、中世編』吉川弘文館、一九六七年）
新田英治「中世後期、東西両地域間の所領相博に関する一考察」（学習院史学37号、一九九九年）
松永和浩『室町期公武関係と南北朝内乱』（吉川弘文館、二〇一三年）
山田邦明『鎌倉府と関東　中世の政治秩序と在地社会』（校倉書房、一九九五年）
山田邦明『日本中世の歴史5　室町の平和』（吉川弘文館、二〇〇九年）
山田徹「天龍寺領の形成」（ヒストリア207号、二〇〇七年）
山田徹「室町期越中国・備前国の荘郷と領主」（『東寺文書と中世の様相』思文閣出版、二〇一一年）
山田徹「足利将軍家の荘園制的基盤―「御料所」の再検討―」（史学雑誌123－9号、二〇一四年）
吉田賢司「建武政権の御家人制「廃止」」（上横手雅敬編『鎌倉時代の権力と制度』思文閣出版、二〇〇八年）
吉田賢司『室町幕府軍制の構造と展開』（吉川弘文館、二〇一〇年）
『亀山市史　考古編』（亀山市、二〇一一年）

■第九章　荘園制の動揺と解体

伊藤俊一「14～15世紀における荘園の農業生産の変動―播磨国矢野荘を中心に―」（伊藤啓介・田村憲美・水野章二編『気候変動から読みなおす日本史4　気候変動と中世社会』臨川書店、二〇二〇年）
呉座勇一『応仁の乱』（中公新書、二〇一六年）

志賀節子『中世荘園制社会の地域構造』（校倉書房、二〇一七年）
清水克行『大飢饉、室町社会を襲う』（吉川弘文館、二〇〇八年）
高木徳郎『日本中世地域環境史の研究』（校倉書房、二〇〇八年）
西尾和美「室町中期京都における飢饉と民衆―応永28年及び寛正2年の飢饉を中心として―」（日本史研究275号、一九八五年）
平山優『戦国大名と国衆』（角川選書、二〇一八年）

■終　章　日本の荘園とは何だったのか

大部荘調査委員会編『播磨国大部荘現況調査報告書1〜7』（兵庫県小野市教育委員会、一九九一〜九八年）
大山喬平編『中世荘園の世界―東寺領丹波国大山荘―』（思文閣出版、一九九六年）
大山荘調査団編『丹波国大山荘現況調査報告1〜5』（西紀・丹南町教育委員会、一九八五〜八九年）

荘園索引

＊印は巨大荘園群

図版作成　ケー・アイ・プランニング

伊藤俊一（いとう・としかず）

1958年（昭和33年），愛知県に生まれる．京都大学文学部卒業．同大学大学院文学研究科に進み，博士（文学）を取得．名城大学教職課程部専任講師などを経て，現在，同大学人間学部教授．専門分野は日本中世史．著書に『室町期荘園制の研究』（塙書房），『新体系日本史３　土地所有史』（共著，山川出版社），『気候変動から読みなおす日本史４　気候変動と中世社会』（共著，臨川書店）などがある．

荘《しょう》園《えん》
中公新書 *2662*

2021年９月25日初版
2021年12月５日５版

著　者　伊藤俊一
発行者　松田陽三

本文印刷　三晃印刷
カバー印刷　大熊整美堂
製　　本　小泉製本

発行所　中央公論新社
〒100-8152
東京都千代田区大手町 1-7-1
電話　販売 03-5299-1730
　　　編集 03-5299-1830
URL http://www.chuko.co.jp/

Published by CHUOKORON-SHINSHA, INC.
Printed in Japan　ISBN978-4-12-102662-0 C1221

中公新書刊行のことば

一九六二年一一月

いまからちょうど五世紀まえ、グーテンベルクが近代印刷術を発明したとき、書物の大量生産は潜在的可能性を獲得し、いまからちょうど一世紀まえ、世界のおもな文明国で義務教育制度が採用されたとき、書物の大量需要の潜在性が形成された。この二つの潜在性がはげしく現実化したのが現代である。

いまや、書物によって視野を拡大し、変りゆく世界に豊かに対応しようとする強い要求を私たちは抑えることができない。この要求にこたえる義務を、今日の書物は背負っている。だが、その義務は、たんに専門的知識の通俗化をはかることによって果たされるものでもなく、通俗的好奇心にうったえて、いたずらに発行部数の巨大さを誇ることによって果たされるものでもない。現代を真摯に生きようとする読者に、真に知るに価いする知識だけを選びだして提供すること、これが中公新書の最大の目標である。

私たちは、知識として錯覚しているものによってしばしば動かされ、裏切られる。私たちは、作為によってあたえられた知識のうえに生きることがあまりに多く、ゆるぎない事実を通して思索することがあまりにすくない。中公新書が、その一貫した特色として自らに課すものは、この事実のみの持つ無条件の説得力を発揮させることである。現代にあらたな意味を投げかけるべく待機している過去の歴史的事実もまた、中公新書によって数多く発掘されるであろう。

中公新書は、現代を自らの眼で見つめようとする、逞しい知的な読者の活力となることを欲している。

日本史

日本史

中公新書

日本史

d 3

476 江戸時代　大石慎三郎
2552 藩とは何か　藤田達生
2565 大御所 徳川家康　三鬼清一郎
1227 保科正之《ほしなまさゆき》　中村彰彦
740 元禄御畳奉行の日記　神坂次郎
2531 火付盗賊改《ひつけとうぞくあらため》　高橋義夫
853 遊女の文化史　佐伯順子
2376 江戸の災害史　倉地克直
2584 椿井文書―日本最大級の偽文書　馬部隆弘
2380 ペリー来航　西川武臣
2047 オランダ風説書　松方冬子
1619 幕末の会津藩　星　亮一
1958 幕末維新と佐賀藩　毛利敏彦
2497 公家たちの幕末維新　刑部芳則
1754 幕末歴史散歩 東京篇　一坂太郎
1811 幕末歴史散歩 京阪神篇　一坂太郎
2617 暗殺の幕末維新史　一坂太郎
1773 新選組　大石　学
2040 鳥羽伏見の戦い　野口武彦
455 戊辰戦争　佐々木　克
1235 奥羽越列藩同盟　星　亮一
1728 会津落城　星　亮一
2498 斗南《となみ》藩―「朝敵」会津藩士たちの苦難と再起　星　亮一